Rethinking
Reconstructing
Reproducing

*

———

"精神译丛"
在汉语的国土
展望世界
致力于
当代精神生活的
反思、重建与再生产

———

*

Hegel in a Wired Brain

Slavoj Žižek

精神译丛·徐晔 陈越 主编

［斯洛文尼亚］斯拉沃热·齐泽克 著　朱羽 译

连线大脑里的黑格尔

西北大学出版社
·西安·

斯拉沃热·齐泽克

携吾爱意,献给杰拉。
此外无它,此已足矣。①

① 此为齐泽克原书的题献。

目 录

导论 "也许有一天,我们将迎来黑格尔的世纪" / 1
    黑格尔的方式…… / 6
    ……应对连线大脑 / 24
    并置 / 35

一、数字警察国家:费希特报复黑格尔 / 43

二、连线大脑观念及其限度 / 61

三、苏联技术-灵知的僵局 / 87

四、奇点:灵知转向 / 107

五、堕落使人如神 / 131

六、无意识的反思性 / 163

七、文学幻想:奇点时代无法称呼的主体 / 181

论数字天启 / 211
    天启:王国来临或未临? / 214
    从堕落中堕落 / 228
    奇点的力比多经济 / 245
    历史的终结 / 278

主要术语译名对照表 / 301

译后记 / 304

导论

"也许有一天,我们将迎来黑格尔的世纪"

"Un jour, peut-être, le siècle sera hégélien"

2020年，我们迎来了黑格尔250周年诞辰这一值得庆贺的日子。可黑格尔不是已经成了历史上的老古董了吗？他的思想还能对我们说些什么呢？"也许有一天，我们将迎来德勒兹的世纪"①，几十年前(1970)，米歇尔·福柯评论德勒兹的书时写下了这样的句子。本书提出的假设则是，如果说在某种意义上20世纪属于马克思而非德勒兹，那么21世纪将成为黑格尔的世纪。这一主张显然有点疯狂。在这个量子物理学、进化生物学、认知科学和数字技术的宇宙里，在这个全球资本主义和极权主义(totalitarianism)②的世界中，黑格尔不是早已出局了吗？不过，我们首先想说的并不是黑格尔以某种方式看到了上述所有这一切，或对之作出了预言。——不，他根本没有做到，而且他知道自己无法做到。黑格尔所谓的"绝对知识"③，意思并不是黑格尔"知晓一切"。确

---

① 此语出自福柯的《哲学剧场》("Theatrum Philosophicum")一文，刊于《批判》(*Critique*)杂志(1970年11月)。这是一篇讨论德勒兹《差异与重复》等著作的书评。——译注

② 需要说明的是，这一当下的"极权主义"不是指冷战话语所指向的社会主义体制，而是凭借新技术与新的控制手段全面渗透人的肉体与精神的当代资本主义体制。如果"极权主义"容易引发误解的话，那么另一个译法"全能主义"或许可以澄清一些问题。——译注

③ "绝对知识"(absolute knowing)是黑格尔《精神现象学》最后一部分的主题，它意味着："精神的完成在于完美地**认识到它所是**的东西，亦即完满

切地说,它表示意识到了那无法超越的限制。想一想黑格尔的《法哲学原理》吧,他在"序言"里特别驳斥了"**教导**世界应该怎样":

> 无论如何哲学总是来得太迟。哲学作为有关世界的**思想**,要直到现实结束其形成过程并完成其自身之后,才会出现。……当哲学把它的灰色绘成灰色的时候,这一生活形态就变老了。对灰色绘成灰色,不能使生活形态变得年青,而只能作为认识的对象。密纳发的猫头鹰要等到黄昏到来,才会起飞。①

罗伯特·皮平(Robert Pippin)指出了此种主张显而易见的

地认识到它的实体,所以这种知识意味着精神**返回自身之内**,并在这个构成中抛弃它的实存,把它的形态交给回忆。……**目标本身**,亦即绝对知识,或者说那个自知其为精神的精神,把关于早先精神的回忆当作它的道路,回忆起那些精神本身是怎样的情形,以及它们是如何完成它们的王国的组织机构。"见黑格尔:《精神现象学》,先刚译,北京:人民出版社,2013,第502—503页。此处黑体字为黑格尔原文着重强调的语句。——译注

① 黑格尔:《法哲学原理》"序言"("Preface" to *The Elements of the Philosophy of Right*),引自 www.marxists.org/reference/archive/hegel/works/pr/preface.htm。

[此处中译见黑格尔《法哲学原理》,范扬、张企泰译,北京:商务印书馆,1961,第16页。另一翻译版本可参考黑格尔《法哲学原理》,邓安庆译,北京:人民出版社,2016,第14—15页。此处黑体字为黑格尔原文着重强调语句,范、张译本以着重号标出,本译本以黑体字代之,上一句"教导世界应该怎样"亦是。需要特别说明的是,本书原文强调一律以黑体字标示。——译注]

内涵(虽然黑格尔很少把它勾描清楚):"密纳发的猫头鹰在黄昏起飞"同样适用于从黑格尔自己的**法哲学**中发展出来的国家观念。事实就是,黑格尔能够发展出这一概念,便意味着黑格尔的读者们通常所理解的模范理性国家的规范性描述,已经置身黄昏之中。这解释了为何黑格尔的思想支持对于未来的彻底开放:在黑格尔那里没有终末论①,也没有我们这个时代将要抵达的未来形象——无论是光明还是黑暗。② 但出于同样的理由,或许更加

---

① 终末论(eschatology)或译"末世论",源于希腊文"ta eschata"即"末后的事",指基督徒对复活和审判等的期待。就其最广泛的意义而言,"终末论"是指"讨论终末的事"。"终末"可以指某个人的存在或这个世代的终结。基督教认为时间不是循环的,而是线性的;历史有一个起点,也有一天会走到尽头。"终末论"所处理的信仰同生命及历史的终结有关。此处解释参考了阿利斯特·麦格拉斯《基督教神学导论》,赵城艺、石衡潭译,北京:北京联合出版公司,2017。——译注

② 皮平关于黑格尔法哲学与伦理思想的研究,可参考其著作 *Hegel's Practical Philosophy: Rational Agency as Ethical Life*(Cambridge and New York: Cambridge University, 2008)。他的核心看法之一为:黑格尔旨在凸显自由或独立性(因此是个体性的某一面向),但这一个体性并不能被视为"依附性"的缺席,而毋宁说呈现出一种独特的依附。正是凭借此种依附,现实的独立才可以实现。而且任何关于此种依附性的有机形象都只是隐喻。黑格尔并非视主体为自然实体,也不将整体视为自然整体,而是凸显精神性这一核心特征——精神正是它自身的产物(Spirit is a product of itself)。这意味着无论何种统一体或整体,它必须被视为一种自由地进行自我组织的整体,而这必须"建立在可使所有人获取的理性基础之上"。或许可以说,皮平关于黑格尔的读法呈现出一种调和"伦理"实体(集体性与依赖性)与自由主义的倾向,一种用精神自我创生的开放性取代封闭的历史终末论的倾向。——译注

显而易见的是,对于一个思考者来说,想要透过某人的思想透镜来阅读我们的当下,黑格尔可能是最糟糕的选项。——没错,他可以完全向未来开放。可是,不也正因为如此,他才无法说清楚未来是什么样吗?

我们在这里的赌注恰恰是,站在这一"显而易见"的俗论的对立面。恰恰因为黑格尔的思想完全"过时了",它才赐予了我们独特的透镜,帮助我们去感知这个时代的愿景与险情。在今天成为一个黑格尔派,并不意味着去构造一种新的理想(关于充分承认、理性国家、科学认知等),然后去分析我们为何还没达到理想状态,以及如何抵达这个状态。成为一个黑格尔派,就得像一个真正的后黑格尔派那样行动:别把黑格尔的话当作结论,而是当作起点,并问这样一个问题:从这个起点出发,当下万物的状态将会如何呈现?进一步说,倘若黑格尔能让我们更好地(恰切地)领会那些显然是黑格尔离开我们之后才诞生的现象——那些"黑格尔根本无法想象"的东西呢?

黑格尔的方式……

然而,我在这里指的是哪个黑格尔呢?我自己站在哪个位置上说话呢?[①] 将之简化到极致,我的哲学立场可以由以下三人组来界定:斯宾诺莎、康德、黑格尔。斯宾诺莎处在实在本体论(real-

---

① 在接下来的这个部分里,我会概述一下自己处理黑格尔的方式,这是从我近期一系列书里全面发展出来的看法,尤其是《性与失败的绝对》(*Sex and the Failed Absolute*, London: Bloomsbury Press, 2019。)

ist ontology)的塔尖:实体性的实在是存在的,我们可以凭借自己的理性揭去幻象的面纱,认识实体。康德的先验转向在此处引入了一种极致的裂隙:我们永远无法掌握事物的自在之道,我们的理性束缚于现象领域。如果尝试去超越现象,直抵存在整体,我们的心灵必然会陷入二律背反,无法自洽。黑格尔提出的则是这样一种设定,现象之外并没有自在的实在。这并不意味着所有存在无非是现象间的相互作用,而是说,现象世界被标上了一道不可能性之杠(the bar of impossibility)①。越出这条杠,什么都不存在,没有另一个世界,没有实定性的实在。因此,我们并没有回归康德之前的实在论。毋宁说,在康德看来彰显知识之限度的东西,即抵达物自体的不可能性,被刻入了物自体本身。

但是,我们可以再问一次:黑格尔还能扮演我们的思考所无法逾越的边际线这种角色吗?同传统形而上学宇宙之间真正的决裂,界定了我们思想坐标的这场决裂,难道没有在随后发生吗?这场决裂最无风险的迹象是一种直觉,当我们阅读某些经典形而上学文本时,这种直觉就会压垮我们——这个迹象告诉我们,今

---

① "杠"(bar)这一术语显然具有拉康精神分析的特征,1957年首次出现在拉康著作中,他在研讨索绪尔符号概念时引入了这一术语。在此,杠是指将能指与所指分离开来的那道横线。在拉康的后续著述中,"被画杠的主体"可用 $ 表示,杠在这里代表主体遭到语言的割裂。而 A 则指被画上杠的大他者,这是遭到阉割的、不完整的、由缺失所标记的大他者,而与之相对的完整自洽的大他者则是不存在的。具体可参看迪伦·埃文斯:《拉康精神分析介绍性辞典》,李新雨译,重庆:西南师范大学出版社,2021,第31—32页。台译本《拉冈精神分析辞汇》(刘纪蕙等译,台北:巨流图书公司,2009)则将"bar"译作"隔离线"。——译注

天确实无法再像那些文本所指示的那样来思考了。……当我们读到黑格尔关于绝对理念等的思辨性论述时,难道不也是这一直觉压垮了我们吗?造成这场决裂的候选人有好几个,他们使黑格尔不再成为我们的同代人。谢林、克尔凯郭尔和马克思的后黑格尔转向是始作俑者,然而这一转向可以简单地用德国观念论主题的内在倒转来解释。就最近几十年主导性的哲学议题而言,保罗·利文斯顿为此种断裂提供了更具说服力的新案例,他在《逻辑的政治》①一书中将断裂放置在"康托尔""哥德尔"这些名字所代表的新空间里。自然,"康托尔"代表集合论以及自我关联的程序(空集、集合的集合),这种理论迫使我们承认无限的无限性;而"哥德尔"指的是他所提出的两项不完备定理,用极其简化的方式来说,这两种定理演示了一种公理系统。此一系统无法证明自身的自洽性,原因在于它必然会产生出既不能被证明也无法被证否的命题。②

借助这场决裂,我们进入了一个新宇宙。这个宇宙逼迫我们抛

---

① 参看 Paul Livingston, *The Politics of Logic: Badiou, Wittgenstein and the Consequences of Formalism*, New York: Routledge, 2012。

② 简单来说,哥德尔两项不完备定理即:第一定理——任意一个包含一阶谓词逻辑与初等数论的形式系统(皮亚诺算术的形式系统),都存在一个命题,它在此系统中既不能被证明为真,也不能被证明为否;第二定理——对于一个包含皮亚诺算术的形式系统,该系统的一致性或自洽性不能在系统内部证明。而严格来说,证否(disprove)不同于证伪(falsification)。可证伪指的是实证的而不是逻辑的概念。证伪是理论言说与实际经验之间的比较,而无关乎理论本身的逻辑结构。因此,在此处,disprove 更应译为"证否"。——译注

弃关于(所有)实在的自洽观念①(甚至马克思主义——至少其主导形态,也依然可看作是归属于旧宇宙的思维方式:它阐述了关于社会总体相当自洽的观点)。不过,新宇宙同"生命哲学"的非理性主义毫无关系,后者的第一个代表人物是叔本华。此种非理性主义认为,我们的理性头脑只不过是稀薄的表层,实在的真正根基是非理性驱力。新宇宙的意思则是,我们依旧身处理性王国之中,但这一王国从内部被剥夺了自洽性:理性内在的不自洽,并非表明存在着一种能够逃脱理性掌控的更深层的实在;而是说,在某种意义上无法自洽的正是"物自体"。因此,我们会发现自己身处这样一个宇宙之中,不自洽在此并非标志着认识遭遇了混乱,也并非表明我们错失了"物自体"——因为从定义来看,事物本身不可能是不自洽的。恰恰相反,它标志着我们已然触到了实在界/真实(the real)②。

当然,所有这些不自洽性的根基正是诸多悖论,如自我关联,一个集合成为自身的元素之一,一个集合包含一个作为其子集的空集——空集成了它在其他子集当中的替身。黑格尔－拉康视角将这些悖论视为主体性在场的迹象:主体只会在属(genus)与种(species)的不平衡关系中出现。从根本上讲,主体性的空无就是以种的身份来呈现的空集;在此,正如黑格尔可能会说的那样,

---

① 自洽性或一致性(consistency)指的是一个系统不会同时推出一个命题和它的否定。——译注

② 此处"实在界"(李新雨译法)或"真实"(刘纪蕙译法)显然需要放在拉康精神分析的"象征－想象－实在"构造中加以理解,但因为齐泽克这本书几乎无处不在对"实在界"的意义加以发挥,故本处不作特别解释。关于拉康的"实在界"的基本意涵,可参考迪伦·埃文斯《拉康精神分析介绍性辞典》,李新雨译,第309—311页。——译注

属在其对立性的规定中遇到了自己。可是,同一个特征如何既是主体性的标志,又同时成为我们触及实在界的标志呢?难道我们不是恰好在消除了主观立场,摆脱了主观立场来感知事物"如其所是"时,才接触到实在界吗?黑格尔和拉康带给我们的教益却截然相反:关于"客观实在"的每一种设想,已然是(先验的)主体性的建构产物。只有看到主体性指引出的实在界中的那道切口(the cut-in-the-real of subjectivity),我们才能触及实在界(或真实)。①

主体性的形而上学凭借反思性②概念来处理这些悖论,而反思性正是自我意识的基本特征,是我们关涉自身的心灵能力。这种心灵能力不仅能够意识到对象,也能同时意识到自己,意识到自我

---

① 这里涉及拉康的象征界与实在界之关系:"尽管象征界是一系列被称为能指的业已分化的离散元素的集合,然而实在界,就其本身而言,是未经分化的,'实在界是绝对没有裂隙的'。正是象征界在意指过程中引入了'实在界的一道切口':'正是词语的世界创造了事物的世界——这些事物在形成过程中的此时此地原本是混乱不堪的。'"(《拉康精神分析介绍性辞典》第310页)关于此段最后一句拉康原话的翻译,另一译本稍有不同:"是词语的世界创造了事物的世界——事物原本是随时随地地混融于所有发生过程的此时此刻之中。"(《拉冈精神分析辞汇》第267页)——译注

② "反思性"(reflexivity)在当代学术界亦多译作"反身性""自反性"或"反射性"。实际上齐泽克使这一经典的德国观念论术语与当代"逻辑的政治"产生了积极的关联。为了凸显齐泽克所强调的观念论传统,我主要将它译作"反思性",这样亦可使"无意识"(精神分析)与"反思性"(观念论)产生一种辩证的语义张力。当然,需要说明的是,"reflexivity"的基本意义是"自我指涉",其语用学意义则包含"反思性""自反性"与"诠释学循环"。关于这一概念的简要辨析,可参考肖瑛《"反身性"多元内涵的哲学发生及其内在张力》,《中国社会科学院研究生院学报》,2004年第3期。——译注

与对象如何建立关系。反思性的基本姿态表现为回撤一步,把自身在场纳入我们正在观察、分析的图景或情境之中——只有以此种方式才能把握到完整的图景。举个例子,侦探小说里的调查人员分析犯罪场景时,就不得不把自己的存在、自己的目光纳入其中。有时,罪行确实就是为他安排的,是为了吸引他的注意,使他卷入到事件之中(在有些电影里,调查谋杀案的探员会发现他直接就是罪行的受话人。凶手犯下罪行,为的是警告他)。与之类似,在某部佩里·梅森(Perry Mason)探案集里,梅森全程见证了警方审问一对夫妇,他们被怀疑犯下凶案。可他无法理解,为何那位丈夫特别愿意将谋杀那天两人做了些什么全讲出来。但后来他明白了,丈夫那事无巨细的报告的真正受话人是他的妻子。也就是说,他利用了两人在一起的机会(两人本被分开关押),把虚假的不在场证明告诉了她,提示两人应该一起维持这个谎言……我们还可以想象这样一个故事:犯罪嫌疑人把自己犯下的事说给警察听,其实是在暗中恐吓——他就是有意说给某个在场的警探听的。所有这些案例共享的是这样一种事实:要理解某一陈述,就得确认它的受话人。这就是为什么一位侦探需要另一个人,如同福尔摩斯身边的华生或波洛身边的黑斯廷斯。华生和黑斯廷斯代表了占据常识一面的大他者①,他们的

---

① 齐泽克关于"占据常识一面的大他者"的分析,与德国理论家普法勒(Robert Pfaller)所谓"无主的幻觉"或"他人的幻觉"形成了富有意味的共振关系。在后者看来,在面具仪式或剧院里往往会产生这样一种幻觉:我们并不是这些场景的承受者,但为了使我们获得满足,它必须有一个承担者——后者完全处在幻觉之中。这种既不是你也不是我的"天真看客",勾勒出一个"无知"的或仅仅从"常识"出发的大他者的位置。普法勒此说在很大程度上得

目光是罪犯实施犯罪时的目标。

借由康托尔/哥德尔所造成的断裂而变得易于察觉的,正是从属于主体性的自我指涉悖论全貌:一旦我们将自己的立场纳入全部图景之中,就无法再回归自洽的世界观了。因此,"康托尔/哥德尔断裂"使自洽的总体性不再可能。我们不得不在总体性和自洽性之间作出选择,我们无法同时拥有两者。而此种选择最终实现在20世纪的两种方向当中。利文斯顿对之进行了命名,一种是属类方向(这是巴迪乌的立场,他放弃总体性,选择了自洽性),一种是悖论-批判方向(选择总体性,放弃自洽性——利文斯顿把维特根斯坦、海德格尔、列维-斯特劳斯、福柯、德勒兹、德里达、阿甘本和拉康都放在里面,当然这并不让人特别信服)。① 在这点上,我注意到了利文斯顿整幢大厦的第一个奇怪之处,一种令人惊诧的不平衡:虽然悖论-批判和属类表现为处理新宇宙

自法国精神分析学者曼诺尼(Octave Mannoni)。可参看 Robert Pfaller, *On The Pleasure Principle In Culture:Illusion without Owners*, London: Verso, 2014。——译注

① 在利文斯顿看来,巴迪乌的属类方向考虑到了自我指涉悖论,而且从自我指涉出发创造出"多之无限性"的原理,并描摹出柯恩所谓力迫之技(technique of forcing)的转型性后果。这样一来,巴迪乌也就使属类方向反驳了任何想要批判性地诉诸语言结构或语言本性的做法,他将后者一律归入建构主义方向。利文斯顿则指出了另一方向,即充分认识这些悖论但并不拒绝在语言内部展开反思,此即"悖论-批判方向"。它会在可思、可说的边界上,追踪自我指涉悖论所造成的动荡的意义。简言之,利文斯顿认为,属类方向坚持真理溢出语言,而悖论-批判方向则坚持语言可以捕获真理。参看 Paul Livingston, *The Politics of Logic: Badiou, Wittgenstein and the Consequences of Formalism*, pp.56-57。——译注

的两种方式(这个宇宙使自洽总体性不再可能);但是,一面是由各不相同的思想家所构成的多样性,另一面就只有巴迪乌孤家寡人一个。这种不平衡性的含义很明显,它展示出利文斯顿一书真正的主题:为了回应巴迪乌属类的方法,如何给出一种合适的批判-悖论式的回应。利文斯顿怀着极大的敬意来对付巴迪乌。他完全意识到,比起那些悖论-批判方式的主要代表的立场,在巴迪乌那里,属类立场的逻辑与政治基础得到了远比前者精微而准确的阐述。巴迪乌的重要性,正在于他以极其明晰的方式就此主题——利文斯顿书的标题《逻辑的政治》——展开了详尽的阐发,他阐明了自洽性、总体性和自我指涉悖论这些哲学-逻辑主题深刻的政治含义。这些悖论不正位于每一种权力构造的核心处吗?这些权力构造不正是以不正当的方式强加于人,然后再回溯性地正当化自身的权力施行吗?

我非常欣赏利文斯顿的方法,可在许多方面却不敢苟同。首先,对我来说,在康托尔/哥德尔断裂出现之前的思想世界里,基本的二元性并不表达为本体-神论(ontotheological)与准则论(criteriological),毋宁说呈现为(实在论的、普遍本体论意义上的)本体论与先验论①——举两个特别典型的名字,即斯宾诺莎与康德之间的对立。其次,黑格尔已经展现了同这个旧世界的真正决裂。依

---

① 参看利文斯顿的论述:(1)本体-神论方向指的是通过指涉一种特权性存在、一种"超级实存"来建立存在的总体性。总体性由此被构想为恰切安置诸存在的一种特定秩序。总体性隐晦地受到某一典范存在的规约,被设想为超越了事物秩序,难以言说。(2)准则论或建构论方向则早已潜伏在唯名论传统以及康德以降的批判思维之中,并在20世纪的语言学转向那里得到了充分的方法论表现。这种方向所理解的总体性,可以通过廓清语言的结构与边界而得到表述。参看 Paul Livingston, *The Politics of Logic*, p. 54。——译注

照黑格尔的标准,黑格尔之后的思想发展其实是倒退的。利文斯顿应对黑格尔时的立场清晰可辨:他承认黑格尔的辩证法是不自洽总体性的典型,与此同时却坚持认为,黑格尔思想中的不自洽性,最终被"扬弃"在了更大的自我演化的理性总体当中;因此,对抗和矛盾就简化为从属于"一"的环节。虽然这是个几乎不证自明的看法,但我们应该质疑它。黑格尔的方式与悖论-批判立场不同,原因不在于他思想中的所有对抗与矛盾都被"扬弃"在了辩证总体性的"一"之中。当然,两者之间的差别极其微妙。

为了解释这一差别,让我们取径拉康,迂回一下。对一个拉康派来说特别明显的是,利文斯顿所谓属类与悖论-批判二元性,完全符合"性化公式"(formulas of sexuation)里男性一面与女性一面所构成的二元性。巴迪乌的属类立场显然是"男性的":我们掌握了普遍的存在秩序①(巴迪乌的书中详细地描述了存在论

---

① 在巴迪乌看来,存在论/本体论是数学的而非哲学的。存在论研究纯粹多(pure multiple)的呈现(presentation),其中不掺杂半点被象征秩序结构化的"多"的经验。巴迪乌关于真理的表述如下:真理是忠贞进程的无限的肯定性总体。对于任何一种"百科全书"或"知识"规定来说,它包含了至少一个避免了"百科全书"规定的探究。这样一种进程就可以被称为属类程序(generic procedure)。一种不可分辨的"包含"(inclusion)就是真理,它除了"属于"(belonging)之外,没有其他"属性"。这个部分是无名的。除了来自"呈现",除了由那些可以再次被标记的毫无共同之处的"项"组成之外,除了属于这个情境之外,这个部分没有任何其他标记。严格说,这个部分即自身作为存在而存在。但是,就这样一种"属性"——存在("多"而非"一")——而言,这个部分为情境中所有的项共有,它与任何一个汇集了项的部分并存。因此,不可分辨的部分从定义来说,简单地占有了任何一种部分的"属性"。——译注

结构),以及真理-事件①这一例外(它只能偶然发生)。存在的秩序是自洽的、连续的,它服从严格的存在论规则,不允许任何自我指涉悖论存在。这个宇宙没有任何预先设立的统一体,它只是由不可化约的"多"构成,这是一个拥有众多世界与众多语言的宇宙。针对"生命是一种循环运动,最终万物归于尘土"②这一传统智慧,

---

① "事件"是巴迪乌哲学的核心概念。简单来说,在存在论意义上,"事件"是一种悖论性的存在。一方面,为了确认事件是否呈现在"情境"(指有确定规定的集合)中,首先事件得作为情境的一个元素得到呈现;但另一方面,只有解释性的介入(命名),才能宣布事件呈现于情境之中:事件是作为非存在的存在到来,作为不可预见的可见到来。事件即坚持情境内在的不自洽性与过剩性。——译注

② 认为万物终将破毁的立场,并没有什么反左翼的地方——甚至可以说,所有真诚的左派都会同意这一立场。在摇滚乐领域,英国托派分子乐队"家庭"(Family)创作的《织工的回答》("The Weaver's Answer")堪称这种立场的终极表达。这首歌以单曲的形式于1989年面世。它从"织工"(命运、死亡)的立场出发,描绘出关于主体生命的看法。在这里,就算是快乐的家庭生活也终将归于孤独与绝望。如果我们比较一下《织工的回答》与他们下一张专辑《即便如此》(*Anyway*, 1970)里的主打歌《好消息坏消息》("Good News Bad News"),那么这个乐队真正的天才之处就会一目了然了。《好消息坏消息》吸收了《织工的回答》的第一旋律动机,但是将这一动机分割成更短小的部分,从而歌词就以一种绝望的方式质问了既存政治秩序,诸如"为何改变规则/上头的人说/对着底层/他们正抬着头看"。这种将旋律线切短的方式,呈现出了干扰、爆发,使得智慧的充分表达(生活终是一场空)变得不再可能。当然,这绝非表明家庭乐队的歌曲只给苦涩与狂怒留了地盘,他们那首最使人震撼的《驴子不傻》("No Mule's Fool")就非常精彩地描摹出男孩和他那头懒散的驴子的愉快共处。因此,这三首歌给出了一个自洽的三元组合:日常的诸快乐瞬间;将这些特殊的快乐瞬间普遍化为生活的根本毁灭;最后,是对毁灭与压迫展开绝望的抵抗。

巴迪乌给出了一种伟大的教益：这种实在的封闭圆环，这种出生、腐烂的循环，并没有穷尽所有；奇迹会一次次发生，生命的循环往复会被突然爆发的事件打断，传统形而上学与神学称后者为永恒，或一治一乱(stasis)①的瞬间——从 stasis 的双重意义上说，它既是生命运动的凝固，又是骚动、不安，对于万物规则性运行的抵制。想一想坠入爱河吧：它严重扰乱了我习以为常的生活，一切都固着于爱人身上，我的生活仿佛冻结了起来……同存在的普遍秩序及其事件性例外的逻辑形成对照的是，悖论－批判方式将焦点放在了存在秩序自身内在的不自洽与骚动上。存在没有例外——不是因为存在秩序即全有，用思辨的话来说，是因为悖论－批判分析展示了**这一秩序如何已然是它自身的例外**——恰恰需要通过不断违背秩序自身的规则来维持这一秩序。虽然巴迪乌用精准的术语描述出存在秩序之中（在场与再现之间）的空无与缺口如何使事件成为可能，但他却将事件定义为一种奇迹性的闯入。事件扰乱了存在的连续性，它不是存在的一部分。②

---

① "一治一乱"这个译法得到了姚云帆研究的启发，关于 stasis 的思想谱系亦可参考姚的研究。参看姚云帆：《神圣人与神圣家族：阿甘本政治哲学研究》，上海：上海人民出版社，2020，第161—171页。——译注

② 在这里我们可以指出，利文斯顿在描述巴迪乌理论构造的同时也制造了一个悖论：在利文斯顿看来，虽然巴迪乌选择了自洽性而非总体性，但他的想法并不是说，宇宙就是一团不能自洽的混乱之物，仅有逻辑自洽的空间从中诞生；而是说，我们将"存在"视为"全有"（在这个意义上就是总体性）。就此而言，总体性是自洽的（正如巴迪乌的存在论指出了这一点），不自洽性只能产生于罕见的事件性例外。

然而,从悖论-批判立场来看,存在的秩序在其构成上就是毁于内部。侵扰起于内部。用弗洛伊德的话说,巴迪乌始终将人类存在的秩序指认为幸存者寻求快乐。就此而言,巴迪乌忽视了弗洛伊德所谓"死亡驱力"的维度,即"存在"的核心处有着一种引发混乱的力量。由此,我们从"男性"逻辑转到了"女性"逻辑:不再是普遍的存在秩序遭受事件性例外的侵扰,而是存在自身烙印上了一种基本的不可能性:非-全(not-all)。

巴迪乌不得不为自己普遍而自洽的数学存在论付出代价,对于这一点,利文斯顿明察秋毫。巴迪乌不得不将"多"与"空无"设定为实在的基础构成要素。"不可化约之多"(multitudes of multitudes)起自"空无",而非经由"一"的自我差异化而来。在康托尔-哥德尔的宇宙中,只有在最基础的层面上排除"一",我们才能够获得一种自洽的普遍性——"一"只能在第二次出现(第一次只有"多"),它是"数"(counting)这一操作的结果。正是这种操作从"多"中构造了世界。在这个层面,我们也拥有了诸种世界不可化约的杂多性——诸种身体,诸种世界,诸种语言,都是"多",不可能被总括进某个"一"。唯一真的普遍性,唯一能够推行"一"的普遍性——"一"穿越了身体和语言(以及"世界")的杂多性——就是事件的普遍性。就政治而言,存在层面上只有庞杂的身体和语言,或是庞杂的"世界"(文化)。所以说,我们在此所能得到的,就是某种自由主义多元文化主义,它宽容不可简化的差异;而任何一种想要推行普遍方案来一统文化的尝试……一定是压抑性的,以暴力的方式强加于人。① 与巴迪乌的属类方式形成对照的是，悖论－批判方式并不接受"多"盖过"一"这一存在论上的优先性：对抗和不自洽当然破坏、挫败、阻碍了每一种"一"，但是，这里从一开始就呈现出一种不可能性，它为杂多性打开了空间。涉及语言时，《圣经》里的巴别塔寓言是完全正确的：语言的杂多性预设了单一语言的失败。这就是黑格尔提出"具体的普遍性"的意旨所在：把失败串联在一起。历史上出现了众多国家形式，原因正在于国家本身就是一个不自洽的/对抗性的概念。

换种说法，具体的普遍性的基本运动，就是将普遍性的例外转化为一个为此种普遍性奠定基础的要素。让我们来举一个或许会让人感到吃惊的例子：犹太人和以色列国。法国犹太裔哲学家阿兰·芬基尔克劳（Alain Finkielkraut）写道："犹太人，今天已经选择了扎根之路。"② 我们很容易就能在这种论断中辨识出海德格尔的回响。海德格尔在接受《明镜》（Spiegel）周刊采访时（1966年9月23日），坚称所有伟大的、本质性事物的出现，只能从拥有家

---

① 齐泽克在此并没有具体展开巴迪乌关于此一问题的看法，因此有必要略作说明。巴迪乌的相关反思可以在《世纪》一书中找到。在他看来，"对于真实的激情"是20世纪的核心主题，其中包括斯大林的革命实践。巴迪乌所谓的"真实"源于拉康的"实在界"（the Real），而非实证主义意义上的"实在"。而用马克思主义的语汇来说，"真"即是所谓历史真理或社会现实的本质。求"真"与克服资本主义、开创"新"世界的冲动相关。在巴迪乌看来，这一激情所带来的"净化"冲动企图使真实和外观相同一。摆脱这一"坏的无限性"的方式则是将真实把握为"裂隙"本身。参看 Alain Badiou, The Century, trans. by Alberto Toscano, Cambridge: Polity, 2007。——译注

② 《世界报》（Le Monde），2015年1月29日。

园开始,只能扎根于传统。这里的反讽之处在于一种诡异的努力:为了正当化犹太复国主义,却调动起反犹老调子。反犹主义因为犹太人没有根基而斥责他们;犹太复国主义却仿佛是为了挽回这种失败,想以一种迟到的方式把"根"带给犹太人。……难怪许多保守的反犹分子野蛮地支持以色列国扩张。但犹太人今天碰到的麻烦是,他们现在想要扎根的地方数千年来都不属于他们,那是其他民族的定居之处。这里的解决之道并不是把犹太人群体重新规整为另一个扎下根来的国家,而是将视角倒转过来:要是作为例外的犹太人恰恰是普遍性的真正代表呢?也即是说,如果在最根本的层面上"我们全都是犹太人",如果没有根基恰恰是生而为人的原初状态,如果我们的根仅仅是一种次生现象——无非是为了遮掩我们构成性的无根状态,那又该怎么办?

然而,比起利文斯顿所描述的悖论-批判立场,黑格尔要走得更远:对后者来说,自我同一之"一"并非总是不自洽的、破裂的、对抗性的,等等。同一性本身就坚定地主张彻底(自我)差异:说某物与自身同一,意思是它区别于自身所有的特殊属性,即它无法还原为这些属性。"这朵玫瑰花是玫瑰花",意味着一朵玫瑰花不只是它所有属性的总和——存在着某种"我不知道是什么"的东西使它成为一朵玫瑰,这是"玫瑰里更似玫瑰的东西"。正如此例所示,我们在这里碰到了拉康称为"**对象小 a**"(*objet petit a*)①的东西,这是处于对象所有属性之下的神秘 X,却使此对象成为

---

① "objet petit a"在中文语境中有多种翻译,如"客体小 a""小对形""对象小 a"等。此处采用"对象小 a"的译法,主要根据齐泽克自己的说明:"齐泽克从德国唯心主义哲学视域对这个词进行了解释,认为对象和客体是完全不

其所是——维持了它独特的身份。更准确地说,这"更多一点"的东西在崇高和愚蠢(或粗鄙,有时甚至是淫秽)之间来回摇摆:说"法律就是法律",意味着就算它有失公正又十分武断,乃至于成为腐化行为的工具,却依然是值得尊敬的法律。所以说,同一性无法再减缩的结构(就是它总能自我同一,而原因正如黑格尔所说——它是一种"映现范畴"①)即 1-1-a,意思是一个事物与它

一样的:客体是主体沉思的东西,而对象则是动态的,主体要和它斗争,在费希特意义上讲就是自我和非我的关系;在拉康的意义上,'object'就是对象,就是欲望的一个东西。两位教授讨论的另外一个语词翻译就是拉康精神分析学中的重要概念'objet petit a'。在中国它有两种翻译,一是有形式的小东西,具有形象的小东西,即'小对形',或者说是以约定的形式表现出来的小东西;另外一种翻译将其理解为'对象a',它来源于法语词'autre',这个对象就像前面讨论的那个'object'所具有的对象含义一样,'对象a'就是在欲望当中朝向小'a',小'a'成了不可把捉的东西,我们直接称为'对象a',它与 Autre(大他者)区分开。张一兵的问题是哪一种译法更接近拉康的本意。齐泽克认为两种翻译都基本没有违背原意,关键是如何把握它们的真正所指。他指出虽然第一种翻译也不错,这个小东西确实带有确定的形式,但它并不是可以直接面对和触碰的东西,它只是表征某种欲望的间接成因。齐泽克举例说:'比如我喜欢一个姑娘,但什么使我喜欢她呢?'如果仅仅是姑娘身上散发的某种魅力让'我'喜欢,这还不是'对象a';如果这种欲望是传递性的,'我喜欢这个姑娘,是因为你也喜欢她',也就是所谓的'妒忌'。我喜欢你的欲望,于是就希望被你的欲望所欲望。"见《"第二次天真"的眼睛——齐泽克首次访华暨南大之行的言说纪要》,https://ptext.nju.edu.cn/b8/86/c12209a243846/page.htm。——译注

① "映现范畴"(a category of reflection)的意思是说,在黑格尔的《哲学全书第一部分·逻辑学》中,"同一"属于"本质论"中"作为实存的根据的本质"

所有的特定属性相比照,总有对象 a 这种难以捉摸的剩余物存在,靠它来维持对象的同一性。

最终,正是"同一性"问题将我们引向了黑格尔与悖论-批判方式之间的微妙差异。黑格尔并没有让不自洽和对抗臣服于某种更高的统一体。恰恰相反,对他来说,同一性、"一"的统一体,具有自我差别化的形式。同一性无非就是将差异引入自我关联而形成的极致状态。与其说裂缝和不自洽性不停地对"一"的统一体造成威胁,毋宁说"一"的统一体就是裂缝本身。这句话的意思是,黑格尔笔下的总体性是悖论式的、不自洽的,但并不是"批判性的"——如果我们是在抵抗权力中心的意义上来界定"批判"的话。总体性并没有陷入这样一种永恒的斗争——这场斗争号称要破坏、取代权力中心,寻求能够侵扰并拆解权力大厦的裂缝,寻找那些"无法确定的"剩余。或者,用黑格尔讨论思辨同一性的措辞来说,权力自己就是越界的;正是通过违背自己所奠基的原则,它为自己奠定了基础。悖论-批判方式提出,构成我们同一性的,正是不自洽性。它的批判立场使之投身于一场克服这些不自洽性的行动。虽说如此,这个目标却无法实现,永远会被错失或推延。这就是为什么悖论-批判方式会将自身视为一种永无尽头的过程。德里达这位悖论-批判方式的终极思想家,就喜欢把解构说成是对于正义的无限追

之下的"纯粹映现规定":"**本质映现**(即反射)于**自身之中**,或者说,本质是纯粹的映现,因此本质只是自相联系,不过不是直接的自相联系,而是得到映现的自相联系,也就是**自相同一**。"(参看黑格尔:《哲学全书第一部分·逻辑学》,梁志学译,北京:人民出版社,2017,第 213—214 页)——译注

求。在政治上,他喜欢谈论的就是"将来到来的民主"(民主永远不会是已然就位的东西)。

与此种立场形成鲜明对比的是,黑格尔**从来不是**一位批判性的思想家;他的基本立场是和解——和解不是一个长期的目标,而是一种事实。正是和解,使我们直面现实化了的理想那一出人意料的苦涩真理。如果黑格尔有他的箴言,就会是这样的:在事物出错的地方找到真理!黑格尔传递的信息并不是"信任的精神"(布兰顿论黑格尔《精神现象学》新书的标题①),而是不信与怀疑的精神——他的假设是,任何一种宏大的人类工程都会出差错,但我们也只能以此种方式来抵达真理。法国大革命想要普遍自由,却在恐怖中达到巅峰状态。……因此,黑格尔带给我们的教益类似于奥威尔(George Orwell)《1984》里的"老大哥"那句著名口号的翻新:"自由即奴役。"当我们想要直接强力推行自由时,结果就是奴役。所以说,无论黑格尔什么样,他肯定不会是这样一位思想家:树立一个只能无限接近的完美理想。海因里希·海涅(Heinrich Heine,海涅在黑格尔最后的岁月里做过他的学生)宣扬过这样一个段子:他有次告诉黑格尔,

---

① 参看罗伯特·布兰顿(Robert Brandom):《信任的精神:解读黑格尔的现象学》(*A Spirit of Trust: A Reading of Hegel's Phenomenology*, Cambridge and London: Harvard University Press, 2019)。罗伯特·布兰顿是美国匹兹堡哲学学派的领军人物,毕业于普林斯顿大学,曾师从罗蒂。他的著述在某种程度上综合了德国观念论、美国实用主义与分析哲学传统。关于此书的介绍,可参看崔之元《宽宏大量与信任:黑格尔"精神现象学"的实用主义语义学阐发》,见"实用主义治理"微信公众号。——译注

自己不同意"凡是现实的东西都是合乎理性的"①,黑格尔谨慎地环视一周后,轻声告诉他的学生:"或许我应该这样说:凡是现实的都**应该**合乎理性。"即使这个段子是真的(就算不是海涅纯粹的捏造),也无碍于它在哲学意义上成为一则谎言:黑格尔试图对学生掩盖自己思想里的痛苦真理。

放弃批判立场并不意味着拒绝改变社会,这只是表明要为改变付出更多。让我们就以接收移民这桩棘手事为例吧。尤文塔(Iuventa)号船长皮娅·克伦普(Pia Klemp)在地中海搭救了众多难民,却拒绝接受巴黎市政府授予她的金质奖章(Grand Vermeil medal)。她用一句口号解释了自己的举动:"为所有人办妥身份文件并提供住处!我们要的是流动和居住的自由!"②如果这意味着——长话短说吧——每一个个体都有迁居到他或她所选择的

---

① 语出黑格尔的《法哲学原理》:"凡是合乎理性的东西都是现实的,凡是现实的东西都是合乎理性的。"(Was vernünftig ist, das ist wirklich; und was wirklich ist, das ist vernünftig.)参看黑格尔:《法哲学原理》,范扬、张企泰译,第11页。这里的关键在于,黑格尔用的是"wirklich"(actual),而不是"real"。理解这一点,可以参看法国黑格尔研究者科维纲的论述:"与单纯实在的定在(Dasein)不同,一种底蕴一上来就为现实垫了底,此底蕴与如下交织有关,即非本质性与本质性、偶然性与必然性、非理性与理性在现实中交织在一起;在现实中存在一种自身与自身之间的距离,一种运动性,一种主动的反思性,与此相对照,在其直接性中的实在与自身直接相重合,或与其规定性直接相重合,此处的规定性即为实在的特性。"参看科维纲:《现实与理性:黑格尔与客观精神》,张大卫译,北京:华夏出版社,2018,第20—21页。——译注

② 参看 www.pressenza.com/2019/08/pia-klemp-refuses-the-grand-vermeil-medal-awarded-to-her-by-the-city-of-paris/。

国家的权利,同时,这个国家有责任安置他们,那么我们在这里就碰到了严格黑格尔意义上的抽象设想。这个设想忽视了社会总体性的复杂语境。问题不可能在这个层面上得到解决,唯一真实的解决方法,是去改变不断制造出移民的全球经济体系。因此,我们的任务是从直接的批判撤一步回来,转而去分析所批判现象内在的对抗状态。这同时也是将我们的焦点对准以下症结:自己的批判立场究竟是如何参与到它所批判的现象中的。

因此,关于改变世界的尝试,黑格尔赐予我们的教益既绝望又乐观:这些尝试从来无法实现目标,然而经由一次次失败,一种新的存在形式就会出现。是的,查韦斯在委内瑞拉失败了,左翼联盟(Syriza)在希腊失败了……但是所有这些进程都在为精神隐秘的生成添砖加瓦,而精神将带来无法预言的新景象……或是恐怖。

……应对连线大脑

上述讨论将我们带往本书主题。我们假定,黑格尔勾勒的不自洽总体性,正是展开思考的终极立足点。重复一下上文引用过的黑格尔之言:哲学只是把"灰色绘成灰色",哲学只能在某个时代抵达终点的时候把握到它的概念真理。我们在应用这些话的时候,无须畏手畏脚。黑格尔的思想在今天已经再次成为一种终极形式,但这一次具有了康托尔－哥德尔宇宙的形态。这个事实也说明某种新的历史形式渐露端倪,对它造成了威胁。因此,我们可以把上述假定再往前推一步:连线大脑(把我们的大脑同数字机器直接连接起来,流行说法管它叫"神经连接")是这种威胁的主要表现。所以问题就变成了:假若连线大脑之类的东西强势登场,由我们的主体性来表达的人类精神该何去何从?或许,能够躲避数字空间的并不是复杂的思维,而是事物最基本的自我同一性,即简单的"A 就是 A"——它只是在象征空间里才会有效运作。

因而可以说,本书不是一项黑格尔研究。但我想要实践一下黑格尔的方式。这种尝试成立的前提是,只有当黑格尔的方式还能起效时,即"这个时代在黑格尔眼里是什么样"这个问题依旧有意义且具生产性时,黑格尔身为思想家才是"活着"的。而要问黑格尔方式到底有没有生产性,比起连线大脑这个卓尔不群的后黑格尔现象(黑格尔根本无法想象,显然属于另一个时代),我们还能想象出更加苛刻的测试吗?

履践黑格尔的方式,要做的可不少。首先,本书会对连线大脑观念及其意识形态推论,以及奇点(Singularity)观念展开哲学分析。我并不会涉入技术、经济、政治、性以及艺术这些庞杂无边的经验领域。也就是说,本书并不给出关于具体现象的分析,比如连线大脑会为医药技术、市场、计算机算法带来什么。同时它也不会去理睬某些具体议题,比如连线大脑对于跨性别问题意义何在。我只将焦点放在唯一一个核心问题上:连线大脑现象究竟如何影响"自我经验"这种自由人类个体独具的东西?它又是如何波及我们身为自由个体真正的地位的?这个问题也将逼迫我们去澄清"生而为人"这一观念本身:如果我们确实会走进后人类时期,这个事实将如何使我们以一种新的方式来感知生而为人的本质?一般来说,只有在某种现象真正的存在遇到威胁时,我们才能把握到它的本质维度。同理,只有当某人意外亡故时,他或她精神上的分量才能被我们体会到。我的目光一刻都不愿意离开这个核心问题,这一点大家很容易就能看出来:几乎在本书的每一章里,你都能看到这个问题的强迫性重复,仿佛我正在拼命去破解一个无解的谜团。

其次,黑格尔的方式意味着,事先去定义连线大脑和奇点观念是没有意义的,因为本书的真正任务就是一步一步去阐述它们。我们这里所能做的,就是以一种纯粹形式的方式来为之划界。"连线大脑"指的是把我们的精神进程与数字机器直接连接起来。此种连接能够让我仅仅起一个念头,就直接发动现实中的某件事。比如,我想着要开空调,电脑就能解码我的念头,然后启动空调。与此同时,它也能使数字机器控制我的思维。而"奇点"指的是这样一种理念:通过直接向他人分享我的思想和体验(读取我精神进程的机器能够将它们传输到另一个头脑里),一个全盘共享的精神经验领域将会出现。这就仿佛是一种新的神性形式在发挥作用——我的思想将直接融入宇宙自身的全局性思维。

你也应该注意到,我们将搁置连线大脑技术可行性的问题(譬如它是否会像那些后人类主义的支持者所设想的那样实现呢)。在巨量报道中,让我们仅举 AlterEgo 一例。它是"一款麻省理工学院媒体实验室开发的可携带设备,能够识别沉默语言(捕捉下颌和面部神经肌肉信号),完成输入输出。这个设备可以戴在头上,并贴近颈部与下颌。它能够读取你大脑语言中枢的脉冲,然后在电脑上把它翻译出来,而且全程默音"[1]。开发这套系统的阿尔纳夫·卡普尔(Arnav Kapur)指出,"并不只是它能够读

---

[1] 参看 https://en.wikipedia.org/wiki/AlterEg。

取你的思想,你得有意识地决定去使用它":

> 当你在心里对自己说话的时候,这个小小的头戴装置能够凭借强大的感受器,去追踪大脑传送给内部语言机制——比如舌头和喉部——的信号。想象一下你问了自己一个问题,但实际上没把这个词说出声来。即便你的嘴唇和面部一动不动,你的内部语言系统还是在履行它的工作,形塑出了那句话。内部语言所涉及的肌肉(如舌头)发生了符合你想说的那个词的振动。就算它极其细微乃至难以追踪,也能被这种设备捕捉到。①

因此,到目前为止一切尚可接受。这一设备并没有读取我的头脑,只是读取了我意图说话时产生的内部语言肌肉信号。在这个层面,扯谎依旧可能:我只需简单地想着去说一些不真实的东西,我的言说肌肉就会相应地运动起来,机器就会"读取"我这一欺骗性的言说意图,把它当作事实。……然而,我们也很容易就能想象,进一步的发展会使机器追踪到我的思想线索,而这无须我同意,乃至我根本意识不到——这显然带来了恶托邦(dystopia)式的前景。

可是,我们真的活在一个恶托邦的时代吗?还是说,我们只是活在一个充斥着恶托邦幻想的时代?连线大脑这一理念本身,以及它关于集体共享私密经验的设想,难道不是一种幻想吗?难

---

① 参看 www.fastcompany.com/90350006/watch-this-device-translate-silent-thoughts-into-speech。

道不是对某些趋势作出了幻想性推论,而实际上这些趋势不可能像所设想的那样实现?有一件事是确定的:我们不应低估集体共享经验所带来的影响,它极其令人不安。任何事物都会被它改变。近期发生在韩国首尔的一场辩论,完美地概括出了对之抱有怀疑的观点。一位年长的绅士(名字我记不起来了)提出了一个精彩的悖论:奇点不仅不会像人们预言的那样糟糕(我们人类将留住自己的精神性,虽然这种精神特征会变得模棱两可,会产生不信之信,指涉缺席者①),而且它根本不可能发生。我同意奇点不可能如那些鼓吹者预料的那样发生,然而我们应该坚持,某种不可预料的新事物的确会出现。彼得·斯洛特戴克②把雷伊·库兹韦尔(Ray Kurzweil)看作新的施洗者约翰——一种新的后人类形态的开路先锋。这是正确的。库兹韦尔完全把握住了连线大脑的激进含义。关于实在的整个设想以及我们在现实中的地位,都将产生巨变,他对此看得极为清楚。

不止是连线大脑理念,库兹韦尔关于奇点的观念一样依赖人工智能前景:他的预言是,由于数字机器的能力呈指数式增长,我

---

① 这里的"缺席者"是对"absential"一词的翻译,这个词一方面有其西方形而上学渊源,另一方面也可能来自新近十几年的生物人类学研究。"缺席者"指的是这样的现象,它的存在被某种本质性的缺席(丧失、分隔乃至根本不存在)规定。对无机物来说没有这个问题,但对于生命特别是具有心灵的生命来说,这一点则十分关键。——译注

② 来自与斯洛特戴克的私人交流。

[彼得·斯洛特戴克(Peter Sloterdijk),德国哲学家,文化理论家,著有《犬儒理性批判》《球体》三卷本、《资本的内部空间》《愤怒与时间》《使徒尼采》等。——译注]

们很快就能和那些全面展示出自我觉知(self-awareness)迹象的机器打上交道了。它们远超人类智能。我们可别把这种"后人类"立场和那种用技术全面操控自然的实用主义现代信念搞混了。我们在今天见证的东西,恰好是对之的辩证倒转,且具有典范意义:如今的"后人类"科学不再强调支配,而诉诸令人震惊(偶然、非计划)的涌现。让－皮埃尔·杜普伊(Jean-Pierre Dupuy)侦测到了此种奇特的反转。植根于人类技术的传统笛卡尔式人类中心主义的傲慢被颠倒过来。这一反转显然可以在今天的机器人、基因、纳米等技术领域以及人造生命与人工智能研究中识别出来:

> 我们怎样去解释,搞科学成了这样一种"有风险"的活动?对于某些顶级科学家来说,科学成了如今残存的人性的主要威胁?有些哲学家对于这个问题的回应是,错在笛卡尔之梦——"成为自然的主宰和所有者",我们迫切需要去"支配那种支配"。他们懂个屁。根本没看到技术呈现在我们面前的样子:技术"融合"了所有学科,为的是不去支配。未来的工程师不是因为疏忽或无知,成了巫师的学徒,而是选择成为他的学徒。他会"赋予"自己复杂的制度和组织,他会尝试去学习这些制度和组织能够做些什么,他的方式是去探究它们的功能属性——一种自下而上、从细部到全体的方式。他会成为一位探索者,一位实验者,但绝不会是一位执行者。成功的标准与其说是让自己达成的业绩符合既定任务清单,毋宁说是在何种程度上他的创造会给自己带来惊异

之感。①

这种想要达成自我排除的诡异倾向,不正有着弗洛伊德所谓死驱力的形式吗——一种令人意想不到的形式!这种推动人类自我超越的力量,正是在进化生物学、神经学和认知脑科学领域中产生且依然在推进的科学进展。有一种诡异的羞耻感维持着这些探究:我们的生物局限性,我们的必死性,我们如此愚蠢的生养后代的方式,都成了我们的耻辱。君特·安德斯称其为"普罗米修斯之耻"②,从根子上来讲它是这样一种简单的羞耻:"我们是被生出来的,而不是被造出来的"。尼采那个看法——我们都是些"末人",无非是为自己的灭绝和新的超人的到来作了铺垫——因而被赋予了一种科学-技术转向。……不过,由于主题

---

① 参考让-皮埃尔·杜普伊在《论辩》(*Le Débat*)第129号(2004年3—4月号)上作出的相关学术贡献(March-April 2004),转引自让-米歇尔·贝斯尼耶(Jean-Michel Besnier):《明天,后人类》(*Demain les posthumains*, Paris: Fayard, 2012),第195页。

② 君特·安德斯(Gunther Anders):《人的过气》[*Die Antiquiertheit des Menschen* (The outdatedness of human beings), Munich: Beck, 1956]。

[君特·安德斯(1902—1992),原名施泰恩,犹太人,是德国儿童心理学奠基人威廉·施泰恩之子。早年师从海德格尔和胡塞尔,1930年与汉娜·阿伦特结婚,1933年全家与表兄瓦尔特·本雅明一起流亡法国,并协助阿伦特写作,批判法西斯意识形态。1936年安德斯与阿伦特分手,但一同流亡美国。他与马尔库塞关系较为密切,但与法兰克福学派其他成员保持一定距离。二战后安德斯回到欧洲,定居瑞士,以自由职业者的身份从事思想批判和社会活动工作(尤其投身于反核、反战以及绿色和平运动)。——译注]

限制,我在书里会略过人工智能话题。虽说人工智能和连线大脑显然相互关联,但两者之间还是有着显著的差别:人工智能可以超越我们人类,但并不会使我们卷入共享经验的空间。也就是说,人工智能会让我们悲摧的大脑依旧以迄今为止熟知的方式来运作,却不加干涉。

因而我们假定,尽管公共媒体的报道存在简化与夸张,但这个领域确实有某种东西正在蠢蠢欲动。我则会把自己限制在追问连线大脑和奇点的哲学含义与哲学后果上。这就是为什么奇点想象是值得讲一讲的:尽管其中"新纪元"(New Age)蒙昧主义①气味浓郁,又混合着对于技术的天真看法,我们还是应该搬用喜剧演员格鲁乔·马克斯②的话:"他们声称要呈现某些真正新颖的东西,他们的做法好像是在呈现真正新颖的东西,但别让他们把你骗了③——他们的确指向了真正新颖的东西!它正在出现!"

---

① 齐泽克此处是指"新纪元运动"(New Age Movement),又可译为"新时代运动"。这一运动始于20世纪60年代,其首要特征就是摈弃以教堂为中心的一神教组织模式。从一开始,这场运动的主要参与者和鼓动者,都是英美主流社会的中上层人士。诸如万物有灵论这类看似被现代理性潮流抛弃的东西,恰成为此一运动的关键符号。如今,"新纪元运动"成了欧美社会人们解释生命的方式之一,它告知人们如何追求完美境界,如何获得拯救的手段,并且发展出一种"宗教经济"。由此,各类所谓帮助人们体悟并发现精神潜质的冥想团体、灵性研讨班层出不穷。——译注

② 格鲁乔·马克斯(Julius Henry "Groucho" Marx,1890—1977),美国喜剧演员。他以机智问答闻名,同家族成员("马克斯兄弟")合作拍摄了15部电影,单飞后担任广播及电视节目"You Bet Your Life"主持人。——译注

③ 意思是:"你别认为他们是在做戏!"——译注

在这个"连线大脑"和"奇点"刚刚起步的阶段,我们只能针对"融入奇点(共享思想和体验的空间)究竟是如何组织起来的"这一问题展开思辨:主体与/或机器究竟如何来决定连接(或断开连接)?连接范围究竟如何来划定?我能获得多少关于机器的知识?我究竟以何种方式来共享经验?同谁来共享经验?始终应该牢记的是,这些同时也是极为重要的政治问题。①

因此,问题的要点不在于批判马斯克(Elon Musk)、库兹韦尔以及其他连线大脑支持者的观念,说他们关于人类心灵与语言的看法天真且原始。他们当然把常识性的自我观与粗糙的自然主义一锅烩了。但关键问题是,这些流俗而粗鄙的观念将现身为数字机器,后者能扫描并处理我们的大脑。那样的话,这些观念就成为现实了。即使马斯克等人谈到连线大脑会如何威胁我们的人性,他们也只是用一种极其狭隘且误导性的方式来把握这个遭受威胁的维度——我们生而为人的本质。所以说,或许真正对我们生而为人造成威胁的,是这种狭隘且误导性的生而为人的观

---

① "脸书"如今正在发展自己的心灵-读取装置,并就这一技术对隐私造成的影响展开征询。马克·扎克伯格(Mark Zuckerberg)说:"可以推测,人们可选择是否使用心灵读取。"(引自 www.theguardian.com/commentisfree/2019/aug/01/future-imperfect-robots-mind-reading-apps)真是这样吗?谁来推测?读取我们心灵的秘密机构吗?所以说,倘若这些机构并没有取得我们的同意就探测我们的心灵,并且此种读取会将我不想被读取的念头反馈给相关结构,那么,这些机构会礼貌地断开连接吗?虽然如今围绕连线大脑展开的实验还是相当基础性的,实际上需要主体决定是否参与,但伦理上的两难之境已然浮现。参看 www.theguardian.com/science/2019/sep/22/brain-computer-interface-implants-neuralinkbraingate-elon-musk。

念。马斯克、库兹韦尔和其他一些人也描述过何者将受到连线大脑的威胁,可他们首先会自发地将此种"生而为人"的观念作为讨论前提。因此,当我们讨论"后－人类"(post-humanity)时,应该格外留意自己是怎样来理解人性的。或许,展望"后－人类",恰恰可以使我们获得何谓生而为人的洞见。①

由此,我们的研究方案必然是三个方面相互交织:理论、经验和体制。我们会一直往复考察这三个方面:(1)探究连线大脑的结构,追问其可能的理论含义;(2)把大脑连接起来,对于个人来说究竟意味着什么,连线大脑怎样改造(自我)经验;(3)最后不能不问,连线大脑的社会－政治制度性含义究竟是什么?它会催生出何种新的权力关系?维护连线大脑的庞大数字网络是如何组织起来的?又会受到何种约束?军事机构正以意料之中的方式回应此种威胁:"征召:军事'伦理学家'。技术:数据挖掘、机器学习、杀手机器人。必须具备:冷静的头脑、道德准则以及对将军、科学家乃至总统说不的意志。五角大楼正在寻找适合者,来为涉入人工智能这潭道德上的浑水掌舵,后者已被列入21世纪战场名单。"②自然,与之不同的伦理委员会照规矩给出的冒牌解决方法只是限制科学的"滥用":需要在公众面前保持这些方案的透明性。

一位消息灵通的观察者不禁会注意到,任何一种意识形态同样由这三方面构成。就以宗教为例:宗教是(1)一种由神学阐明

---

① 我在此参考的是扬·德·瓦斯(Jan de Vos)的论述,他在关于数字死亡驱力的开创性研究(手稿)中提出了这一问题。

② 引自 www.theguardian.com/us-news/2019/sep/07/pentagonmilitary-artificial-intelligence-ethicist。

的信仰体系,包含了关于实在终极本性之类"大"问题的答案;(2)关涉神圣向度之私密体验的复杂网络;(3)一种意识形态机器,一系列制度和物质实践(仪式等)。其实精神分析也是这样,它是一种(当然不仅仅)涉及人类心理的理论,一种临床实践,以及(我们不可忘记这一点)"组织起来的群体",一种能够催生认同的诊疗体制。① 回到奇点上来,它亦由三方面组成:首先提供了一套关于人性的解释,也阐发了如何从人过渡到后人类,甚至表达为一种新的神学向度;其次,奇点向我们许诺了一种新的主体经验——融入集体心灵空间;然而,最后——这个方面经常被人忽视,奇点也暗示着一种庞大的机器网络,后者终究嵌入在支配性的社会关系当中。我们会简单地受到机器控制吗?是否一部分人会出售同机器之间的特权性联结?粗暴而直接地说吧,奇点这一(事件性的)崛起将如何影响资本主义?如何影响社会权力形式?

因此,我们应该让连线大脑观念在三个不同的层面上接受批判性分析。首先(但这溢出了本书的范围),应该追问其技术可行性:我们真能造出那种机器吗?它们可以与神经流(神经流为我们的自我意识提供了物质基础)直接产生互动?其次,即便我们以某种方式成功地连接了大脑,就真能直接共享其他人的经验

---

① 加布里埃尔·图比南巴(Gabriel Tupinamba)在《精神分析的欲望》(*The Desire of Psychoanalysis*,将由美国西北大学出版社出版)中详细阐发了这种三重结构。

[齐泽克在本书中颇为倚重此君。图比南巴出生于巴西,在瑞士瓦莱州萨斯菲区的欧洲研究院取得了医学与传播学硕士学位,如今是一位精神分析师,同时还是"集体思维国际"的一员,以及巴西里约热内卢、圣保罗等地的观念与意识形态研究圈子的组织者。——译注]

吗？遇到外部主义(externalist)①的观点怎么办呢？对于此种见解来说，富有意义的经验并不是头脑里的内部形象，而是"在大脑之外"。它产生于大脑、身体活动与复杂现实之间的相互作用。这是一个相当繁复的过程，而我们也只能在外部实在当中发生互动。照此定义来说，聚焦于孤零零的大脑必将错失目标。再次，即便凭借某种手段可以达成经验共享，我们的主体性会在融入共有空间之后留存下来吗？预先透露一下我们最后的分析结果：能够躲开奇点笼罩的，并不是我们活生生的体验，而是我们的无意识。不过，此种无意识恰恰关联于笛卡尔式主体的自主性。

并置

最后告诫一声：黑格尔的方式会盯着基本概念，但并不涉及体系性的概念分析。后者往往会忽略特殊的内容。如果你仔细

---

① 在心灵哲学中，"外部主义"是指这样一种学说：个体心灵中所发生的事并不是(完全)由他/她机体内部(包括大脑)所发生的一切决定。外部主义有两种基本形态：关于精神内容的外部主义，以及关于精神内容之承载者的外部主义。外部主义的关键议题涉及心灵的本性、心灵与世界的关系(包括自然与社会关系)。无论是聚焦于内容还是聚焦于内容承载者的外部主义，都往往被看作20世纪晚期分析哲学的一种独特爆发[如希拉里·普特南(Hilary Putnam)和泰勒·伯格(Tyler Burge)的论述]。不过，这么看似乎并不全面。不管是否被视作外部主义者，维特根斯坦、萨特和海德格尔的观点都为外部主义发展提供了重要的语境，他们被贴上了反笛卡尔的标签，在这一点上他们与外部主义一致。参看"斯坦福哲学百科"(Stanford Encyclopedia of Philosophy)相关词条，https://plato.Stanford.edu/entries/content-externalism/。——译注

研读黑格尔，马上就能意识到，黑格尔实际上是以并置的方式来推进论述的，即常常从一处特殊内容猛地跳跃到另一处。因而本书同样也对连线大脑这一主题展开并置式呈现。并置（Parataxis，希腊语写作 παράταξις，指"把一物放置在另一物旁边的行为"）是一种文学技巧，它喜好短小、简单的语句，爱用并列连词而非从属连词。在诗歌并置中，两个意象或片段——往往是毫无相似之处的意象或片段——在缺乏清晰联系的情况下并列在一起。这会给读者留出空间，并置的句法会给出暗示，让他们自己来推出联系……所以说，指责这本书既无关于黑格尔，也没好好讨论连线大脑，在某种意义上命中了目标——它命中了目标，但却错失了要点。这个要点恰恰身处并置模式之中，围绕着两个并置的节点来回游走。这样一种分析步骤对于黑格尔的体系方法来说会不会太陌生了？当然不会！难道还有比黑格尔的《精神现象学》更具并置特征的作品吗？

本书的隐秘模型是我所喜欢的作品——多克托罗①的《诗人的生活：一部中篇与六部短篇》（Lives of the Poets: A Novella and Six Stories）：先是六部完全无关的短篇小说（互相之间仅有些许隐秘的呼应），接着是一部关于一位纽约作家的中篇小说。读者会从中发现，上面六部短篇是这位作家想象性自传的片段。我这本书

---

① 多克托罗（E. L. Doctorow, 1931—2015），美国作家，生于犹太移民家庭，在哥伦比亚大学攻读戏剧硕士学位时参军。退伍后先后担任哥伦比亚电影公司剧本审读员、新美国文库出版社编辑等，1969 年起成为专业作家，并在美国多所大学执教。其主要作品包括《但以理书》《拉格泰姆时代》《卢恩湖》《比利·巴斯盖特》《世界博览会》《大进军》《纽约兄弟》等 12 部长篇小说，2 部短篇小说集和多部剧本、文学评论集。——译注

本可以采用这样一个副标题:"一篇论文和七篇随笔"。七篇随笔讨论七个不同的主题(神经连接、神学中的堕落问题、苏联早期社会主义建设的死结、新型数字警察国家……),后面紧跟着一篇更具实质意义的研究论文,它涉及前述所有主题,尝试对连线大脑的前景展开哲学意义上的说明。

我们将从生活本身的数字化谈起,讨论这一现象的政治含义:一种新型警察国家是否正在逼近?从一般意义上的数字化和数字控制出发,我会转向更加具体的连线大脑方案。我会用一些开放性的问题来对那种简单、天真的描述进行补充。连线大脑究竟如何影响我们的权力关系这个问题,将带领我们回到苏联的生物-宇宙论。此种设想——即共产主义是一种共享的经验空间,预示了奇点的灵知式观念①。安德烈·普拉东诺

---

① 关于"灵知"(gnosis)与"灵知主义"(gnosticism),首先可参考的是约纳斯的名著《诺斯替宗教:异乡神的信息与基督教的开端》(张新樟译,上海:三联书店,2006),尤其是张新樟的中译导言对"灵知主义"研究以及约纳斯学问脉络作了详尽的梳理。"灵知主义"大陆学界本多音译为"诺斯替主义"。gnosticism 这个词是现代术语,源于希腊词 gnostikos[即"知者"(knower),也即拥有"诺斯"(gnosis)或"秘传知识"的人]。而"诺斯"是一种属灵的拯救性的特殊知识。约纳斯将灵知主义定义为"反宇宙主义"(acosmoism)的"古代晚期精神",此种反宇宙主义的具体内容即人与世界、神与世界的二元对立,并总结出诺斯替/灵知神话的七个相继的先验图式:这个世界与神之间的距离;这是个封闭的世界;人被囚禁在这个世界中;迷路的体验;自我不属于这个世界;神是绝对高于这个世界的;意向性活动包含在所有这些图式中,使它们构成一个整体:堕落、失去本源,以及所有这些图式的相反运动。沃格林对"灵知主义"的把握则溢出了古代哲学的研究框架,而视之为"现代性的本质",他认为古代灵知主义与现代的实证主义、马克思主义、弗洛伊德

夫①清楚地看到了这种灵知式共产主义观念的限度。这样,我们就转向了一种批判性分析。关于奇点的通俗神智学解读("新纪元"运动)——即认为奇点最终是精神与物质重新合一,正是此种分析的批判对象。鉴于奇点许诺去解决基督教所谓的"堕落",我们将探究堕落、自由和知识限度之间的联系。我们的目标是澄清黑格尔的"扬弃"(Aufhebung)概念与奇点所带来的"消除"(人之有限性在奇点中被消除)之间的差异。接下来,无意识的自我反思结构将得到详尽阐发。我意在勾勒出那种可以避开奇点掌控的象征世界的轮廓。紧随其后的是一种文学幻想。连线大脑不断扩张,相应的主体性模式也会出现;这种文学幻想就尝试对之展开想象:倘若贝克特笔下"无法称呼的人"所蕴含的笛卡尔沉思

主义、存在主义、进步主义、乌托邦、法西斯主义等"主义"之类的现象之间既有历史连续性又有体验上的相似性。而"现代灵知主义"的主要特征为:(1)改造世界的内在论计划;(2)无神论和随着上帝之死而来的人的神化——超人、自然的主宰、历史的创造者。现代灵知主义与古代灵知主义之间的区别在于:它放弃了垂直向度或者彼岸向度的超越,而宣称水平向度的超越或者说世界之内的拯救教义为终极真理(参看沃格林:《没有约束的现代性》,张新樟、刘景联译,谢华育校,上海:华东师范大学出版社,2007。尤其是该书英文编者所作的导言)。——译注

① 安德列·普拉东诺夫(Andrei Platonov, 1899—1951),苏联作家,出生于沃罗涅什的贫苦钳工家庭,14岁辍学做工。1918年进入沃罗涅什铁道工程学院学习,其间参加过红军。1924年毕业后担任过土壤改良技师等职务。1927年移居莫斯科,专事写作,著有《叶比方水闸》《内向的人》《疑虑重重的马尔卡》等。在20世纪20年代末至30年代初不断遭到批判,他的不少重要作品如长篇小说《切尔古文》(1929)、中篇小说《基坑》(或译《地槽》,1930)等直到20世纪80年代后才得以发表。——译注

恰恰可以给我们指明出路呢？那篇结论性的论文则假定，奇点如事件一般出现，它显然是天启式的。但奇点会是哪种天启？新的王国会不会随之来临？还是无法到来？十分清楚的是，后－人类转向标志着我们所知晓的历史的终结——但是，究竟什么与之一起终结了？又是什么随之诞生了？

　　读者不应在此寻求翔实的预言：本书给出的是一种哲学反思。连线大脑的出现是一个事件，我们的主体性将如何受它影响，只能进行推测。此外，我们甚至察觉不到自己的大脑被连接，由此一种新的自由与权力形式将会出现。说起来也简单，这种自由与权力就存在于这样一个时刻：我们能够脱离奇点（或与之切断联系）。我们甚至难以察觉全盘性的数字控制，这种前景残忍地把一个基本的哲学问题抛在我们面前：是否赢得自由的唯一机会，就是脱离奇点空间？或者是否存在一种生而为人的向度，就算我们完全融入奇点，这一向度还是能让我们基本摆脱它？

　　所以在某种意义上，本书也是一系列关于迂回现象的随笔。这些现象从一开始就像鬼魂一样纠缠着哲学：为何比起直接抓住事物，这种迂回接近事物的方式能带给我们更多东西？这个悖论在众多层面上生效。比如，为什么我们只能通过谎言和骗人的幻觉来接近真相？也就是说，为什么忽视了环绕着真相的谎言之网，我们就会错失真相？温斯顿·丘吉尔（Winston Churchill）曾写下这样一句话：真相是如此珍贵，以至于要用一层厚厚的谎言防护墙来保护它。在这一点上他是正确的。又比如，为什么一部具有艺术水准的小说比起纪录性的描述更能抓住一个时代的本质？比起事无巨细的历史著作，为什么我们能从莎士比亚的戏剧那里学到关于伊丽莎白时代更多的东西？最后不得不提的是，为什么对一个情欲对象单刀直入所能带来的快感,远没有采取种种复杂的手段推迟与对象相逢、绕着它打转来得多?黑格尔和拉康这两位思想家深谙此种迂回的悖论,且言之甚详。黑格尔辩证法的基本假定就是:通往真理的道路是真理自身的一个环节。真理最终无非是对一连串的错误作出体系性的阐述。拉康引入剩余－享乐(surplus-enjoyment)概念正是为了解释为何推迟获得快感乃至禁止获得快感,却产生了这一行为自身的快感。今天,随着数字技术的爆炸性发展,迂回的问题不断加剧,乃至达到了极致状态。数字化使我们最私密的体验变得不再直接:情色制品正在成为我们日常情欲活动的一部分。我们越发只能通过数字媒体来接近实在:数字媒体不仅能够忠实地呈现实在,而且可以强化实在。然而,认知科学和技术的新趋势开辟了一种前景,即绕开语言以及其他交流媒介,直接进入他人的思想和体验。这又将给生而为人的我们带来何种影响?

所以,再说一次,这并不是一本关于黑格尔的书。这本书关乎一个当代版的黑格尔如何直面对于他的世界来说全然陌生的东西——连线大脑现象。这本书也关乎黑格尔自己提出的无限判断①——

---

① 黑格尔《哲学全书第一部分·逻辑学》梁志学译本第 300 页对"无限判断"的说明是:"主词与谓词的完全不符合。……无限判断的例子是:'精神不是象''狮子不是桌子'等——这些命题虽然是正确的,但正像同一个命题'狮子是狮子''精神是精神'一样,是毫无意义的。……这些命题分裂为一种**空洞**的统一和一种**充实**的关系,而这种关系是**相关的双方在质上的异在**,是这双方完全不符合的状态。"而在《逻辑学》("大逻辑")里,黑格尔则对"无限判断"有更为详尽的说明:"无限判断即否定之否定,其**肯定的东西就是个别性的自身反思**。"它也是从"实有判断"过渡为"反思判断"的一个环节。

"精神的存在是一块骨头"①,当然本书所涉及的是它的当代版本——我们的头脑是一台数字机器。黑格尔说,逻辑真正的开端是"决定"去思考——思考什么都可以,去做点什么,即便它不具有实定性行动的意义。海德格尔派可能会直接将这种主张视为某种证据——黑格尔依然没有越出"愿的形而上学"(the metaphysics of Willing)②视域。我们可以不接受这种读法,然而,只要"决心"表明一种主体性维度,事实就依然没有改变——但如今是以极为复杂的方式发挥作用,不再仅仅是"我们必须去思考思维本身"。"决心"在黑格尔那里的地位,无法用心理学或非理性的方式来把握(即外在于逻辑的非理性剩余物),而是具有严格的逻辑意义,内在于逻辑学构造。在某种极端新颖的东西出现时,我们必须同样怀有直接介入每一次重要转向的决心:在这些转折点上,如果想要有效地掌握新现象,我们必须再次下定决心去思考。而展望神经连接,肯定就是这样一个时刻。

参看黑格尔:《逻辑学》(下卷),杨一之译,北京:商务印书馆,2012,第314—316页。齐泽克此处所论的"无限判断"则似乎凸显的是本节所强调的"并置"。——译注

① 语出黑格尔《精神现象学》先刚译本第213页"理性"部分中讨论"面相学与颅相学"的文字。——译注

② 关于"愿的形而上学":"发问就是愿知。谁愿,谁就将他整个的亲在置入一番意愿之中,**他就是**在决断。这种决断不推脱,不逃避,当下行动,毫不中断。决-断不是要去行动的单纯决定,而是行动的决定性的开端,它先行并彻头彻尾地掌控着全部行动。愿就是决心存在。"海德格尔:《形而上学导论》,王庆节译,北京:商务印书馆,2015,第25页。——译注

一、数字警察国家：
费希特报复黑格尔

The Digital Police State:
Fichte's Revenge on Hegel

就社会自由而言,今天我们处境如何？日常生活全面数字化,特别是数字装置会扫描我们的大脑(或用植入装置追踪肌体进程)。这一前景揭开了一种颇有可能成为现实的状况：外部装置对于我们身心的了解,将优于我们自己。它会将我们吃什么、买什么、读什么、看什么——记录在案；它会辨识我们的情绪,侦测我们的恐惧与满足。比起有意识的自我,外部装置将给出关于我们自身更加精确的图景。而且我们也已经知道,有意识的自我本来就不是自洽的实体。尤瓦尔·赫拉利尤其发展了这一设想。① 他指出,正是叙事构成了我们的"自我",正是叙事以回溯的方式努力将自洽性赋予混乱无序的经验,同时叙事也会清除掉那些对它们造成干扰的经验与记忆。意识形态最初并非栖身于那些(当权者)编造的骗人故事,而是栖身于主体自己发明出来欺骗自己的故事。然而就算如此,混乱无序依旧存在,机器则会将无序记录在案,或许它能够用一种相比于有意识的自我更加理性的方式来处理混乱无序。比方说,当我必须决定结不结婚时,机器会记录下所有困扰我的变幻不定的态度,甚至那些我想要掩饰的痛苦过往与沮丧失望。让此种前景延伸到政

---

① 参看 Yuval Harari, *Homo Deus. A Brief History of Tomorrow*, London: Harvill Secker, 2016。

[本书中译名为《未来简史:从智人到智神》,林俊宏译,北京:中信出版社,2017。——译注]

治决断领域有何不可呢？"我"很容易被一个民粹主义煽动家诱惑，而机器会注意到所有我过往的挫折，它记录了我易逝的激情与我其他看法之间的不一致性——所以说，机器代我去投票，又有何不可呢？"后结构主义"或"解构主义"曾提出过这样的观念："我们"只不过是一些自己讲述自己的故事，这些故事充斥着混乱，无非东拼西凑。它们构成了一个不能自洽的杂多体，任何单一的自我都无法整合它们。当脑科学证实了这些观念时，鉴于上述数字机器所打开的前景，我们似乎拥有了一种摆脱自我劣势的方法：恰恰因为读取我们身心信息的机器始终是"盲目"的，即不具备意识，依靠机械的算法，它作出的决定反而远比人类个体所能作出的更充分。所谓"远为充分"，不仅是相对于外部现实来说，而且首先是相对于个体来说，相对于他们现实所想所欲来说的：

> 自由主义将叙事自我(the narrating self)奉为圭臬，不论在投票站、超市还是婚姻市场中，都让叙事自我来进行表决。最近几个世纪以来，这种做法很有道理，因为虽然叙事自我相信的常常是各种虚构和幻想的故事，但我们确实没有更好的替代方案。然而，一旦有了能够替代的系统，真正比叙事自我更了解我们自己，这时再把权力留在叙事自我手中，就只能说是愚蠢的做法。像民主选举这种自由主义的习惯做法将会遭到淘汰，因为谷歌会比我自己更了解我的政治观点。①

---

① Yuval Harari, *Homo Deus. A Brief History of Tomorrow*, p. 338.
[中译见《未来简史：从智人到智神》，林俊宏译，第304页，译文略有修改。——译注]

我们可以为这一选项提供一个现实案例:并不是说记录了我们所有活动的电脑便全知全能,不会犯错;简单说,平均来看,电脑作出的决定在本质上要优于我们头脑作出的决定。比如,在医疗领域,比起平庸的医生,电脑能给予我们更好的诊断。又比如股票市场里突然发生需要演算的交易活动,人人皆可免费下载的程序在此早已胜过金融咨询师。有一件事一目了然:自由的"真实自我",那个展现我"真实所需"的自由行动者,简单来说就是不再存在了。而对此种"不存在"抱以完全支持,就意味着放弃关于自由民主最为基本的假定——个人主义的假定。数字机器是"大他者"最新的化身,是那一"假设知道的主体"(*sujet supposé savoir*/ subject supposed to know)①,作为一种无主体的知识领域来发挥作用。……

---

① "sujet supposé savoir"在汉语里有多种译法,除"假设知道的主体"之外,还有"被假定知道的主体"(《拉冈精神分析辞汇》,刘纪蕙译本)与"假设知道主体"(见卢迪内斯库《拉康传》,王晨阳译,北京:北京联合出版公司,2020)。此处译法采用李新雨所译《拉康精神分析介绍性辞典》中的表述。关于此一术语的内涵,亦可参考该书第372—373页:"另一种译法——'假设的知识主体',其理由在于这里被假设的是主体,而不仅仅是知识。……'假设知道的主体'这一术语并非指分析家本人,而是指分析家在治疗中所可能体现出来的一种功能。……分析家往往都会被认为是知道分析者话语的隐秘意义,即甚至连言说者都不知道的言语的能指,单凭这一假设(假设分析家是一个知道的人)便导致了那些原本不重要的细节(偶然的姿势、有歧义的评论)对那个'假设'的病人而言会回溯性地获得一个特定的意义。……当分析者不再假设分析家拥有知识,如此以至于分析家从假设知道的主体的位置上跌落下来的时候,分析结束的时刻便来临了。"——译注

当然,此处尚有一系列问题挥之不去。赫拉利提醒我们:"过去审查机构以封锁信息流动的方式来工作。但到了21世纪,审查机构反而用不相关的信息把人淹没。……在古代,力量来自有权获得数据,而到今天,力量却是来自知道该忽略什么。"① 那么,问题就变成了,"盲目"的机器能够做到"忽略"吗?或者说,机器可以获得一种最低程度的主体性形式吗?

在哲学和科学那里,否认自由意志的传统源远流长。但质疑自由意志,"除非真正能影响经济、政治和日常生活,否则仅是怀疑,并不足以改变历史。人类十分擅长应付认知上的矛盾,能允许自己在实验室里信一套,到了法庭或议会又信完全不同的另一套"②。赫拉利指出,就算理查德·道金斯和史蒂芬·平克这些新科学世界观的拥护者用数百页篇幅拆解了自由意志和自由选择,到头来却还是支持政治自由主义。③ 然而在今天,"自由主义受到的威胁不再是'没有自由的个人'这种哲学问题,而是来自实实在在的科技挑战。我们即将拥有各种超级实用的设备、工具和制

---

① Yuval Harari, *Homo Deus. A Brief History of Tomorrow*, p. 396.
[中译见前引译本第358页,译文略有修改。——译注]

② Op. cit., p. 305.
[中译见前引译本第274页。——译注]

③ Op. cit., ibid.
[中译见前引译本第274页。道金斯(Richard Dawkins)是英国进化生物学家及科普作家,著有《自私的基因》等。平克(Stephen Pinker)是加拿大籍认知心理学家及科普作家,著有《当下的启蒙》等。对于平克及其《当下的启蒙》新近的批评,可参考林凌:《谁为现代立法?——〈当下的启蒙〉与中国学的未来》,《东方学刊》,2020年第2期。——译注]

度,但这些设备、工具和制度并不允许个人自由意志的存在。民主、自由市场和人权这些概念,是否真能在这场洪水中保存下来"①? 如此一来,假若实实在在的科技发展会使智人(homo sapiens)变得不合时宜,紧随其后到来的又会是什么呢? 一种人类退场之后的神人(post-human homo deus)(它拥有传统上属于神的那些能力)吗? 抑或是一种准全知全能的数字机器? 奇点(无所不包的意识)? 还是不自知的盲目智能装置?

融入奇点仅仅代表了第一个选项。第二个选项是:如果机器胜利了,那么"'智能'即将开始与'意识'脱钩,人类因此面临失去价值的危险"②。这种智能与意识脱钩的情况使我们再一次遭遇了意识之谜。尽管进行了无数次费劲的尝试,进化生物学还是无法为以下问题提供明确的答案:意识的进化,功能究竟为何? 这就造成这样一个问题,如今智能正在同意识脱钩,"等到无意识但具备高度智能的算法比我们更了解我们自己时,社会、政治和日常生活将会有什么变化"③?

此外,还有第三个也是最现实的选项:人类社会本身彻底分隔开来,其严重程度远超阶级分化。在不远的将来,生物技术和计算机算法的力量将生产出"身体、大脑和心灵"。"懂得与不懂

---

① Yuval Harari, *Homo Deus. A Brief History of Tomorrow*, p. 306.
[中译见前引译本第274页。——译注]
② Op. cit., p. 311.
[中译见前引译本第279页。——译注]
③ Op. cit., p. 397.
[中译见前引译本第359页。——译注]

如何进行这些大脑及身体工程的两种人"之间的鸿沟将深不见底。"搭上列车,就能获得创造和毁灭的能力;留在原地,就面临灭绝。"①因此我们面临的主要危险变成了:

> 形成一个人数极少的特权精英阶层,由升级后的人类组成。这些超人将会拥有前所未有的能力及创造力,让他们能够作出许多世上最重要的决定。……然而,大多数人并不会升级,于是也就成了一种新的低等阶级,同时受到计算机算法和新兴的超人类的控制主导。……人类如果从生物定义上分裂成不同的阶级,就会摧毁自由主义意识形态的根基。②

然而,这种分裂成不同阶级的情况,可能不会像我们所以为的那样直接明了。如何来定义新式精英呢?精英是那类有着超人能力的升级生物?这意味着精英分子也会受到控制,受到基因操控。还是说,他们操控别人,自己却能免于受制?恐怕两种情况都有可能。据传东亚某城市已经有这类诊所了,富有的西方夫妇跑过去做基因检测,他们在孩子出生之前就可以从基因上操控自己的后代。新精英在何种程度上能够控制数字机器和生物化学/基因机器呢?而后者本控制着他们。我们在这儿没工夫涉入

---

① Yuval Harari, *Homo Deus. A Brief History of Tomorrow*, p. 273.
［中译见前引译本第246页。——译注］
② Op. cit., p. 346.
［中译见前引译本第311页。——译注］

"生物基因干涉"这个庞大领域。后者注定会创造出新的后人类实体——举个例子,西班牙《国家报》(*El País*)有篇报道的标题这样写道:"西班牙科学家在中国创造出了'人-猴'嵌合体(chimera);这个团队由胡安·卡洛斯·伊斯皮苏亚(Juan Carlos Izpisúa)领导,其研究工作的重要一环是将人的干细胞注射进猴胚胎,由此来寻找一种培育组织的方式,服务于器官移植。"①请注意通常的人道主义辩护——我们这么做的确是为器官移植培育组织,而不是出于那个更为显眼的理由:为了创造完美的后人类战士或劳工去提升(或降低)人类的能力。

用流行的话说,这一前景带来的是一种新型警察国家。哪种呢?我们应该在这儿回到黑格尔那里,回到他和费希特的论战。费希特常常遭到嘲笑,不仅因为他提出了那个主观唯心主义的假设,即绝对自我的自我设定(它就好比是敏豪生男爵做法的哲学版;想把自己从沼泽里救出来,竟然拉着自己的头发往上提)。费希特常常遭到谴责,也因为他是倡导现代警察国家的先驱,据说这种国家会对公民进行全盘控制。费希特自己的话似乎佐证了针对他的无情抨击:

> 在一种具有我们所提出的宪法的国家中,每个人则都有他的特定职业,每个公民白天什么时候在什么地方,在做什么工作,警察机构都知道得相当清楚。……犯罪在这样的国家是极为罕见的行为;虽然事前有某种

---

① 引自 https://elpais.com/elpais/2019/07/31/inenglish/1564561365_256842.html。

不同寻常的犯罪冲动,但在一个一切井然有序、万事循规蹈矩的国家,这种不同寻常的冲动会被警察发现,很快受到注意。①

关于费希特笔下这种井然有序的国家,扎德拉福考·科比(Zdravko Kobe)有一个简明的描述。他正确地指出,在这个国家,

> 警察无处不在,无所不能。这还不仅仅是像费希特提议的那样,每个人都须随身携带印上照片的身份证,以备警察当场确认身份。抑或是,交易记录须印成特殊文件,唯有国家机构有权调阅——这样就能杜绝伪币流通。费希特认为,为了使公民真正免于犯罪,警察应将主要精力放在阻止违规上,须使他们的活动不仅针对实际发生的伤害事件,而且针对其可能发生的情形。……因此,警察管控的最终目标是建成一种透明的秩序,它能让任何违法行为丧失物质基础,使之不再可能。②

---

① J. G. Fichte, *Foundations of Natural Right According to the Principles of the Wissenschaftslehre*, Cambridge: Cambridge University Press, 2000, pp. 262 -263。[中译见费希特:《自然法权基础》,梁志学译,北京:商务印书馆,2004,第300—301页。——译注]

② 扎德拉福考·科比:《普遍的界面:论黑格尔的警治概念》("The Interface of the Universal: On Hegel's Concept of the Police"),见 http://journal.instifdt.bg.ac.rs/index.php?journal=fid& page=article& op=view& path%5B%5D=728& path%5B%5D=624。

早在黑格尔的第一本书(出版于1801年)里,他就拒不接受费希特那种"预防性的知性及其权力、警察义务"①,并将费希特斥为控制狂魔:"在费希特的国家里,任何一个国家公民都不能单独活动,至少有半打人监督、观察他的活动,而这些监督者中的每个人同样也都有监视者,等等,以此类推。"②黑格尔在他讨论德国宪制的片段(1802/1803年定稿,未发表)里重复了这一批评:

> 但在新的、已部分实现的理论里却有一种根本成见,认为国家是架机器,只有一根发条给其余无数齿轮输送动力,一切本质上是社会的设施都应当从最高国家权力出发,受最高国家权力调节、监督和领导,为其号令。③

---

① 黑格尔:《费希特与谢林哲学体系的差别》,宋祖亮、程志民译,杨一之校,北京:商务印书馆,1994,第59页。——译注

② G. W. F. Hegel, *The Difference between Fichte's and Schelling's System of Philosophy*, Albany: SUNY Press, 1977, p. 148.
[此句引文出自黑格尔此书的注释34。中译见《费希特与谢林哲学体系的差别》,宋祖亮、程志民译,杨一之校,第103页。译文略有修改。——译注]

③ G. W. F. Hegel, *Political Writings*, Cambridge: Cambridge University Press 1999, p. 22.
[中译见黑格尔:《德国法制》,收入《黑格尔政治著作选》,薛华译,北京:商务印书馆,1981,第34页。——译注]

与费希特那种"企图决定任何细微末节的迂腐用心"①相比，黑格尔主张"国家应该把如下两方面彼此区别开来：一方面是对于国家的存在与统一来说是本质性的东西，另一方面是可以留给偶然机会与任意意志的东西"②：国家应该"只向个人要求对自己所必须的东西"，并"保证公民的活生生的自由和固有的意志，而且还允许公民有巨大的活动范围"③：

> 至于作为国家权力的中心即政府，必须把对它组织和维持权力这种本分并非必要的事情听任公民自由处理。……对它来说没有什么应该像在这些事情上能保证和保护公民自由行动那么神圣，而这样做又应毫不谋取功利，因为这种自由本身即是神圣的。④

黑格尔的支持者们很喜欢引用这些段落，以此来平息针对黑

---

① 黑格尔：《德国法制》，《黑格尔政治著作选》，薛华译，第34页。——译注

② 扎德拉福考·科比：《普遍的界面：论黑格尔的警治概念》。

[相关内容亦可参看黑格尔《德国法制》："必须把如下两方面彼此区别开来：一方面是必要的东西，使一群人能作为国家和共同权威力量的东西；另一方面则仅仅是这种力量的特殊变态的东西……现实上却属于偶然和随意的东西。"见《黑格尔政治著作选》前引译本，第29页。——译注]

③ G. W. F. Hegel, *Political Writings*, pp. 17-18.

[中译见前引译本第29页。——译注]

④ Op. cit., p. 23.

[中译见前引译本第35页。——译注]

格尔的猜疑——在他眼里国家至上,他原本就倾慕极权主义。然而,生活的数字化前景却给黑格尔与费希特之间的对立带来了新的模样:费希特报复黑格尔的时刻仿佛到来了。黑格尔曾嘲笑在费希特的国家里"至少有半打人监督、观察他的活动,而这些监督者中的每个人同样也都有监视者,等等,以此类推",我们此时却不得不对以下事实加以注意:驳斥费希特看法的经验基础已然动摇——复杂的数字网络永远在记录我们的活动,就凭这一点,费希特所设想的管控在今天不仅是可能的,而且在很大程度上已经成为现实。我们的行为(还包括我们的健康状态、阅读习惯、意见、性情)都被数字机器记录在案。这么做的意图,最终恰恰是为了预测我们的违法行为,然后对之进行预防,使我们不可能做出这些举动。

让事情变得更糟的是这样一个事实,费希特笔下的警察管控方案与今天出现的数字管控有着重大差别:费希特的想法依旧是标准"极权主义"式的,即一个外部机构公开地管理我们。而在今天,数字管控对于我们的经验来说,不再是外部的限制,它不会妨碍我们的自由。这里出现了一种新的"对立统一"形式:自由的主观施行符合客观管控。不难发现,这个悖论与一般的神经连接设想在结构上相同,而黑格尔无法想象的"短路"已然实现:思想和数字现实获得了物质上的统一。

对于自由来说,最为致命的威胁并非来自公开的强权之力,一旦我们将不自由本身体验为自由,威胁就真的来了。什么都被允许和自由选择如今被抬升为至高价值,所以社会管控和支配就不再暴露其侵害主体自由的嘴脸,而必须表现为自由个体真正的自我体验。反自由的行为伪装成它的对立面——自由的现象,形式可谓多种多样。比如,我们被剥夺了"全民医疗",却被告知这是给我们一种新的选择自由(自己选择医疗服务提供方)。长期就业指靠不上,我们无奈只能每两年就重新找一次工作,找到的都是些不稳定工作,却被告知这是给我们一个机会去重新塑造自我,去发现始料未及的创造性潜能——据说这种潜能隐伏在个性当中。我们不得不为孩子的学业支付高昂的费用,却被告知我们会成为"管理自己的企业家",就像资本家那样做事,以"自由选择"的方式对他所拥有的(或借来的)资源进行投资。教育、医疗、旅游……"自由选择"不停对之进行轰炸,我们被迫作出决定,实际上我们尚不具备相关条件(也没掌握充分的信息)。我们越来越感到自由是一种负担,它会引发无法承受的焦虑。

进一步看,我们的大部分活动(包括被动行为)如今都被记录在数字云里。它会不断评估我们,追踪我们的行为和情感状况。当我们觉得自己无比自由(上网冲浪,获得一切)时,其实已经完全"暴露在外"了,操控由此便可深入所有细微之处。数字网络赋予那句老口号以新意义——"个人即政治"。不仅是性命攸关的私密生活遭到了管控,更是数字网络调控着所有一切,从运输到健康,从电力到用水。正因为如此,网络在今天成为至关重要的公共物,控制网络的斗争成为今天的**根本**斗争。我们的敌人有着一种组合形态:对于公共物,不但进行私有化,而且进行国家操控——大公司(谷歌、脸书)和国家安全局(NSA)勾结在一起。单单这个事实就暴露出传统自由主义的代表权概念已然捉襟见肘:公民将自己的一部分权力让渡给国家,但有严格的条件(国家权力受到法律制约,被严格限制在执行方面,而人民是主权的终极来源。如果作了决断,人民即可废止国家权力)。简而言之,在这份契约里,拥有权力的国家是弱势方,而人民是强势方。后者随时可以撤销前者的权力,寻求改变。从根本上说,这就跟我们购买生活必需品时可以改换超市一样……然而,如今这一点正在发生变化。对于下述经常出现的论断,我们应该坚决加以限定:

> 国家不再准备用一些必要的策略来控制市民社会了,也不再想去催生忠诚——市民社会的形塑过程曾经催生出此种忠诚与依恋。简单说,国家衰弱了。留下的是纯粹的市民社会和警察机关。留给我们的是国家缺席后的警察机关,是承担了国家角色的警察机构。这是不带有普遍性的普遍的界面,作为国家的警察机构——这就是搅动我们社会的问题,正是这个问题令人心生不安。①

当国家开始衰弱的时候,留给我们的却不是直接植根于市民社会的警察机构,即某类赋形(或表现)共同体的人民武装,据说它会克服社会与国家之间的鸿沟。社会本身就充满着对抗,也就是说,国家和社会之间的对抗仅仅是前一类对抗次一级的后果,那种对抗波及整个社会。因此,所有的"人民武装"都是社会某一部分对抗其他部分的直接表达。国家缺席后,警察机关成了纯粹的警察国家,这又是为什么呢?我们应该在这儿提出这个问题:在今天的全球资本主义体系里,国家真的衰弱了吗?国家难道不是变得比以前更强了吗?不仅控制了市民社会,而且还直接渗透进去,与市民社会(一部分)勾结在一起?今日之"警治"旨在预

---

① 扎德拉福考·科比:《普遍的界面:论黑格尔的警治概念》。

防犯罪,这个迹象直接指明国家机器和大公司早已狼狈为奸——施加控制,把控信息。朱利安·阿桑奇(Julian Assange)说谷歌就是国家安全局的私有企业版,一点没毛病。

警察机关比国家更接近市民社会,它是国家在市民社会里的代表,但也正因为这样,它会被看成是外部力量,而非内在的伦理权能。在市民社会领域,人们追求私人利益与私人自由,这种自由只能够从外部加以限制(但无法破毁)。所以说,将市民社会里的罪行与违背伦理等同起来——伦理关涉国家,会显得非常愚蠢。在市民社会领域,关键是你别违法(就算违法,也别被人发现),所有合乎法条的伎俩(曲解法律条文,使之违反法律精神)都能得到允许。法律的力量**必须**坚持成为一种外部的力量。因此,谈论内嵌于市民社会的警察机构,这本身就是完全错误的,甚至表现出潜在的"极权主义"倾向。其实内嵌的警察机关的权威并非源自国家,因为它是以人民自己组织起来的形式来发挥作用的——它是"人民的武装"。毫不奇怪,共产主义国家倾向于称自己的警察队伍为"民警"。但今天又是谁在组织义勇军呢?诸如匈牙利的欧尔班之流,新法西斯右翼分子呼吁普通群众组织队伍,去搜捕非法移民。当警察机关出现在人人追逐私利的市民社会领域时,它是国家权力。它本质上是一种外部的"机械"力量,是抽象的个人利益的对应物——虽说个人利益总是表现得十分鲜活,但它本质上是片面的,因而在黑格尔的意义上是"抽象"的。与之相反,人民武装恰恰具备"有机性",它直接否定了个人自由,而后者正是市民社会的本质要素。这就把我们带回到了出发点:如今,在数字管控网络之中,"人民武装"获得了新形态。肖莎

娜·祖伯夫①命名为"监视资本主义"的东西,则对应着此种数字管控网络:

> 数十亿人欢快地享用着提供给他们的免费服务,这使服务提供者得以监控使用者的行为,不遗漏任何一个细节的掌握程度不禁令人咋舌——往往根本无须获得使用者的同意。……她(祖伯夫)写道:"监视资本主义单方面宣称人类经验就是可转换为行为数据的免费原材料。"即使有些数据可以应用于提升服务质量,但大部分都作为产权性的行为剩余物,反馈给先进的制造过程——"机器智能",然后装配进预报产品,预期你现在或随后就会购买这些产品。最后,这些预报产品会在一种新型市场里进行交易,我称之为属于行为的未来市场。……知识、权威和力量取决于监控资本,对它来说,我们仅仅是"人类自然资源"。作为地球的原住民,我们所声称的自我决定如今已经在经验地图上消失不见了。②

我们这些遭到监视的人不仅仅是原材料;在卷入每一次不平

---

① 肖莎娜·祖伯夫(Shoshana Zuboff),哈佛商学院教授,著有《监视资本主义时代》(*The Age of Surveillance Capitalism*,2019),她揭露了大型科技公司如何通过监视用户的行为数据获取巨额利润,进而重新构筑权力体系。——译注

② 引自 www.theguardian.com/technology/2019/jan/20/shoshana-zuboff-age-of-surveillance-capitalism-google-facebook。

等的交换时,还遭受了剥削。这就是"行为剩余物"(起到了剩余价值的作用)用在这儿极为正当的原因。我们上网冲浪,线上购物,看网络电视,等等,我们得到了想要的东西,但付出了更多。我们赤裸裸地暴露在外,生活的所有细部、我们所有的习惯,完全透明地呈现在大他者面前。当然,这里的悖论之处就在于,我们把这种不平等交换、这种有效奴役我们的活动,体认为至高自由的实现。还有什么比上网冲浪更自由的事情吗?正是在施行自由的过程中,我们生产出了"剩余物",而收集数据的数字大他者则将之占为己有。

二、连线大脑观念及其限度

The Idea of a Wired Brain and its Limitation

虽说"监视资本主义"的崛起产生了深远的影响,但它并不是 33
真正的规则改变者。脑机直接相连这一前景带来了新型支配形
式,这种支配所拥有的潜在力量,要比"监视资本主义"大得多。
我们可以稳当地作出如下假设:所有秘密机构都在紧锣密鼓地对
它下工夫——我们所能看到的都是脑机接口被公布出来的那一
面,而且往往是媒体上那些哗众取宠的消息。这一方向上最出名的
项目是"神经连接"(Neuralink),它也是一个美国神经技术公司的
名字,由埃隆·马斯克和其他八人筹建。"神经连接"致力于开发可
移植的脑机接口(BCIs),这一装置也被称为神经控制接口(NCIs)、
心-机接口(MMIs)或直接神经接口(DNIs)。所有这些术语都指
明了同一个观念:直接的交流路径,首先是一个连线的强化大脑和
一个外部装置进行通信,然后是各个连线大脑间展开沟通。①

因此,直接交流分两步走。首先,将大脑连接到数字机器上,
我们可以仅凭起一个念头就导致现实中某件事发生(我的思绪转
向电视屏幕,电视上的菜单立即就会显示出来;我转念去想咖啡
机,咖啡机就开始制作咖啡;等等)。然后是下一步,我的大脑和
其他大脑直接相连,这样我的思绪就能直接分享给另一个人(比
如,我幻想一段激烈的性爱经历,另一个人就能直接分享我的感

---

① 后续没有特别注明出处的引文都来自 https://waitbutwhy.com/
2017/04/neuralink.html。

受)。本来那种逐渐演进的交际情形,即依次加入新的媒介层次这一发展方向——从口语到书面语,再到电报、电话、因特网等——在此被缩短了。直接连接的情形已经出现,它越过了这些附加的媒介层级,因此我们是从这样的状态:

你的大脑＞你的声带＞空气＞我的耳朵＞我的大脑

你的大脑＞你的声带＞空气＞你的电话＞电信网络＞我的电话＞空气＞我的耳朵＞我的大脑

你的大脑＞你的指尖＞你的电话＞电信网络＞我的电话＞空气＞我的眼睛＞我的大脑

等等,变成了

你的大脑＞我的大脑

大脑和大脑之间进行直接通信,不仅带来了更快的通信速度,也带来了难以想象的准确性。我念及某物时,无须再将思想转化为语言符号,也就避免了后者粗暴地简化我的意思。我的伴侣可以直接感知我的想法,或如马斯克所说:

你脑袋里装着一大堆概念,你的大脑不得不试着将它们压缩成言谈或文字,其编码效率之低令人不可思议。这就是语言——你的大脑对思想执行了一种压缩算法,用此种算法来处理概念转换。我们听别人说话也是如此,对听到的东西进行解压缩这种过程会产生很大的损耗。因此,当你对语言和文字进行解压缩时,你总是在努力理解,同时努力去复刻出另一个人的心灵状态,试着去知悉这些念头究竟从何而来;在你的头脑里重组别人脑袋里的概念,而这些正是他们想要跟你交流的东西。……如果你和他都装上脑机接口,实际上你就可以跟另一个人展开无压缩的直接概念交流。……如果我传递一个概念给你,你本质上就是和我发生心灵感应,知我所知。你无须开口说话,除非是想要给交往活动增添一点才气或别的什么吧(笑)。人与人之间的交谈将变成概念互动,现今我们是很难去构想这个层面的。……事情就是这样。跟其他人一同**思考**,这很难理解。我们以前也从来没这么试过。凭借思想和自己交流,凭借思想的符号表征同别人交流,我们只能想到这一层。

难以构想的是直接分享私密体验这一观念:"比方说,你正在进行一次远足,所到之地十分美妙,然后你想要把它展示给你丈夫。没问题——只需动动和他建立大脑连接的念头。只要他同意连接,你的视网膜就会向他的视觉皮层反馈。现在他的视线里完全是你所看到的东西,仿佛他就在你那里。他还可以要求引入其他感官来获得更完满的体验。你连接了这些感官,他就能听到远处的瀑布声,感受微风扑面,嗅到树木植被的清香,甚至会被爬到你胳膊上的小虫惊得一跳。"当然,比起将此种观念拓展到性事领域,下面的做法会显得更合逻辑:"你能在数字云里保存一次绝妙的性爱经验,以备以后再次来体验它。或者,如果你不是那种特别在乎隐私的人,你也可以把它发送给一个朋友,让他也来乐一乐。(不用说,在这个数字大脑世界里,色情产业会极其繁荣昌盛。)"

在哲学上,所谓的"外部主义"意识理论率先对此种设想展开谴责,这也很容易理解。这种理论认为,没法在"我的大脑里"找到我的自我意识,后者植根于我个人的全部身体经验。只有在这样一个视域里,即只有作为我具身性的存在——它包含了我与他人之间展开互动的稠密之网,自我意识才获得了意义。所以,如果把我的精神状态(经验)从此种具体的域境中扯出来,还能留下些什么呢?如果我们只能在某种准宗教性的、抽象的集体迷幻状态中才能分享经验——这种状态会抹除一切分歧,又该怎么办?里卡多·曼佐蒂(Riccardo Manzotti)发展出了彻底"外部主义"立场的最新版本,他坚持认为经验"不在我头脑里"。蒂姆·帕克斯(Tim Parks)将曼佐蒂的看法概括如下:

若要体验彩虹,我们需要阳光、雨水,和一个观者。但并不是说,没人看到太阳和雨点,它们就不存在。曼佐蒂不是贝克莱主教(Bishop Berkeley)。不过,除非某人出现在那一特定场合,那道彩色弧线才会如是出现。彩虹因而是一种过程,需要多种促成因素,其中之一恰好是感官感知工具。彩虹本身并没有作为整体而存在,毋宁说它在现实世界中散作不同的东西。彩虹也并不是这样一个我们所获得的形象:仿佛这个头脑里的形象可以独立于感知到的对象(这种"内部主义"的观点解释了大多数神经科学家的看法);毋宁说,意识在阳光、雨水和视觉皮层之间伸展,创造出独特而临时性的新整体,即彩虹经验。或可再次强调:观者并没有看见世界,他是世界进程的一部分。①

(从马克思主义观点来看,我们应该在这里补充一点:形塑出人类感知的并不只是经验整体,还有感知的方式。感知方式嵌入人类活动整体,是人们互动的一个环节,也是人与非人对象及过程进行互动的一个环节:我们感知到什么以及我们如何进行感知,总是受到我们实践旨趣的过度决定②。)我在此种外部主义立

---

① 引自 www. nybooks. com/daily/2012/04/10/mind-outsidehead-consciousness/。对于曼佐蒂立场的系统阐述,可参看蒂姆·帕克斯《走出我的脑袋:论意识的踪迹》(Out of my Head: On the Trail of Consiousness, London: Harvill Secker,2018)。

② "过度决定"(overdetermine)来自阿尔都塞哲学语汇,与"结构因果性"紧密相关。在阿尔都塞看来,结构因果性(structural causality),有别于经典哲学的因果性概念——不论是笛卡尔的线性因果性还是莱布尼茨的表现因果性。他认为这两者都无法把握《资本论》中的"科学"分析。结构因果性有些类似于生物学意义上的"部分之上的整体"的因果性,但"马克思主义"的整体并不是一个有机体,而是一种复杂的结构,这一结构本身包含着不同的结构化的层面(上层建筑与基础)。结构因果性指明了一种诸元素之上的结构之因果性,或者说,诸结构之上的整体的结构之因果性。过度决定(overdetermination),指的是结构因果性的某种特殊的效果,联系到社会阶级的理论来说:不同要素来决定同一个对象的情势,以及,这些规定要素中主导要素的变化。参看 Louis Althusser, "The Historical Task of Marxist Philosophy (1967)", in The Humanist Controversy and Other Writings, ed. by François Matheron and trans. by G. M. Goshgarian, London and New York: Verso, 2003, pp. 200 –201。"overdetermine"在学界有"多元决定""超定"等多种译法,此

场中看出了双重问题。首先,当然可以说,我感知到彩虹,是感知在阳光、雨水和视觉皮层之间伸展,由此创造出独特而临时性的新整体——彩虹经验。因而,另一个活物如我一般看一眼同一个现实的片段,它看到的可不是彩虹——但在某种意义上,我们看到的是同一个现实的片段。或者可以这样说,我所把握到的临时性的整体(彩虹),和另一生物所看到的不同的临时性整体,存在部分重合。如果是这样,我们如何来思考这一实在界呢——两个临时性整体在此共存?为了把话说得更明白点儿,让我们用桌子来替换彩虹。关键不在于,我们应该努力把同一张孤零零的"真实"的桌子"孤立"出来——这是同一张桌子,但我们中的每一个以不同的方式来感知它。这里的要害毋宁说只不过是,去思考不同的"临时性整体"共存在一起的那个共享空

处采用吴子枫的译法,他关于此概念曾有如下说明值得注意:"阿尔都塞与所有后马克思主义者不同的地方在于,尽管他提出了'过度决定'这样的概念以反对机械的经济决定论,但他从来没有放弃过'经济因素归根到底的决定作用'这个传统马克思主义观点;尽管他承认意识形态等上层建筑领域斗争的重要性,但他从来没有用意识形态批判和权力批判代替对'剥削'的分析。福柯、拉克劳、墨菲以及此后所有那些把斗争重心放在反'权力压迫'或反'欲望压抑'的后现代哲学家,往往只关心'压迫'或'压抑',而在私底下放过了'剥削'(这当然与他们是发达资本主义国家的小资产阶级知识分子这一身份不无关系)。但阿尔都塞提醒我们,资本主义最根本的基础其实是'剥削',因为没有'剥削'就没有资本主义。在当前右翼保守理论失去市场,身份政治、微观权力政治等所谓'激进左翼理论'拥有越来越多的追随者时,我觉得尤其要记住阿尔都塞的这个教诲。"参看吴子枫:《阿尔都塞与上层建筑问题——以〈论再生产〉为中心》,2019年10月在中国社科院文学研究所所作的演讲整理稿(经作者审定)。——译注

间。我认为,克莱因瓶的扭曲空间这一拓扑学模型在理解这一点上颇有助益①:实在界并不是超越性的自在之物,需要我们从所有

---

① 我在《性与失败的绝对》的"定理三"里发展了这一模式。

[齐泽克这本出版于 2020 年的书理论含量极高,亦可视为他自己的"体系"表达。全书分为四条定理(Thoerum)——每条定理跟随一条推论(corollary)与若干"评注"(Scholium)。齐泽克自己承认,这本书中的"许多段落改写自自己以前的作品,一个显见的理由是:它尝试去给出某个关于我全部作品的本体论框架——接近于呈现一种哲学体系,是对诸如实在、自由等这类大问题的一种回答"(该书第 12 页)。该书导论概括的全书要义如下:核心线索是要重解辩证唯物论。这在根本上涉及对于(拓扑学意义上)无定向平面(unorientable surfaces)基本结构的阐发。这一结构包含四个部分,每一个部分以一条说明基本哲学命题的定理开始;随后是一条推论对这一命题展开更为具体的阐述;最后,每部分会由一系列的解释性评注来加以总结,评注部分将基本哲学命题应用到一个独一因而是偶然的论题上。(1)定理一概述了当下的本体论之命运,包括对德勒兹的"多"之本体论、巴迪乌之源于存在之多的"世界",以及"新唯物主义"的讨论。齐泽克本人拒绝此种新的本体论诱惑,而强调每一本体论必然的、内在的失败,正是这种失败呼应了实在本身被穿越的/阻碍的特征。从此种被阻性中,更可辨识出存在者维度与先验维度之间不可化约的视差之缝。(2)定理二是本书的核心环节。它也回应了定理一所表述的死结——通过再折叠的方式,迈入视差之缝的背后。这种再折叠对于人来说,即性,而性可与绝对者相联通。跟从拉康之说,性在此处意味着否定之力,它中断了任何本体论构筑。性差异是纯粹差异,它意味着一种回旋的空间而排除了任何二元形式。比较有意思的是,这一部分齐泽克是通过细读康德纯粹理性之悖论,以及数学崇高与力学崇高来理解性差异问题。(3)定理三耗费了本书最大的篇幅:阐明回旋空间的三种主要形式:莫比乌斯带、交叉帽(cross cap)和克莱因瓶。三者分别对应黑格尔逻辑学的三元结构:存在、本质与概念。(4)定理四重新概述了本书的基本哲学母题,即,一种彻

感知所造成的歪曲中抽身而出,从而抵达它。毋宁说,实在界是一种流动的"无定向"空间("unorientable" space),多重现实将自身映射出来(reflexive turn-into-oneself),从而可以出现于其中。用莱布尼茨的术语来说,我们在这里处理的是某类延展了的单子,它们因其内容而部分地重合在一起。而关键问题是如何去思考它们共存在一起的空间,因为并没有任何神圣的绝对之物可以囊括它们。

其次,说"观者并没有看见世界,他是世界进程的一部分",有点过于轻巧了。说得更彻底一些,我(观视主体)从来就不直接是世界的一部分,仿佛在这个世界里,我感知到的每一现实都已然依赖着我特有的主体立场,由此感知活动才发生。从定义上说,我无法直接在现实中定位自己;如若可以定位,便意味着我也可以凭借某种方式离开自身,从某个乌有之地"客观地"审视自己。这意味着,作为主体的"我"并不直接是世界的一部分:当然,我离开了世界,便丧失了本质上的实在性,但"我"其实是一种空无(黑格尔所谓"纯粹自我关联的否定性")。正是这种空无在混乱的无定向实在界中构造出一种特定的实在(曼佐蒂之"临时性整体")。

回到奇点议题上来。似乎如果我们支持彻底的外部主义观点,凭借连线大脑来分享经验这一前景就应该遭到谴责——死路

底的否定性的抽离或抽象(abstraction)的持续存在,这种否定性无法被归入具体总体性的环节之中。此种否定性的抽离有三种形态:疯狂的过剩(抽离于人类理性)、致死的性激情之过剩(抽离于人际关系)、战争的过剩(抽离于共同生活的伦理)。齐泽克建构体系的雄心在此四条定理中得到了充分体现。——译注]

一条!也就是说,我们所感知到的实在并不是头脑里的形象,而是位于头脑之外,或毋宁说我的大脑、被感知到的对象或过程,以及两者的互动一同构成了某种整体,这才是它的处所。如此一来,即便机器可以完全复制出我的大脑进程,它也无法复制出"我所见为何"这一经验。原因正在于,机器将经验化约为我大脑里发生的一切,因而根据外部主义的界定,就意味着丧失了我的经验坐落——那一复杂的整体。……然而,这一案例远非获得定论。我的大脑与环境间的复杂互动,产生了充盈着意义的复杂经验,但是这一互动必然是以某种方式记录在我大脑之中。因此,通过复制出我大脑里的神经进程,确实有可能在另一个主体那里生产出同一种经验供其分享。难道缺肢的感受不正是类似的情况吗?当然可以说,这样一种经验只能出现于我、我的身体和周遭环境之间的互动中。但是,经验总是记录在我大脑里的,有时就算肢体已经不在,我却能"在病理上"恢复出肢体的感觉。

我们不应该对心灵控制机器这一前景感到过分惊讶。我们的身体不已经是某种受到心灵控制的机器了吗?难道身体不是一种直接受到我的心灵操控的有机体吗?当然,这里的关键是,我的身体是我的。"我"直接嵌入其中,而机器外在于我。不过,连线大脑在这种直接性中划出了一道裂口:如果一台外在于我的机器有可能直接记录我的思维,那么,这难道不是意味着:"我"并不直接掌握着我的身体,即我的身体已然外在于我,我在某种意义上外在于自身?

但是话又说回来,即使我们赞同分享经验是可行的,问题依然多多。首当其冲的,就是语言在我们的思维以及我们一般的"内心生活"形成过程中所起到的作用。马斯克简单地认为,我们的思维可以独立于语言表达而呈现在头脑里。如果我的大脑和另一个人的大脑直接连接，另一个人将直接体验到我的所有思想财富与手段，而不会受到语言的歪曲，后者笨拙且趋向于简化。可是，倘若笨拙而趋向于简化的语言反而生产出了难以捉摸的思想财富呢？没错，语言会将我们杂乱的思维活动化约为单纯的词句——比如，我对某人说"我爱你"，我丰富的情感简化成了一个简单的公式，它每天都从无数人口中冒出。然而，对混乱无序的思想财富加以凝缩，却创造出了复杂的意义，唤出了无法说出的丰富韵味。在这里，我们会不自觉地成为拜物教幻觉的受害者。没有说出来的"深层"意义剩余并不是已经在那儿，只是等着被发现或暗示出来；毋宁说，将思维简化为简单的语言公式，才产生了意义的剩余。想一下用"船"替代"帆"这个简单的例子就足够了：船被简化为它的一个部分，但是这种简化本身催生出了一张意义之网，远非单纯的"船"能够涵括。

　　我们可以在这里玩一下黑格尔变奏：思维的真正内容，只有通过语言表达才能实现自身。先于这一表达，思维就还不具备实体性，只是一种含混的内在意图。开口说话的时候，我通过有效地说出想说的东西，反而知道了我到底想要说些什么。我们以词为思：甚至当我们观看事物、体验事物的时候，将它们视为特殊实体的时候，我们的感知就已经受到了象征网络的组织。比方说，我看到面前有把枪，所有相关意义都在象征层面上受到了过度决定——简单说，我感知到了一把枪，但"枪"这个词与感觉发生了共振，赋予了这种感知以特有的转变，而词总是指涉着普遍的概念。象征性过度决定的悖论即在此处：当我感知到面前有把枪时，其实它是与感觉联系在一起的抽象–普遍词语"枪"。词语赋予我的感知以意义，此种意义具有丰富而复杂的韵味，正是它为感知增光添彩。

然而,认为语词在获取意义时发挥着核心作用,并不等于自动贬低了神经连接方案:要拯救这一方案,所要做的无非是放弃马斯克的假设——思维可以独立于语言表达而呈现在头脑里。神经连接会记录我们产生体验时的体内活动,就此而言,为何它不能也记录下语词在我们头脑里的物质性呈现呢?为何不能记录下我们所想出的语词呢——这是还原为精神表象的语词,不过,这样它还是语词吗?① 但问题的核心在另外的地方,在于这样一个事实:观念表达过程中,物质性支持所带来的简化,恰恰能够强化表达的内容(意义)。为了阐明这个关键点,黑格尔从教育领域里拎出了一个绝佳例证。他注意到,年龄小的孩子喜好画彩色图画,等年长一些时,他们却更偏爱用铅笔画出灰黑图案。人道主义教育理论家在这里看到了教育暴力所造成的压抑性后果:孩子的创造性受到了阻碍,他们被迫穿上了没有色彩的紧身衣去表达自我。……可黑格尔的解读正相反:恰是凭借对于空间的提纯,恰是通过对于感性丰富性的化约,孩子才得以表述出更高级的精神向度。

爱森斯坦(Sergei M. Eisenstein)的第一部有声电影《白静草原》(*Bezhin Meadow*)有着悲剧性的命运,其遭遇堪称传奇。② 这部片子是爱森斯坦受共青团委托而创作的,在1935至1937年间都有

---

① 这点已经有限度地实现了:"为了使那些具有残疾的病人能在未来进行交流,医生们正在开展一项研究,他们已经可以将大脑的言说信号转换为书面语句了。这项突破第一次清晰说明了,如何将说出某个具体语词的意图从大脑活动中提取出来,并将之转换为文本,这一过程非常迅疾,完全可以跟上对话的速度。"(引自 www.theguardian.com/science/2019/jul/30/neuroscientists-decode-brain-speech-signals-into-actual-sentences)

② 总结自 https://en.wikipedia.org/wiki/Bezhin_Meadow。

上映,直至被苏联中央政府叫停。无论从艺术、社会还是政治上来看,政府都认为这是一部失败之作。据说在 20 世纪 60 年代,爱森斯坦的妻子阿塔谢娃从爱森斯坦剪辑拷贝的工作台上抢救出了黏接在一起的胶片。1964 年,谢尔盖·尤特凯维奇和诺姆·克雷曼开始重组这部影片(谢尔盖·普罗科菲耶夫为电影编制了配乐),他们依据原剧本进行编辑,保留了原作那种连续性被切断的状态。新的字幕也是依据原剧本来创作的,只是新加入了一段口头介绍。现在这部电影成了 35 分钟时长的"无声幻灯影片",有点像克里斯·马克(Chris Marker)导演的《堤》(*La Jetée*, 1962),后者是一部 28 分钟的黑白短片,几乎完全由定格画面构成(讲的是核战爆发以后时间旅行实验的故事)。就像辛迪·舍曼①那一系列无题的电影静态画面(取自根本不存在的电影,有时候也为之配上了对话字幕),

---

① 辛迪·舍曼(Cindy Sherman),1954 年生于新泽西的格伦里奇,毕业于纽约州立大学,学习过绘画和摄影。她的成名之作即《无题电影剧照》(创作于 1977 至 1980 年间的黑白照片),舍曼本人扮演了所有角色,自己选择服饰、环境和姿势。1995 年,纽约现代艺术博物馆从她手中买下《无题电影剧照》系列全部 69 幅作品。大卫·哈维(David Harvey)在关于"后现代文化"的研究中曾这样谈及自己遭遇辛迪·舍曼作品时的体验:"最近我在参观辛迪·舍曼的一个摄影展时,想起了拉邦引人联想的种种描述[指乔纳森·拉班(Jonathan Raban)的《柔软的城市》(*Soft City*)里的描述]。稍加注意就会有些震惊地发现,那些都是穿着不同装束的同一个女人的照片。只有目录告诉了你:那个女人就是艺术家本人。同拉邦通过外表和表面的柔顺性而坚持人类个性的可塑性的类似很引人注目,因为作者们自我指涉的定位对于他们自己来说就是主题。辛迪·舍曼被认为是后现代运动的一位重要人物。"(哈维:《后现代的状况——对文化变迁之缘起的探究》,阎嘉译,南京:译林出版社,2003,第 12 页。)——译注

马克将影像流化约为一系列静止的定格画面,这一举动显然有其意图——是他艺术方案的重要一环。而《白静草原》的处境则更加模棱两可:自然,简化为一部无声的幻灯影片并不出自原有方案。这只不过是源于一种绝望的尝试:去挽救任何可挽救的东西。它也以某种方式使残存的原材料呈现了出来。然而,这一结果之所以令人印象深刻,是因为它不禁引发了一种疑虑:倘若这样一部化约为定格画面的默片反而成了比爱森斯坦毁弃了的有声原作更好的作品呢?倘若新作不仅生产出了属于自身的诗意效果,而且比起连续电影镜头的直接表达,它还使我们以一种更为丰富的方式去想象"真实"的连续性活动呢?

我们在人类的性活动里则看到了这一招来剩余的简化发生了反转:这里充斥着不必要的复杂化,总是避免直接达成目的。人类性事流行着形形色色的变态形式和程序,它们不仅无法还原为实现繁衍后代这同一目标的不同方式,而且常常直接抵制这一目标。然而,我们也始终需要牢记,正是一种根本上的不可能性或者说对抗性,使这种过剩的杂多性活跃了起来。这就是为什么从精神分析立场来看,有件事一定确凿无疑:转向后人类,根本上相当于征服了(抛开了)性本身,进而言之,是克服了处于最为激进的存在论向度上的"性"——不仅是作为人类生存特有领域的"性",而且是作为对抗的"性",作为不可能性之杠的性,构成生而为人之有限性的性。这儿凸显出了跨性别的教益:我们本有男性、女性,以及两者之间的对抗(差异)。(从既定标准来看)跨性别个体是不同的;而正因为如此,他们呈现为差异本身——与既定差异不同的差异,就是差异本身。这就是为什么第三种范畴,为什么那些不符合男性与女性霸权性二元对立的人,本身就是

"普遍的"和"差异的":他们恰恰代表了普遍性,因为他们是完全不同的人,也就是说,他们在既存的秩序中并不拥有一个适当的位置。[同样,跨性别者想要的第三类公厕,既不是男厕也不是女厕,只能称之为"普遍"的厕所,或"为(那些)不同的人"提供的厕所。]

那些新的反对(既有)性别划分的支持者们小心翼翼地回避了下述议题:在何种程度上,常常被视为人之为人的诸多其他特征,如艺术、创造性、意识等,依赖的是一种对抗呢?正是这种对抗构造出了"性"。将"无性"加进 LGBT+(同性恋、双性恋、跨性别者等)群体所罗列的性别序列,这一举动十分关键且无法避免。原因何在?因为这些群体将"性"从所有"二元"压迫中解放出来,使其在整个形态杂多的倒错与变态中获得自由,但这些努力的结果却必然是放弃了性领域本身——在此,**性的**解放不得不终结于(人)**从性中**解放出来。①

性同时也为从失败走向成功这一辩证反转提供了基本母体。鉴于法国是爱与诱惑之地,法式烹饪、高级料理的典范以下述方式来运作就毫不奇怪了。法国菜里许多出名的佳肴与饮品难道不是这样出现的吗?法国人想要制造标准饮食时失误了,然后他们意识到,错误本身可以再次作为成就来售卖。他们用普通方法制作奶酪,可奶酪腐败了,被细菌侵染了,他们却发现这种(若用通常标准来看)可怕的状态自有迷人之处;他们用普通方法酿制

---

① 此处蕴含着齐泽克对于 LGBT+群体策略的深刻批评,即后者的"性"解放最终导致取消"性"固有的对抗性,齐泽克关于"性"的全部赌注就在于凸显这样一种具有拉康精神分析特质的对抗。——译注

葡萄酒,可发酵过程又出了岔子,他们却由此开始生产香槟……难道我们(人类)的性事不也是这样运作的吗？单纯用出于本能的交合这一标准来看,有些事情极为反常,但随后这种失败却得到了支持,并且作为一种资源被加以栽培,去催生新的性快感。若从成功繁衍后代的立场来看,还能有比典雅之爱(courtly love)更愚蠢的行为吗？在后者那里,性行为的达成被无限延后。典雅之爱究竟是如何成为高端色情活动样板的呢？变态性游戏——特殊的对象或姿势需在其中局限于情欲前戏这样一个从属性环节——占据了核心位置,力比多强度所瞄准的不再是大写的生育行为,又是怎么回事？大脑直接相连这一情状难道没有对这一色欲维度造成威胁吗？

英剧《外科医生马丁》(Doc Martin)的故事发生在康沃尔地区一个海边小村里。两个主人公——从伦敦搬过来的马丁医生和当地学校里的老师路易莎之间的约会老是出岔子。症结出在马丁若即若离的态度上(比如,吻了路易莎后,他会指出她有口气:那一定是胃出了问题)。因此女主人公离开了他,之后一段时间两人礼貌地保持着距离,除非极其必要,否则便不联系。但在一次冷冰冰的相逢之后,他刚准备离开她的房子,走到门口时却突然转身,再一次走近路易莎,用绝望的语调喊道:"跟我结婚吧!"女方很快就答应了:"我愿意!"两人激情相拥在一起……没有预热,没有耐心地花工夫去修复破碎的关系:当两人的关系出了问题的时候,他们的窘境还原出一个赤裸裸的事实:他们真的相爱。这个事实以纯粹的力量爆发出来。这就是成功(这对情侣成功地破镜重圆)经由一系列失败才能到来的方式。

《继承之战》(Succession)第二季(马克·米罗导演,2019)那一扣人心弦的结尾,是这种辩证反转的另一个绝佳案例。决定公司所有权的股东大会召开前夕,罗根·罗伊,超级富豪之家的大家长,大型媒体企业路星-罗伊集团(Waystar Royco)的大老板,在自家游轮上召集三个儿子、一个女儿以及公司其他高管碰头议事。他们都很清楚,由于一桩严重的性丑闻,公司必须"血祭"某人,家族里的一位头面人物必须牺牲自己(主要股东都提议罗根去牺牲自己)。他或她必须公开承认自己一个人对丑闻负责,必须独自揽下迄今发生的所有恶行,在供状里声明其余高层对此一无所知。就在此次碰面的前一晚,罗根和二儿子肯德尔进行了一次私密谈话,后者是接替罗根领导公司的第一候选人。虽然两人关系一直有些紧张,但罗根告诉儿子自己非常欣赏他的正直和智慧。不过,肯德尔随后就问父亲,他是否考虑过让他来继任公司一把手。罗根的回答却是,肯德尔缺乏公司一把手的某种核心品质,即杀伐果断,在需要摧毁对手的时候能痛下杀手。因而在这次家庭聚会上,罗根宣布肯德尔将作出牺牲:他将出现在听证会上,揽下所有罪责,挽救整个家族企业。肯德尔慨然答应了。但当他参加听证会时,却变成了一个"弑父者"。肯德尔斥责自己的父亲罗根,指认了他,说罗根应对此桩丑闻以及公司里其他犯法活动负全责,并且他很快就会公开档案来证明这一切。辩证反转发生在最后一秒钟,我们看到罗根(他坐在电视机前看着肯德尔进行公开陈述)脸上浮现出诡异一笑,显得满意——这种笑容说明了什么?布莱恩·考克斯(罗根的扮演者)在接受《兀鹫》(*Vulture*)杂志采访时解释道:"这么做是必要的……罗根实际上使肯德尔成了他本来无法成为的人。"这可以回溯到罗根宣布血祭肯德尔的前夜,回到那场两人的对话,回到他所作出的预言:毁灭儿

子的残酷之地,也是儿子的重生之所:

> 罗根明白,为了牺牲自己,他需要借道整个家庭来操作这件事。他计算出这样一个机会,就是把肯德尔变成弑父者。这就是为什么最后他笑了,他实现了他所追求的东西。"我的儿子成熟了。他如今已经成为人尽皆知的凶手。"……一旦罗根接受死刑,对他来说,重要的就是谁来执行死刑。他希望在家庭内部选择,而反对家庭之外的人介入。笑容是他的箴言:"最终,我的儿子出面了,为整个企业做了他所需要做的事情。最终,他明白无误地就是那个 Waystar Royco 的继承者。"①

简言之,罗根知道,为了拯救企业,他应该去牺牲,而他作出牺牲肯德尔的姿态是经过精心算计的:他知道肯德尔会背叛自己,会将矛头指向自己。通过这一行为,肯德尔将会成为凶手,因此获得了他所缺乏的品质——成为公司下一任首脑人物的品质。所以说,真正作出牺牲的,不是肯德尔,而是罗根。唯一一个悬而未决的问题是:肯德尔自己对这一双重游戏有所察觉吗? 也就是说,整个计划是父子两人事先串通好的,还是肯德尔真的认为自己要被牺牲? 如果我们跟从罗根无懈可击的逻辑,肯德尔出手必须发自真心:顶层需要作出牺牲,但为了使公司依然留在家族手中,杀伤行为必须由家庭成员作出;而为了让公众相信这一

---

① 引自 www.esquire.com/entertainment/tv/a29472259/succession-season-2-finale-ending-logan-smile-explained/。

44 行为,必须让凶手(肯德尔)显得真诚……罗根的计划想要成功,儿子必须真的背叛他,而不能让背叛仅仅成为家庭阴谋戏的一部分。①

象征性表征的回路可以很好地阐明此种失败的积极力量:主体努力去充分表征自身,这一表征失败了,而主体其实**就是**这一失败结出的果实。回想一下所谓的"休·格兰特悖论"(《四个婚礼和一个葬礼》里的著名场景):男主人公想要向他所爱慕的人表达爱意,可他却支支吾吾、含含糊糊地重复着一些不着边际的话,但正是这一失败的表达用一种完美的方式传递出了他的爱意,这种方式让人们见证了他的真诚。……这个悖论澄清了一点,即为何黑格尔在《精神现象学》里认为,我们可以说语言和劳动"这些外化活动太多地表现了内核,也可以说它们太少地表现了内核:**太多**——因为内核在外化活动中碎裂了,内核与外化活动之间的对立消失了,外化活动不是仅仅给出内核的一个**表现**,而是直接给出内核自身;**太少**——因为内核在语言和行为中转变为一个他者,从而把自己奉献给'转化'这一因素,而'转化'把说出的话和实施的行为颠倒过来,使之成为另外一种东西,尽管就一个自在且自为的存在而言,这本应是一个特定的个体的所作所为"②。语

---

① 在精神分析治疗的最后阶段,不正发生了类似的事情吗?分析师不也不得不搞出一种办法,让他的患者"杀死他"吗?也就是,让病人挣脱那种转移——转移向分析师,让他摆脱分析师,不再觉得欠他的债。

② 引自 www. marxists. org/reference/archive/hegel/works/ph/pinkard-translation-of-phenomenology. pdf.

[中译见黑格尔:《精神现象学》,先刚译,第193页。——译注]

言和劳动太少地表现了内核,因为它们无法充分把握住我们的意图:我们总是无法用语词说出我们想要说的。同时,表现得又太多,因为恰恰是通过表达上的失败,与我们想要说的相比,语言和行动表达出了更多的东西,即我们主观意谓的真相。我们可以在这儿为黑格尔补充几句:"太多"有两个面向。它可以指言说受到社会规定的"客观"意义(我们真诚地褒奖某件事,但主导性的语言用法会使之成为冷冰冰的犬儒式评价——我们无法掌控言说的效果)。其次,它可以指向言说主体自身的深层真相(主体在言说他真正想说的东西时失败了,但却引出了主体无法察觉的欲望维度)。因此,与其为"神经连接会捕捉住思维之流的真正意义吗"这类问题抓耳挠腮,不如盯着另一个问题:神经连接能够捕捉黑格尔所说的"太少"和"太多"相叠合的情况吗?能够捕获失败所造成的剩余吗?

更进一步说,格兰特的个性显然凭借这些失败获得了表达。假如他以完美而顺畅的方式来示爱,我们只会觉得这像是机器人背书。也正因为如此,接下来出现了这样一个问题:通达奇点之后,我们的个性还能存续下来吗?技术迄今为止极大地强化了我们的个性,恰恰是因为它带来了更多的异化,我们与他人之间的交流也因之有了更多的附加层级,甚至技术使我们同自己相异化(我们的屏幕形象并不直接属于"我们自己")。如果这种距离消失,又会发生什么呢?马斯克的第一句辩护词是:在他所构想的脑机接口版本里,个人不会全然融入其中:他或她维持着同脑机接口之间的极小距离。因此,要让机器(或者,中介着机器的另一个个体)登录并分享你的思维与情感,你必须主动答应这么做,得有意愿这么做:

人们听闻思维沟通尤其可能使我们丧失个性,某种担忧便油然而生。这会不会为我们造成一种庞大的蜂群心智,它与每个人的头脑相连,就如同控制着每一只蜜蜂。几乎我交流过的所有专家却一致认为,事情恰恰相反。我们可以合作无间如一人,只要这样做对我们有利。而技术迄今为止却在不断强化我们的个性……人们没法读取你的思维——你必须愿意让他这么做。如果你不愿意,这压根就不会发生。就好比你不愿意开口,你就不会说话。①

可马斯克怎么知道个体维持得住这种极小的距离?请记住脑机接口在"客观地"运作:我们的大脑连了线,接上了一台机器,严格地说,后者不是在"读取我们的思维",而是在读取我们的大脑进程,即思维的神经关联。结果是,由于我思考时无法意识到大脑里的神经进程,我怎么知道自己有没有被连接上?所以说,若我连上了脑机接口,我的内心生活对于他人来说将变得透明,而我却一无所知,作出这样的假设岂不更为合理?简单来说,脑机接口难道不是一种对个人内心生活进行(政治)控制的理想媒介?正因为所有发明都对人类自由造成威胁,它们的赞助者就把水搅浑,去强调那些炫目的案例,诸如这些发明会如何提升残障

---

① 参看 www. theguardian. com/world/2019/oct/04/paralysed-man-walk-susing-mind-controlled-exoskeleton? CMP = fb_gu&utm_medium = Social&utm_source = Facebook#Echobox =1570182539。

个体的生活云云。这儿有一条相当典型的报道:"瘫痪者使用意识控制的外置骨骼成功实现了行走。专家认为,法国病人这一突破之举可以引向脑控轮椅。"①但他们对意控机器也意味着用机器操控心灵却只字未提。

早在2002年5月,就有报道称纽约大学的科学家把可发送信号的电脑芯片直接植入老鼠大脑,从而可能用一种导向机制(就像遥控玩具小汽车)来操纵它(即决定老鼠的行进路线)。开天辟地头一遭,一个活物的"意愿"、它将如何活动的自发决定,被一个身外的机器接管了。当然,这里出现的哲学大问题是:那只不幸的老鼠究竟如何来"体验"自己的活动?它继续将之"体验"为自发之举(即全然察觉不到自己的活动受到了操纵),还是说,它感觉到"不对劲",感到有种外部力量在决定自己的活动?更为关键的其实是将相同的推理过程运用于同一种实验上,这次的实验对象则是人(尽管有伦理上的问题,但这一实验从技术上不应该比老鼠那个案例更复杂)。在老鼠案例中,我们还可以争辩说不应该将"体验"这一人类范畴运用到老鼠身上,但在人的案例中,我们不得不提出这个问题。因此,我们要再一次问,一个被操纵的人会继续将他的活动体验为自发之举吗?他是否也无法察觉到自己的活动受到了操纵?还是说,他会感到"不对劲",感到有种外部力量在决定他的活动?这种"外部力量"究竟是如何恰恰显

---

① 迈克尔·E.齐默尔曼(Michael E. Zimmerman):《奇点:神之自我实现的关键阶段?》("The Singularity: A Crucial Phase in Divine Self-Actualization?"),见 http://cosmosandhistory.org/index.php/journal/article/viewFile/107/213。

现为某种"内在于我"的东西,一种无法叫停的内部驱力?抑或是,显现为一种单纯的外部强制力量?如果主体依旧全然无法察觉到他们的自发行为从外部被操纵,我们真的还能假装认为这对我们的自由意志概念没有影响吗?大部分神经连接的反思者聚焦于我的体验所呈现出的个性——我融入奇点时到底有没有丧失个性?但这儿有一个相反的选项:倘若我留住了体验的个性,可甚至根本就不知道我受到了操控,那该怎么办?

当人们反思脑机接口的含义时,常常把重心放在融入奇点将产生何种影响上,即奇点使人成为神人(homo deus):我如神一般,仅仅动一个念头就能移动现实事物或发动现实进程——德国观念论者称这种感知和行动的交叠为**理智直观**①,即一种创造出所感之物的感知。这只有神才能做到:我们有限的心灵永远受到

---

① 在《哲学史讲演录》论及谢林的部分里,黑格尔关于"理智直观"的评论如下:"'自我,作为纯粹活动、纯粹行动,在知识本身内并不是客观性的,这乃是因为它是一切知识的原则。如果它要成为知识的客体,那就必须通过一个完全不同于普通知识的方式去认识它才行。'对这种同一性的直接意识就是直观,但就内心方面说,它就是'**理智的直观**'。理智的直观'是一种知识,一种产生它的对象的作用。感性的直观是这样一种直观,这种直观显得是这样:即直观本身不同于被直观的东西。而理智的直观则是一切先验思维的工具',一般讲来是纯粹自我意识的活动:'自我不是别的东西,只是使自身成为客体的产生作用罢了。'谢林一方面从费希特哲学出发,另一方面像耶可比那样,以直接知识为原则——以人必定具有、特别是哲学家必定具有的理智直观为原则。这种理智直观的内容或对象,现在仍然是绝对、上帝、自在自为的存在者,但是被表述为具体的、自身中介的,表述为主观与客观的统一,或者表述为主观与客观的绝对无差别。"黑格尔:《哲学史讲演录》(第四卷),贺麟、王太庆译,北京:商务印书馆,1978,第346—347页。——译注

一条裂隙束缚,后者将思维或感知与行动分隔开来。不过我们应该稍微回撤一步,问这样一个问题:谁掌控着大脑里那个支撑脑机接口的芯片?芯片很廉价……或许神经连接设想最最悲惨的一个面向,就是那种支撑它的犬儒式机会主义算计:我们(人类)孕育出了一种更高级的智能形态,如果我们任其发挥自己的力量,我们就会变成动物园里的大猩猩:"大多数后人类主义者认为,如果一种人类使之成为可能的东西超越了人类,那是反讽;要是此种后人类将人类一举消灭,则是悲剧。然而,还是有不少后人类主义者毫不怀旧地主张,进化对于先来者的命运从来无动于衷。对于他们来说,改进我们自身的整个过程将会催生出某种比人类更伟大的东西,这一前景值得我们冒险。"对于我们来说,唯一可以避免此种命运的选择,即加入赢家,抛下人性,融入奇点……但是,铁板一块的"加入赢家"真成了人性的全部面目?奇点的出现会不会招致一种前所未见的支配形式?而(后)人自己也会被划分为新的赢家和新的废柴?

三、苏联技术－灵知的僵局

The Impasse of Soviet Tech-Gnosis

这就将我们引向了下述议题,当代那帮号称超越了人类主义的家伙完全忽略了它:通达奇点之后,会产生哪些社会后果?哪类社会秩序会随着奇点的产生而到来?显然,以个人主义为根底的当代自由民主在这一前景里将会毁灭殆尽。但替代它的会是什么呢?超人类主义者只限于提出一些临时性的警告,**神人**前景的另一面是前所未见的社会控制和直接精神操控。但是,若我们回到20世纪20年代,便可发现在苏联已经产生了一种强有力的后人类主义倾向:所谓的"生物－宇宙论",一种混合了庸俗唯物论与灵知式精神性的奇怪组合。那种灵知精神形塑了苏联马克思主义神秘的阴影意识形态(shadow-ideology)、令人憎恨的秘密教义。在苏联核心时期,生物－宇宙论完全被压制下去,在公众面前消失不见,它只在苏联统治的最初20年和最后20年获得公开传播。其主要论题为:通过发展现代科技,宗教目标(成就集体天堂,克服所有苦难,个人完全不朽,死人能够复生,征服时间与死亡,征服太阳系之外的宇宙空间)能够在尘世生活中实现。在未来,性差别会消失,纯洁的后人类将会出现,他们通过生物技术直接繁殖后代。不仅如此,所有死去的人也有了复活的可能(通过他们的肌体残存物建立生物公式,然后将他们再次制造出来——要知道在那个时候,DNA尚不为人所知……)。如此一来,就抹除了所有过往的不公,"消除了"过去的苦难和败坏。在这个明丽的生物－政治共产主义未来,人与动物,所有生命,都直

接汇入了宇宙的集体理性……托洛茨基(Leon Trotsky)的设想在此成为典范:

> 人是什么?他绝非完成了的存在,也不是和谐的存在。不,他依然是极为尴尬的造物。人作为动物,并没有一个计划在指导他进化,他是自发地在进化,积累了无数的矛盾。如何教育和管理人,如何提升和完成人的生理和精神构造,是巨大的问题,它只能在社会主义的基础上得到理解。……生产一种新人,一种人的"提升版本"——这就是共产主义未来的任务。为了实现这一点,我们必须查明任何人的事务,解剖学、生理学,以及作为生理学一部分的所谓的心理学。人必须将自己视为一种原材料,或者顶多就是一种半成品,然后说:"亲爱的智人,最终我要改造你。"①

---

① 转引自奥兰多·费吉斯(Orlando Figes):《娜塔莎之舞》(Natasha's Dance, London: Allen Lane, 2001),第447页。

[意思相近的表述可在托洛茨基的《文学与革命》中找到:"人最终将认真地使自我变得和谐起来。他给自己提出任务,努力使自己的器官在劳动、行走和游戏中的动作具有最大的明确性和合理性,变得最经济,从而也就最美。他想掌握呼吸、血液循环、食物消化、新陈代谢这样一些半无意识或无意识的过程,在必要的限度内,使这些过程服从理智和意志的控制。生活,甚至连纯生理的生活,也将成为集体实验性的。人类,僵结的 homo sapiens,将再次发生根本的变革,并且将使自己成为各种最复杂的人工选择方法和心理物理训练方法的对象。"托洛茨基:《文学与革命》,刘文飞等译,张捷校,北京:外国文学出版社,1992,第238页。

奥兰多·费吉斯,剑桥大学三一学院博士,英国伦敦大学伯贝克学院历这些表述并不只是怪异的理论原则,而是落实为艺术、建筑、心理、教育和组织化的科学等领域里的真正的群众运动,成千上万人卷入其中。苏联官方支持了对于泰勒制的膜拜,其中最激进的鼓吹者是阿列克谢·加斯捷夫(Aleksei Gastev),一位布尔什维克工程师、诗人。他早在1922年就使用了"生物机械"这一术语,尝试探索个人与机械相融合的社会设想。加斯捷夫掌管着劳动部门,这一部门开展了一系列实验来训练工人,企图让他们像机器那样行动。他认为人的机械化是进化过程必将迈出的一步,并展望着:

> 一个乌托邦,其中,"人民"将被"无产阶级单位"替换。这些单位可以用诸如"A,B,C 或 325,075,0"等代号来命名。……"在无产阶级心理学中",一种"机械化的集体主义"将"取代个体人格"。人们不会再有对于情绪的需求,人的灵魂不再由"哭喊或微笑"来衡量,"压力计与速度计"将会是测量它的工具。①

我们需要小心,可别错失了此种设想的理论含义:用一种集体意识的新形态(即消除那道分隔我的心灵与他人心灵的屏障)取代

史学教授,著有《耳语者:斯大林时代苏联的私人生活》《娜塔莎之舞:俄罗斯文化史》《一个民族的悲剧》《克里米亚战争》《革命俄国,1891—1991》等。——译注]

① 奥兰多·费吉斯:《娜塔莎之舞》,第464页。——译注

51　个体人格,这种做法的另一面向即强化这道屏障——它将我的心灵与我的身体(自我)经验分隔开来。我不再充分地具身化,我不动感情地观察着自己的身体,读取它的信息就如同读取一台机器的信号(我感受不到热,我只是把它记录为体温计所显示的数字,等等)。我们在这里得到了从堕落状态中获救的唯物主义版本,类似于尼古拉·马勒伯朗士①所阐发的独特神学的庸俗版。马勒伯朗士是笛卡尔的门徒,但他中止了笛卡尔对于松果腺的参照。笛卡尔这一愚蠢的做法是为了解释物质和精神实体即身心之间的协同关系。可是,假若身心之间没有关联,不存在灵魂在因果意义上作用于身体的点(反之亦然),那又如何来解释两者之间的协同性呢?由于这两个因果网络(我头脑里的观念网络和我身体的相互关联网络)完全无关,唯一的解决方法就是引入一个第三方,即真正的实体(上帝)不间断地协调和中介着两者,维持着身心在因果意义上相续的外观:我想抬手,手就抬了起来,那个念头并没有直接使我抬手,而是"机缘性地"②导致我抬起手来。上帝注意到了我抬手

---

① 尼古拉·马勒伯朗士(Nicolas Malebranche,1638—1715),生于巴黎,18岁入巴黎大学神学院,1664年受神父圣职。他发展了笛卡尔学说,认为除物质、精神实体之外,还存在上帝实体。他是机缘论的主要代表人物之一。——译注

② 关于"机缘论",可参看卡尔·施米特的论述:"机缘论者并未消除二元论,而是让它存在;但是他通过转向第三个领域使它变成幻觉。假如一切心理和生理过程只作为上帝的作为而出现,那么包含在灵肉关系中的困难,并没有在这种想象的基础上得到克服,问题也没有解决。他的兴趣仅仅是从二元论的结果逃到一种更普遍、'更高'和'更真实'的统一中去。对于信上帝的人来说,这看来也丝毫不是一种牵强而浅薄的解决之道。大概他会在更

的念头,他发动了另一条因果链,即导致我实际抬起手来的物质因果链。如果用大他者、象征秩序替换"上帝",我们就能发现机缘论与拉康的立场很接近:正如拉康《电视》①一书在反驳亚里士多德时所说,身心之间的关系从来不是直接的,因为大他者总是介入两者之间。因此,机缘论在本质上代表着"能指的任意性",指的是那道分隔了观念因果网络和身体(实在)因果网络的裂缝,它指向下述事实:正是大他者解释了两种网络之间的协同性。如此一来,当我的嘴巴咬了苹果,我的灵魂就可以体验到快感。古代阿兹特克祭司(Aztec priest)瞄准的也是同一种裂缝,他的职责是组织人祭以确保太阳会再次升起。进行人祭是在向神提出请求,请求它维持两个序列之间的协同性,即肉身必然性和一系列相互关联的象征事件之间的协同。虽然阿兹特克祭司组织的献祭活动是"非理性的",但比起我们依据身心间直接协同而获得的常识性直觉(即对我来说,咬了一口苹果,我就获得了快感——这很"自然",因为是苹果直接导致了这种感觉),人祭的根本假定要富有洞见得多。常识性直觉丧失了对于大他者中介作用的把握,正是后者保证了实在与关于实在的精神体验之间的协同性。

高层次体验到这种统一的'有机性'。因为在他看来,在最为本质的东西中,在上帝那儿,是不存在二元论的。机缘论的上帝,本质上具有这种充当真正实在的功能,灵肉对立由此消失在不真实的领域之中。"卡尔·施米特:《政治的浪漫派》,冯克利、刘锋译,上海:上海人民出版社,2004,第88—89页。——译注

① 见雅克·拉康:《电视》[*Television*, New York journal, *October* 40, 1987]。

我们融入虚拟现实,情况不也是如此吗？我为了推动虚拟空间中的某个对象而抬起手来,对象真的动了——不用说,我的幻觉表现为:我手的运动直接造成了对象位移,也就是说,当我融入虚拟空间时,我忽略了电脑所制造的协同性,忽略了这一复杂的机制,而它和上帝的作用极为类似。在机缘论中,那个上帝确保了身心两大序列之间的协同关系。①

众所周知,大部分电梯的"关门"键完全起不了作用,它只是安慰人的玩意,搁在那儿就是给人留一个印象:他们以某种方式参与了电梯之旅的提速过程,为之作出了贡献——我们按"关门"键,其实电梯门关闭的速度和我们只按楼层(即没有按下"关门"键来"加速"关门过程)时完全一样。这个颇为极端而又十分鲜明的伪参与案例,正是个人参与后现代"政治"过程的恰切隐喻。而这正是处于纯粹状态的"机缘论":根据马勒伯朗士的说法,我们无时无刻不在按下这样的按钮。正是上帝永不停歇的活动,才使按键的举动和随之而来的事件(门关上了)协同起来,而我们却以为是自己按下按钮才导致了后续事件。

机缘论也能使我们重新认识"堕落"的确凿身份:亚当被逐出伊甸园,走向毁灭,并不是因为夏娃的感官特征让他误入歧途;要害在于他犯下了一个哲学错误。他从机缘论"回退"到了庸俗感官经验论,以那些直接影响我们感官的物质对象为根据,却失去了大他者(上帝)这一中介——从根本上说,堕落是一个宣判亚当在哲学上有罪的问题。也就是说,亚当在堕落之前,完全掌控着

---

① 马勒伯朗士的代表作为《真理的探究》(*Recherches de la vérité*, 1674—1675,最常见的版本为 Paris: Vrin, 1975)。

自己的身体，与之保持着距离：他充分意识到自己的灵魂和身体之间的联系是偶然的，仅仅是机缘性的，因而他任何时候都能够悬置身体，切断与身体的关联，不感到疼痛，也没有快感。痛苦和快感本身并非目的，它们只是提供了某些信息：对于他的身体来说，哪些有害，哪些又有利。"堕落"发生在这样一个时刻，亚当过度（越出了必需的范围——为在自然环境中存活提供必要的信息）屈服于感官。在这一刻，感官对他的影响到了这样一种程度，他丧失了与感官之间的距离，他无法再专注于纯粹思想了，他分心了。当然，要为堕落负责的对象是夏娃：亚当一时看到了夏娃的裸体，这让他分了心，使他误入歧途，让他坚信，夏娃本身不只是机缘性地而是直接成了他获得性快感的原因。此时此刻，亚当堕落了。夏娃招来了感性实在论的哲学错误，就此而言，她要为堕落负责。圣奥古斯丁早已指出，亚当必须接受的惩罚、须为其堕落付出的代价，极为恰当地说，正是他无法再完全支配自己的身体——阴茎的勃起不受控制了。

　　后人类主义的主要成分表现如下：通过用技术操控人类，抵达后人类阶段；那种人类以此成神的观念[卢那察尔斯基（Anitoli Lunacharski）乃至高尔基（Maxim Gorky）都推动过的——"构造上帝"的观念]；抵达后人类状态，我们便可抛开"性"（在某些激进的说法里，性正是布尔乔亚意识形态的最后堡垒）；最后是这种观念：在后人类阶段，依凭媒介的沟通将被个体心灵的直接连接所取代。安德烈·普拉东诺夫是此种"后人类"运动里的一员，却同时能够批判性地看待它。他曾写过一篇题为《永恒的通道》（"Eternal Tract"）的短篇小说，其中，主人公之一、科学家马蒂森创造了一个装置，它能够远程传输简单的命令。这台机器能将大脑产生的电磁波转换为一条命令，并将这条命令传达给另一台机器、另一个人，甚至是传达给自然物……然而，马蒂森的实验破坏了环境，最终整个实验过程也结束了他的生命。①

这个刺目的悖论即苏联的发达技术灵知论爆发在(物质)条件极端贫乏的状况下(发生在内战时期以及内战之后的苏联)。普拉东诺夫构造了一整个(隐晦的)"贫困生活的本体论"(ontology of poor life)，来为他所谓"比无产阶级还不如"的群体生活方式勾勒轮廓。可是，倘若我们根本不会对之感到吃惊呢？倘若恰恰是涌现赤贫与混乱的时期招致乌托邦思路的爆发呢？倘若我们在今天所见证的与之相类似的"对立统一"——奇点之梦与无家可归的难民作为这枚硬币的正反面，正是黑格尔"无限判断"("最低"与"最高"之间的联结)的又一个例证呢？波格丹诺夫②

---

① 玛丽亚·切霍纳德斯基赫(Maria Chehonadskih)：《苏联认识论与贫困生活的唯物主义本体论：安德烈·普拉东诺夫、亚历山大·波格丹诺夫与列夫·维果斯基》("Soviet Epistemologies and the Materialist Ontology of Poor Life: Andrei Platonov, Alexander Bogdanov and Lev Vygotsky"，未刊手稿)。本章特别受益于切霍纳德斯基赫的此项研究。所有未加特别注明的引文皆取自此文。

② 亚历山大·亚历山德罗维奇·波格丹诺夫(Alexander A. Bogdanov, 1873—1928，原姓马利诺夫斯基)，1899年毕业于哈尔科夫大学医学系(曾就读于莫斯科大学自然科学部，但因参加革命组织被开除)，曾任布尔什维克机

在这一运动中扮演着关键角色,可以说是全程参与者,却依旧与之保持着某种批判性的距离,因此其作品值得细察。我们应该特别留心的地方,是他在 20 世纪 20 年代晚期的某些作品所体现出的转变。直到那时,他还认为"贫困生活"的物质基础在于他所谓的"生命的劳作",即为了活下来而拼命挣扎。当我们陷入"生命的劳作"时,我们并没有真正活着,我们只是"卷入了生活":"在劳动生存中,并没有生活的时间,正如预备役战士科米亚金所说:'毕竟,我没有生活,我只是卷入了生活。'似乎普拉东诺夫笔下的许多人物都没有'生活',只是'卷入了生活',即在贫困的生活状态中挣扎求存。"这里出现了波格丹诺夫言论的首要特征:"生命的劳作"包含性,而性得不到救赎,它成了生存斗争中的另一个负担——在这儿,性被化约为"社会再生产的劳作":

> 在其早期论文《无产阶级文化》("Proletarian Culture")中,普拉东诺夫写道:"性成了生存斗争中的首要

关刊物《前进》和《无产者》以及《新生活》报的编辑。十月革命后成为"无产阶级文化派"的主要倡导者。1918—1926 年任共产主义科学院主席团成员。1921 年以后完全致力于血液学和老年学领域的科学研究。1928 年在自己身上做输血实验时不幸牺牲。波格丹诺夫青年时代试图建立一个包罗万象的哲学体系,他称自己的哲学观点为经验一元论,认为 19 世纪建立的经典马克思主义在 20 世纪已不适应于最新科学成果,必须重新审视一些基本概念,特别是关于世界和认识的本原,不是物质,而是经验。他后来又提出"组织形态学",其基本看法是,整个宇宙由各种组织类型和各种组织程度的存在形态构成,从不为我们所知的以太到人类集体和宇宙星系。参看徐凤林编:《俄国哲学》,北京:商务印书馆,2013,第 477—478 页。——译注

情感,成了人的灵魂。贯彻性的法则,成了人的至上幸福。"由此出发,性别特征、生物繁殖、性活动和原子家庭成了资产阶级社会永葆不朽的手段。生物繁殖行为体现了个体为了生存而展开的无意识斗争,与之相反,共产主义是一种新型的无性之人所拥有的共同生活。

如果连性都不能指引出一条走出生命劳作的道路,那么在劳动生产的连续体中,我们还能在其中的哪个地方找到突破点或打破它的契机呢?普拉东诺夫的回应是 toská①。他用这个俄文词指的是这样一种经验,它发生在

> 劳动过程形成一个空无场所、一次停顿的时候,它指向赤裸裸的空洞、空无。劳动的缺席塑造出它。这种空洞产生了思想,反之,劳动填充一切(我们为它忧心忡忡),不会给思考留下片刻时间,没有为思考留下任何空隙。……普拉东诺夫使用了一个特殊的俄文词 toská,来描述贫困生活中受到奴役的生存状态与情感。……toská 与英文术语"忧郁"和"渴望"相近,但它没有来由,没有对象,也走向不明。

因此,贫困生活的状态极为含混:它既处于最底层,为了活着

---

① 俄文词写作 тоска,基本含义是向往,亦有难过、隐忧、酸楚之义。——译注

而不懈斗争;但又接近于从积极生活中撤回,由此打开了一个摆脱劳动生产连续体的空间——在普拉东诺夫的小说里,同无产阶级形成鲜明对照的是,那些过着游牧生活的人们(nomadic Others)并不工作,他们的绝望无法在生产活动中获得缓释。而且,我们不应该错失 toská 的宇宙论维度:"但是,尼基塔,为什么那儿的田野显得这么无聊?莫非 toská 才是整个世界的内面——而五年计划只存在于我们这里?" toská 不仅仅是一种人类性情,它渗透进全部实在,甚至呈现在被弃之地的惰性状态当中。正因为如此,我们不应该过分关注 toská 的情绪面向(绝望、忧郁等):它是处在零度的思考,一种同劳作生命的循环脱离开来的纯粹思想:

> 普拉东诺夫似乎将以下两者并置在一起:一方面是不会中断的劳动性生存,另一方面是作为停顿的思维——它生产出空洞以及 toská 的"无时间"感。……时间的终结就是劳动性生存的终结,而 toská 揭示了共产主义的必然性:它是克服无限再生产的唯一手段。

在激进的政治-宇宙设想中,共产主义不会有 toská,因为共产主义抛开了产生 toská 的条件:它正是我们所熟知的时间之终结,即为我们而存在的时间,为我们的历史经验而存在的时间,呈现失落与匮乏、苦难与饥贫的时间。如此一来,共产主义就成了一种无比激进的宇宙事件,而不仅仅是一场社会改造:我们必须把每一种存在——包括动植物——从贫瘠的生活中解放出来。……①然而在 20 世纪 20 年代中期,普拉东诺夫对这种宇宙-社会短路操作(社会革命拯救自然本身)的可行性产生了幻灭感,他

> 批评可能的技术进步,批评用一种纯粹的意识形式来克服阶级矛盾。相反,他下结论说,循环往复的生产与再生产、组织化与去组织化,乃是所有社会形态的本体论前提。……考虑到这些组织化的规律,以此种方式来整治环境,为的是能够将整个社会世界组织起来,使之符合于这些规律而不是违背它们。社会生活依赖着自然循环的自发性与否定性。因此,我们只能否定劳动的生存状态,而无法全然取消它。这意味着普拉东诺夫并没有采纳扬弃(Aufheben)这一观念。

在这里,我们应该以一种非黑格尔的方式来解读 Aufheben 这一术语:在普拉东诺夫最初的设想里,性被"扬弃",是指性在朴素的意义上被实际"排除"了。在后人类的理想社会里,不再有性。然而对黑格尔来说,"扬弃"是指这样一种否定:它保留了被否定

---

① 令人有些吃惊的是(或许也没那么令人吃惊),我们在休伊·P. 牛顿(Huey P. Newton)这位黑豹党的创立者和主要理论家那里发现了与此种共产主义设想遥相呼应的说法,包括"构造上帝":"我爱这样想:我们最终会走向一个所谓的'神性'阶段,人类将会知晓开端与终结的秘密,并能完全掌控宇宙——当我说'宇宙'时,我的意思是指所有运动与物质。"[《休伊·P. 牛顿读本》(*The Huey P. Newton Reader*, New York and Oakland: Seven Stories Press, 2002),第 189 页。]

现象的核心维度,并将之提升到了更高的层级(比如对黑格尔来说,动物的交配行为被扬弃在了人类的性活动之中)。显然,普拉东诺夫在第二阶段所设想的性之扬弃,是更具黑格尔色彩的扬弃:"问题的解决并不在于全面消除性,而是废除生活的劳作状态,这种状态迫使妇女变成商品,成为生育机器。"在他成熟期的典范作品短篇小说《灵魂》(*Soul*, 1935)中,虽然典型的普拉东诺夫式乌托邦组织"另外的人们"(这个"民族"由边缘人组成,这一社群生活在荒漠之中,丧失了生活的意志)依旧存在,搭配却全然变了。现在,主人公是一位信奉斯大林主义的教育者,曾在莫斯科求学。他回到荒漠,尝试将这个"民族"引向科学与文化进步,从而恢复他们生活的意志。(当然,普拉东诺夫依然忠贞于他所喜好的模棱两可状态:在小说的结尾,主人公不得不接受这一结局:他无法教会"他们"任何东西。)性角色的彻底改变指示出了此种转变:对于20世纪20年代的普拉东诺夫来说,性是一种惰性状态,拥有"肮脏"的力量,它是反乌托邦的。然而在这里,性恢复了它的名誉,成了特权性的通道,人们可以借此抵达精神上的成熟——虽然那位男主人公作为教育者来说一败涂地,但他在性爱里找到了精神慰藉。如此一来,那个"民族"也就几乎被简化为这对性爱伴侣得以产生的背景了。令人感到危险的是,普拉东诺夫的写法接近于好莱坞那种制造伴侣的公式,我们甚至可以在西方晚近的影片如《与狼共舞》(*Dances With Wolves*,凯文·科斯特纳执导并主演,1990)里找到类似的特征。影片讲了这样一个故事:南北战争以后,一位名叫约翰·J. 邓巴的美军中尉离开了自己的部队,去往荒野,想要找寻一种更加本真的生活。他在野外加入了一个印第安拉科塔族部落,与那里一个名叫"握拳而立"的女子陷入了爱河。这个女子是个白人,小时候被掠到这个部落,在印第安人中间长大。部落里的人坚称,他们并不将邓巴看作一个白人,而视其为苏族战士"与狼共舞"。然而,严冬来临,在冬季营地,邓巴决定带着"握拳而立"离开,因为他若逗留于此,将给遭到美军追踪的部落带来危险。故而在最后,一对快乐的夫妇诞生了,而过着游牧生活的拉科塔族则恰好消失不见了,他们撤回了未名地带。甚至《苏醒》(*Awakenings*,也译为《无语问苍天》,潘妮·马歇尔执导,1990)也采用了这样一个公式。影片里,脑科医生奥利弗·萨克斯(罗宾·威廉姆斯饰演)使一"群"强直性昏厥症患者重获新生。但这位腼腆的医生根本不敢去主动约会女性。在影片最后,他终于向一位护士发出了邀请,后者也欣然接受了。如此一来,那些病人就可以回归昏厥状态了。这里真正苏醒的并不是那些病人,而是医生自己。关于好莱坞和盛期斯大林主义之间的联系,还有进一步的证据,即齐阿乌列里(Sofiko Chiaureli)那部名不见经传的《攻克柏林》(*The Fall of Berlin*, 1948),这是斯大林主义战争史诗的上等案例,讲的是苏联征服纳粹德国的故事。影片开始于1941年,恰是德国袭击苏联之前。男主人公是一位参与斯达汉诺夫运动①的钢铁工人,他爱上了当地的一位女教师,

---

① "斯达汉诺夫运动"的历史脉络如下:1935年8月30日,顿巴斯的年轻矿工斯达汉诺夫通过改良采煤技术,在一班工作时间内用风镐采掘了102吨煤,超过定额13倍。此后,全苏联兴起学习斯达汉诺夫、掌握新技术、提高劳动生产率的运动。斯达汉诺夫运动也从采煤工业拓展到其他领域。它的主要特点是将社会主义竞赛与新技术相联系。但随着斯大林逝世,苏共调整劳动政策,逐渐强调利润核算与物质刺激作用,最终使斯达汉诺夫运动退出历史舞台。——译注

可他特别腼腆,不敢直接接近那个女孩。因为工作出色,斯大林在其府邸亲自授予他斯大林奖章。在那个1953年后被剪掉从而遗失了的场景中,官方祝贺词宣读完毕,斯大林注意到了男主人公的胆怯与不安,便问他有哪里不对。男主人公向斯大林坦白了自己恋爱方面的问题,于是斯大林就如何赢得姑娘芳心给了他一些建议:为她吟诵诗歌等。回家以后,他成功追到了那位姑娘。然而,就在他将姑娘拥入怀中准备带到草地上去的时候(极有可能两人会做爱),德国飞机进行了轰炸,到处是德国人投下的炸弹——那一天正是1941年6月22日。在随后的混乱中,德国人俘虏了姑娘,她被带到柏林附近的一个劳动集中营。而男主人公则参加了红军,为了找回自己的爱人,战斗在第一线。最后,红军解放了集中营里的囚徒,欢欣鼓舞的人群同苏联士兵汇合在一起,一架飞机降落在附近,斯大林走了下来,朝着山呼海啸般向他致敬的群众走去。那一刻,仿佛是再一次受到了斯大林的帮助,那对忍受着相思之苦的伴侣再次相逢了:姑娘在人群里看到了男主人公。然而在拥抱他之前,姑娘却走到斯大林身边,问领袖是否可以吻他一下……《攻克柏林》实际上讲的就是一对伴侣破镜重圆的故事:二战成了需要被克服的障碍,经此一役,男主人公才能找回他的所爱。而斯大林的角色就如同一位魔术师、一位红娘,他充满智慧地引导这对伴侣破镜重圆……

我在这里坚持黑格尔意义上的**扬弃**并不是为了炫学。"成熟"的普拉东诺夫所设想的,恰是黑格尔式对于"生命劳作"的扬弃——这种"劳作"包含了两性繁殖。在共产主义社会里,社会生活将仍然"依赖着自然循环的自发性与否定性。因此,我们只能否定劳动的生存状态,而无法全然取消它"。用严格的黑格尔术语来说,"劳动性生存"恰恰不会被直接否定,而是在扬弃的意义上被"废止":劳动将丧失其服务于生存斗争的直接特征,而以"受到中介"的方式重现。劳动将成为更高的社会总体性的一个环节,此种总体性跟从着精神目标。上述言说同样适用于性,性将成为主体间精神获得满足的中介环节……

不过,我们会直接面临两个问题。第一个问题是,在资本主义社会,此种**扬弃**已然发生:一个资本家可不是为了活着而斗争,不是为了"活着"才进行再生产,不是这个在推动他。正如马克思明明白白看到的那样(可以发现马克思在描述资本循环时有股黑格尔味),"资本"在自我再生产的过程中,就像是黑格尔笔下的理念,其再生产的目的不是为了让工人活下去,而是(用增长率来衡量)不断进行扩大再生产。这就是为什么某些批判者将资本主义斥责为利己主义体系完全错失了要点:一个真正的资本家不是一位享乐主义者,他(或她)完全可以过着一种真正的禁欲生活,牺牲所有,他(或她)的快感,一切为了资本的再生产。因此,我们得像黑格尔和马克思曾经做过的那样,区分出两种"自然":直接的"本然的"自然(生物性的生命)和"第二自然"。后者是一种社会产物,显露出虚假的自主性,实则支配着所有个体的命运。① 性的

---

① 在黑格尔那里,"第二自然"是指"实现了自由的王国,是从精神自身产生出来的"(黑格尔:《法哲学原理》,范扬、张企泰译,第 10 页)。而到了青年卢卡奇那里,"第二自然"则已经完全变成了"散文性的"资产阶级文化－法律结构,成了"没有意义的必然性的化身"。见 Georg Lukács, *The Theory of Novel*, trans. Anna Bostock, Cambridge, Massachusetts: The MIT Press, 1971, pp. 62 - 63。——译注

问题同样如此:从定义上说,人类的性总是"去自然化的",将自己的节奏强加在生物学基础之上。即使资本主义有时将成千上万人抛入贫困状态,它的逻辑也不是"贫困生活"的逻辑,而是这样一种生活逻辑:资本主义在过剩财富的背面不断制造出贫困。

第二个问题对我们来说至关重要:神经连接(奇点)对黑格尔派、晚期普拉东诺夫以及其他支持**扬弃**、赞成低等阶段通过"中介"关联着更高等的社会总体环节的人来说,造成了极大的困扰。因为神经连接造成了(至少允诺做出)某种黑格尔无法设想的事情。对黑格尔来说,所有精神生活,所有精神的现实存在,总是植根于我们有限的身体实存,植根于我们物质性的历史实在:没有独立的精神王国,精神总是存在于人类的文化之中,语言就是精神的媒介。虽然神经连接也还是植根于物质实在(数字网络、神经生物学),在某种意义上是科学-唯物论还原主义的极端版本,但它打开了一种心灵直接连接的前景,心灵之间的沟通无须再借助物质性的表达媒介。如此一来,让我们再次用黑格尔的话来说,神经连接作出了一个许诺:它要确立自己的无限判断。其中,最低级的(神经和数字网络的物质现实)和最高的(心灵)"合一"了。从而,纯粹思想的前景被打开了:思想将变得"纯粹",这是在下述精确的意义上来说的:心灵之间直接连接,无须任何沟通媒介。难道这不也是共产主义的另一个版本吗——在直接共享思想空间的意义上?

在成熟期普拉东诺夫的设想里,共产主义不再是那个带有奇点色彩的版本,toská 依旧在共产主义社会里发挥效能——在劳动生活里的绝望这一通常意义上,而非在其绝对意义上。然而,尽管如此,我们或许可以读一读普拉东诺夫的代表作《基坑》(The

60　*Foundation Pit*），将它所展现的情形读解为某种对于宇宙理想社会观念的否定。基坑——大地上那个巨大的洞穴永远无法被新建成的理想社会大厦填满，它象征着无意义的劳动耗费——这些劳动无助于生存斗争或是追求一种美好生活。它只是一种景观式的纪念物，只是指向 toská 这一我们的生活无法消除的状态。倘若如此，该怎么办呢？

四、奇点：灵知转向

Singularity: the Gnostic Turn

toská在普拉东诺夫的共产主义观念里是如此重要,这就将我们从政治带回神学上来,将我们引向某类设想所具有的神学含义——不仅是连线大脑的神学含义,而且也是理想社会的神学含义。如今,连线大脑的神学向度正在大张旗鼓地回归,只是(正如人们所预料的那样)抽去了理想社会的基底。马斯克那一犬儒式洞见——"为了不沦为动物园里的猿猴,我们就得拼命赶上机器",有一个崇高的面向:"新纪元"关于奇点的灵知式解读,不仅将奇点看作后人类的崭新阶段,而且也视之为一项关键的宇宙事件,是神之自我实现的完成。在奇点里,不仅我们人类成为神,上帝自己也获得了完全的神性。奇点也意味着心灵的同步性时,从这一点来看,无怪乎它会诉诸神智学的思辨。也就是说,争论同步性时,我们几乎难以抵御蒙昧主义的诱惑——难怪荣格喜爱这个概念。① 库兹韦尔曾以通俗的语言阐发了"奇点"假设,迈克尔·齐默尔曼讨论这一主题的文章,则为我们提供了这一假设的

---

① 两件事相距甚远,一件事却能以某种方式绕开时空坐标,"直接"影响另一件事。这个事实几乎使我们自发地倾向于假定:分立的物质实在并未涵盖全部东西,存在着一个更高的层级——直接的精神联系。对于一个严格的唯物主义者来说,避免这种唯灵论诱惑的方式是将空间本身相对化:"同步性"现象表明,我们的时空坐标并不是康德所谓实在的先验框架,而是说,在与之不同的量子波并置中,空间距离可以被"缩短"。也正是这种量子波构成了终极的实在。

简明表述:

纳米技术、人工智能、机器人学和基因工程带来了巨大的影响,后人类将很快被制造出来,在力量和智能上,它们将远超我们人类。正如黑洞形成了一个"奇点",任何信息都无法逃脱,后人类也形成了一个"奇点",其目标和能力非吾等人类可及。无论有意无意,技术派后人类主义者都征用了源远流长的基督教"成神"(theosis)话语。根据此种说法,人能够成为上帝,或变得像上帝一样。从圣保罗、马丁·路德,一直到黑格尔和库兹韦尔,人类自身成神的观念起着显著的作用。黑格尔尤其强调,上帝只有在人性抵达绝对意识的过程中,才能完全实现自己。库兹韦尔同样认为,上帝只有通过历史进程才能获得充分实现,而这一历史进程会照亮并改造整个宇宙。两者的差异在于:对于库兹韦尔和其他后人类主义者来说,我们的后代——后人类——将执行这个超凡的进程。①

或者引用库兹韦尔《奇点临近》里的话来说:"我们的文明会……向外拓展,将所有碰见的无知无觉的物质和能量,转化为崇高的智能性的——超越性的——物质和能量。所以在某种意

---

① 齐默尔曼:《奇点:神之自我实现的关键阶段?》。本章后续未注明的引文皆出自此文。

义上,我们可以说,最终奇点将融合宇宙与精神。"①简言之,正如齐默尔曼所指出的那样,对库兹韦尔来说,奇点是一个"进化过程中的转折点,将催生出超凡的存在,后者能够唤醒整个物质性宇宙。此种苏醒或可看作是实现了从一开始就已存在的潜能。后人类主义者把'奇点'变成大写的单词,从而表明这一事件不仅重要,而且神圣,即占据着神圣的维度。诸如库兹韦尔这样的后人类主义者表征未来的方式,至少符合某类上帝的概念"。

这里可以看出超人类主义者的灵知式假设:

> 后人类终将会把整个宇宙改造成一个无所不能的智能体,它在很多重要的方面类似于一神论的上帝。库兹韦尔的上帝并没有超越自然,而是把自然带往它本身所蕴含的可能性的顶点。……只有经由人类,此种神圣的自我意识才会生发出来。精神以自然的形态设定了它自身的他者——自然是空间中延展开来的精神;在此之后,精神将自己显示为有意识的人类,他们能够认知,能够吸收广延的自然所构成的他者性。物质性事物是空间中延展开来的"石化的智能",而意识则是液化的智能,经由时间(历史)来展现自身。疏离于理念的自然,仅仅是知性的死尸。然而,自然其实是潜在的理念。因此谢林称之为石化的智能,也有人称之为冻结的智能。不过,上帝不会一直保持石化状态,他不会是僵死的;正是石头呼喊出来,将自身抬升为精神。

---

① 转引自齐默尔曼上述文章。

对于黑格尔(更广泛地说,对于德国观念论者)的指涉在此表达得十分清楚,同样,那道将奇点观念和德国观念论空间划分开来的裂缝也清晰可辨。惰性的物质实在经由一个实现其精神性固有潜能的过程,逐步精神化了。这一过程的顶峰就是人类智能。精神借此意识到了自身,从物质实在这一异化/外化状态中复归自身。然而在这个阶段,精神依旧对立于实在,它意识到自己作为个体意识对立于物质实在。为了充分实现自己,精神需要克服这一对立,意识到自己是全部(物质)实在的精神维度,是其精神性的内在生命。在这个层面,我的自我意识与全部实在的自我意识重合了,或者用神学术语来说,我意识到上帝,同时也是上帝意识到了自己。上帝并非外在于实在的发展过程,好似隔着一段安全距离避开了这一进程。实在的发展过程是这样的:它就发生在上帝身上,重合于上帝生成自己的过程。不过,将德国观念论和奇点论区别开来的是这个差别:对于德国观念者来说,精神与实在的完全统一已然实现在哲学思辨当中(抑或表现为更加神秘的版本——实现在神智当中);我们人类的自我意识在宇宙中起着核心作用,因为在此种自我意识中,实在意识到了自己,上帝也完全实现了自身。而对于奇点论者来说,恰恰相反,我们这些生而有限的人类无法实现精神与实在的完全统一——我们相互分隔的个体意识太过强大,以至于成了障碍。只有当我们放弃了分立的个体性,同渗透进实在的精神结为一体;只有当我们的自我意识将自己经验为实在自身的自我意识时——简单说,就是当我们迈入奇点时,实在与精神之间的完全和解方才可以实现:

那个在历史行动者"背后"发挥作用的历史引擎,是这样一条律令——宇宙要使自己完全获得自我意识。对于库兹韦尔来说,黑格尔在许多方面都很正确。但是,他在这里犯了错:尚未从起点抵达终点,终极目的尚未实现,精神尚未变得充分自觉。庞大的他者性依然有待被唤醒,有待被吸纳进神圣智能。如果说有一种深刻的宇宙目的先行促生了具有自我意识的人类,那么,这同一个目的将会为那些在今天想象、吁求后人类未来的人们灌注生气……经由人类,宇宙获得了自我觉知。最终,人类创造出了某种意识模式和技术,它们使宇宙实现自我成为可能。这种实现与圣保罗所希冀的东西有些相似:"受造之物也能摆脱腐败的奴役。如上帝儿女一样,入荣耀而自由。"①由此,人类的演进也就超越了自身。

"黑格尔来得太早"的第三个版本,于此可见。首先,在青年卢卡奇看来,黑格尔所谓的和解,是主体与实体达成现实和解的唯心主义预演。无产阶级革命才称得上真正的和解,经此一革命,无产阶级夺回了异化了的历史实体。其次,对弗朗西斯·福山(Francis Fukuyama)来说,理想的理性国家到来,即世界历史的收束;在此,个人自由与有机的社会秩序达成和解。但这并非如黑格尔所想的那样,实现于理性君主制,而是实现于当代自由民主体制。最后是超人类主义者的看法:只有在奇点前景中,精神和实在才能实现

---

① 《圣经》引文中译见冯象译注《新约》,香港:牛津大学出版社,2010,第339页。——译注

真正的和解。① 当然,这就出现了一个问题:我们人类在这个进程中将会如何?

根据后人类主义者的说法,人类的进化方式无法回应重构宇宙的要求。因为有机性的躯体太过脆弱,不能适应此项任务。人类在实现其统治地球的过程中,曾经导致多种生物灭绝——其中甚至有可能包括其他高等灵长类动物。与此相似,后人类会消灭人类,以达成其对星际乃至全宇宙的统治。两者都在寻求某类我们无法想象的全局性自我意识。

某些后人类主义者摆出一副英雄的姿态,支持此种消亡,视

---

① 那么,今日之黑格尔派应该将历史的最终环节定位于何处呢? 黑格尔的那个观念——历史进程从东自西展开,最终在西欧现代性中达至顶点——有一个滑稽的增补。在 20 世纪,历史中心进一步向西,移向了美国。在美国,又再次从东向西移动,从纽约到了加利福尼亚,难道我们不能这么说吗? (我们在此抛开了"圣路易斯黑格尔派",19 世纪后半叶美国的第一个黑格尔学派[布罗克迈耶(Henry C. Brokmeyer)、哈里斯(William T. Harris)等在 1866 年建立的圣路易斯哲学协会,并于 1866 年开始出版《思辨哲学杂志》。——译注]:他们感受到美国正在从东部向中部发展,因而希冀发展的中心将会是圣路易斯。可以想象,当他们看到芝加哥飞速赶超圣路易斯时失望至极……)而最近数十年,自东向西的发展似乎已然又迈进了一步,穿越了太平洋,一开始是在日本达到高峰,而如今则发生在中国。但是,对黑格尔来说,中国乃是历史诞生之地,因而,圆圈闭合了,终点联结了起点,这不能不说是一个巨大的历史莫比乌斯带。

之为"具备自我意识的存在在宇宙史上迎向奇点的唯一机会"。我们丧失了躯体实存,但我们能将自身的生存性基础从硬件改变为软件:将我们的意识下载到后-生物性(即数字性)实体当中,然后以此种方式无限地复制出自己。不过,问题并未得到解决:"我们或许会问,为了精神一跃向不朽的超级意识,如此多无辜的鲜花是不是就得被无情践踏?"这个问题也可以用神学术语来表述:吾等之自我对立于实在(与上帝分隔开),此即基督教所谓的堕落,而迈入奇点,人类就能重获其堕落之前的状态吗?与此僵局相关的另一个问题,我们也已然遭遇:在奇点中,我们还能保住个体的自我意识吗?某些理论家声称,奇点并不意味着全盘融入精神实体——我们还是主体,依旧玩弄着实体性内容。这里我引述一下卡德尔·拉斯特(Cadell Last)的说法:

65

> 我认为,当我们思考"黑格尔会如何阅读库兹韦尔"这个问题时,应能想到库兹韦尔是某类"斯宾诺莎派",意思是说,他想同"物理实体"达成"内在的联合"(心灵以先进的计算赋予整个宇宙生命)。然而,用黑格尔的透镜来看,难道我们不应该将库兹韦尔的思辨解读为某种"绝对形象"(费希特在这里卡壳了)吗?并转而去思考"每个主体如何最终要求着(从无到有地)创造出自己的宇宙"?难道这不正是"绝对是实体,也是主体"的最佳表达吗?在这个公式中,我们避开了这些思维陷阱,如"主体性会与其他主体融合"或"主体性会与物质客体融合";而是去思考这样一种方式:每一主体的活动都与

其自身的虚拟(概念)宇宙相联系。①

用弗洛伊德的话来说,拉斯特的解决方式是一种"(性)倒错"(perverse)的方式:主体不是融入神圣的奇点,而是利用它,玩弄它。这种解决方式的有趣之处在于,它呼应了拉康晚期教义所彰显的立场。拉康曾想要渗入想象界/象征界的虚构之网以抵达纯粹的实在界,但在斗争了数十年之后,他承认自己失败了。阿德里安·约翰斯顿曾谈到这个"悲观主义"转向的复杂性与歧义性。② 这一转向发生在拉康提出其教义的最终阶段,并在他关于精神分析治疗目的的新公式中抵达高潮——拉康将精神分析治疗的目的视为认同于症状(而非消解症状):

> "主体的空乏"这一最终的经验,即自我层面的认同,以及诸如大他者、假设知道的主体这些参考点在此动摇乃至全然消失。走过这一经验旅程,正是拉康精神分析进程中的一个本质性的断点时刻。然而,拉康认为,永远驻留在这样一个导致分析终结的空乏状态,既不可能,也不可欲。在他看来,"自我""大他者""假设知道的主体"诸如此类重建自身,对于接受了精神分析之后的人来说,是合适且必要的。我们可以指望,这些

---

① 来自与卡德尔·拉斯特的私人交流。

② 参看阿德里安·约翰斯顿(Adrian Johnston):《神圣的无知:雅克·拉康与基督教无神论》("Divine Ignorance: Jacques Lacan and Christian Atheism",未刊手稿)。以下未注明的引文皆来自此文。

在分析过程中被唤出、作为对之回应的重建,对于接受分析者来说,显然更好,更为适宜。

我们在这儿看到的是某种"后现代"拉康:我们只能在极为罕见的澄明时刻与实在界照面。但是,这种极端经验难以持续,我们不得不回归俗常的生活,栖居在表象当中,活在象征性虚构之中……这不正与基督教无神论(Christian atheism)相似?显而易见,对于巴迪乌、我以及其他"基督教无神论者"的指责即:为何我们不直接肯定唯物主义?为何我们需要经由宗教来迂回一下?基督教无神论主张,我们无法对宗教弃之不顾,我们需要宗教的幻象,为的是一次次地违背它——或者用康德的话来说,宗教不仅是一种历史现象,而且是一种内在于人类心灵的先验幻觉。所以,不要把上帝从画面中抹去,唯一的办法是学习如何"'利用'作为父之名的上帝"。那么,在何种明确的意义上,**不愿上当者犯错**(les non-dupes errent)——那些假装没有被宗教幻觉所欺骗的人是错误的呢?约翰斯顿指出了这一路径:

> 拉康关于陀思妥耶夫斯基的解释——依据的是"如果上帝死了,做什么都不会被允许",似乎传递出这样的意思:根据拉康关于欲望的严格定义,永不中断的激进无神论并不可欲。德·凯瑟尔(De Kesel)认为,对拉康来说,宗教享有维持欲望的德性。如果是这样,拉康眼中的精神分析是否真的要废止有神论、宗教信仰以及诸如此类的东西呢?……无意识的力比多经济以欲望为中心,此种欲望有着涉及对象小a的根基性幻觉。力比多经济由上

帝的法则来维持,这位上帝是死去的父亲,以及/或父亲的姓名。如果这位上帝死了,他所支撑的整个力比多经济就会崩溃(即"做什么都不会被允许")。在《电视》一书中,拉康曾谈及俄狄浦斯问题,作出了这样的评论:"即便关于家庭压抑的记忆并非真实,它们也必须被发明出来,确实就是这样做的。"要去阐释这段评论,我们可以说,拉康带来的启发是,如果上帝死了,至少出于力比多(欲望)的理由,他必须复活——而这当然早已发生了。

如此一来,"如果上帝不存在,那么一切都被禁止"不就意味着,为了维持欲望,我们需要某种宛如上帝一般的东西吗(即使它呈现为更加中性的非宗教形态,如"假设知道的主体")?如何将这一点同拉康的另一个论断——无神论是精神分析经验的顶峰——结合起来呢?拉康所谓"父亲的姓名"不应被废除而应加以利用是否是唯一的出路?再进一步说,类似的事情不也适用于通达奇点这一事件吗?通达奇点不正意味着,象征界在某种意义上将堕入实在界,从而(人类)欲望将被扑杀?如此一来,我们在这儿不也面临着另一种选择?要么我们创造出这条通道,冒着要丧失一切的风险;要么(这与真正的拉康晚期想法平行)我们回避它,放弃它,而坚守着象征性的虚构领域。"不要迈入奇点"是否应该被抬升到"禁止乱伦"的新版本这一层面呢?这样做的话,是否进一步暗示,通达奇点远非表明迈入神圣之域的一步(新纪元派关于奇点便持此种读法),而是意味着神圣性的丧失、超越性的废黜,以及我们的生存变得极端粗鄙与平庸?约翰斯顿将拉康的解决方式解读为向倒错逃逸,即逸入一种倒错性的越界游戏:你设定了大他者,为的是违背/杀死他;你也设定了这样一种含义:大他者死亡之前,他是活跃的/完满的/并没有被画上杠的(non-barred)。

　　作为无神论的宗教是一种悖论性的状态,从黑格尔到齐泽克中的每一个人都将之委派给了基督教这种一神论,拉康则成为所有这些人的一个联结点。这个悖论性的状态对于拉康所阐明的严格意义上的(性)倒错来说,是不可或缺的。拉康所理解的倒错者玩着双重游戏。一方面,他/她至少无意识地记录了画上杠的大他者,S(Ⱥ)即表明不存在全知、全能、完满等诸如此类的位置;另一方面,为了回应对于S(Ⱥ)的记录,倒错者反复尝试着一种或多种方式,来填塞大他者身上的裂口(即"填满大他者身上的洞")。作为无神论的宗教,基督教也同时揭示出大他者不存在("我的上帝,我的上帝,你为何抛弃我?"①等等),并用多种方式隐藏了这一启示(否认上帝之死,神化/拜物教化耶稣,视之为基督-上帝,等等)。

　　在拉康的研讨班《再来一次》(Encore)里,有一个段落提供了理解这一悖论的钥匙。拉康认为,禁止乱伦的把戏将内在的不可能性呈现为(终极性的外部)禁忌的后果——仿佛如果不禁止染指母亲,就有可能充分地享受乱伦。② 如此一来,禁忌便催生出了某种

---

　　① 冯象译注:《新约》,第75页。冯象译本标出了希伯来语发音:"以利,以利,拉马撒巴各大尼?"(eli eli lema sabachthani?)——译注

　　② 参看雅克·拉康:《论女人的性》(On Feminine Sexuality, New York: Norton, 1999),第74页。

幻觉性的希望,即,如果我们打破禁忌,就能获得原物（Thing）①——说得简单点,禁止染指母亲,掩盖了这一事实:母亲本身不是**那个**大写的母亲/原物。异性恋男子选择女性作为母亲的替代物,这会使以下事实变得模糊:母亲本身不是大写的母亲。

因而,似乎是拉康自己在其晚期阶段接受了这一（双重）游戏:为了活下去,我们需要虚构和幻觉。拉康不再经由形式化以及/或语言（*la langue*）的叽里咕噜,来寻求一条抵达纯粹实在界的道路（即越过想象界和象征界）,他转而重新肯定象征/想象的维度,肯定虚构和谎言,以为其不可避免。这就是为什么聚焦于实在界并不是晚期拉康的最终决定,我们应该"在晚期拉康和终期拉康之间作出清晰分明的划分":真正晚期（或终期）拉康的思路体现在第二十四、二十五次研讨班[《人们知道爱的羽翼上有个被误认的月亮》（*L'insu que sait de l'une-bévue, s'aile à mourre*, 1976—1977）和《下结论的时刻》（*Le moment de conclurem*, 1977—1978）]中。这两次研讨班,

> 自我批判式地放弃了拉康晚期教义所追求的东西
> （这一时期从20世纪60年代开始至70年代中期结

---

① 一方面,拉康将原物构想为一个超越象征化的不可知的X,而这个概念与康德的"物自体"或"自在之物"（thing-in-itself）有着明显的联系。另一方面,原物可以在"享乐"（jouissance）语境中加以理解:那个必须被不断重新找回来的丧失了的对象,即"母亲"这一遭到禁止的乱伦欲望的对象。快乐原则是一种维持着主体与原物之间距离的法则,使主体围绕着原物循环却永远无法得到它;而主体其实无法忍受原物所可能给他带来的那一"至善"（Sovereign Good）。参看《拉康精神分析介绍性辞典》,第387—388页。——译注

束)……从1976年开始,拉康终止了数元(matheme)的支配,即对无意义的实在界加以数学风格的形式化,从而追求一种清除了意义的分析。……终期拉康反而选择了以非还原论的方式对待意义,而这明确得到了马克思主义唯物论的启发。想象-象征实在的意义又浮现了出来,但就其与无意义实在界的关系来说,它们变得相对自主了。而实在界本身反过来又受到这同一些(想象-象征性的实在)意义的影响、干扰。①

约翰斯顿正确地描述了真正的晚期拉康所发生的转变,但我们还应加上一条:可别对这一结局作过度解读。这并非拉康思想的最终胜利,而是他对于某个僵局的承认。这不是一种积极的结果——它与历史唯物主义的平行性(实在界的"物质基础"与想象-象征界的"上层建筑"之间"非还原论"的关系),其实带有相当苦涩的滋味。而我们的任务依旧是:如何思考那道实在界的切口?正是它为想象—象征界的出现开辟了空间。

我们在这儿必须明确:拉康最终承认了失败,这一失败亦是其"反哲学"立场的挫败;对于思考其理论的哲学含义,他曾持犹豫态度,却终究失败了。为什么我们还要无所畏惧地回归哲学——具体来说,就是回到黑格尔?这同样也是黑格尔始终在与之搏斗的核心问题:为什么经由幻象来迂回是必要的?我们应该

---

① 阿德里安·约翰斯顿:《拉康的终局:最终几次研讨班里的哲学、科学与宗教》("Lacan's Endgame: Philosophy, Science, and Religion in the Final Seminars"),《危机与批判》(Crisis and Critique)"拉康"专号,2019。

把它解释成一种犬儒游戏——绝对者同自己嬉戏吗？黑格尔在很多时候实际是用一种欺骗的方式来表述事物，就仿佛绝对理念跟自己玩了个游戏，外化自身，然后克服这一外化——重要的是，黑格尔甚至使用了"享受"一词，即《哲学全书》最后一句话所说的："永恒的自在自为地存在着的理念永恒地作为绝对精神实现着自己、产生着自己和享受着自己。"① 我们陷入倒错，只是因为我们接受了这一点：存在着这样一种绝对，它为了使自己高兴，玩着（自我）越界的游戏。因而，我们必须完全拒绝这整个构型——这一构型建基于对于**不愿上当者犯错**的犬儒式解读：你必须玩这个游戏，甚至就算你知道它是虚假的，你也得上它的当。然而，**不愿上当者犯错**这个公式其实说出了另外一些东西：如果你不上当，你就犯了错，我们并不仅仅是在实用的意义上来把握这一点（我们需要幻觉来维持欲望），而是要依据真理自身来实际地把握它。仅仅不当真地来玩游戏，并非出路。

但出路何在？我们必须承认，下述三种解决方式全部无效：(1) 我们应该以实在界为目标，努力抛却幻觉。(2) 知晓幻觉就是这样了，我们应该"利用"幻觉来维持欲望，避免"抑郁"这一僵局。(3) 我们应该接受这样的事实：所有存在都由幻觉构成，具有无法自洽的质地，而终极幻觉即这样一种观念——幻觉背后存在着实在界；因此，我们应该愉快地玩弄这一幻觉的构造。还有第

---

① G. W. F. Hegel, *Philosophy of Mind*, Oxford: Oxford University Press, 1971, p. 315.

[中译见黑格尔：《精神哲学——哲学全书·第三部分》，杨祖陶译，北京：人民出版社，2006，第 399 页。——译注]

四种解决方式:实在界并不在外部,即外在于想象/象征的虚构物;它关乎这一构造内在的不可能性——幻觉围绕着一种不可能的实在界循环打转,但在这一幻觉构造物之外,实在界并没有实体状态。换句话说,实在界并不是现实那一无法接近的内核,好似象征/想象性的虚构围绕着这一内核漂浮,使我们免于直接触碰到实在界;而是说,实在界是一种纯粹虚拟(在这个意义上是虚构性的)参考点,我们围绕这个点构造出了不同版本的现实。一旦我们完全支持这种实在界观念,那就不再需要犬儒式地求助于幻觉之网,从而来维持我们的欲望。那一定义了欲望的张力已然在"纯粹"的实在界之中生效了。实在界在此并非纯粹的混沌,并非外在于象征界,而是象征界内在的不可能性。这就是为什么拉康所设想的博洛米结(Borromean Knot)①——它必然连接着实在界、象征界和想象界三个维度——并不是"实在如何被构造起来"

---

① 拉康在1972—1973年度的研讨班上首次提出了博洛米结,而关于此种拓扑学"扭结"最为详尽的讨论则出现在1974—1975年度研讨班中。博洛米结是把三个圆环以某种方式联结成一组,如果割断其中的任一圆环,所有三个圆环就会分离开来,此扭结得名于博洛米欧(Borromeo)家族的徽章。拉康用博洛米结来图解实在界、象征界和想象界之间的相互依存,并以此来探究这三种秩序的共同之处(如下图,JA指大他者的享乐,Jφ指阳具性的享乐,a指对象小a)。

简明的介绍可参看《拉康精神分析介绍性辞典》第37—38页。——译注

这一问题的最终答案。象征界和想象界不是终极本体实在的一部分。这里表述出的问题是：先于人类的实在界本身不得不被构造出来，从而象征界和想象界才能从中出现，这究竟是如何达成的？

于是，再一次地，拉康陷入了僵局，并不是因为他依旧固守在哲学里面，而是因为他并没有在哲学反思上走得足够远。他关于实在界的观念依旧受到一种天真想法的纠缠，此种观念认为实在界本质上是一种他者性，它无法被象征化。将所有结果从下述事实中推导出来，拉康无法做到：实在界是绝对内在于象征界的，是其内在的僵局/不可能性。

这就是为什么"基督教无神论"并不意味着某种犬儒立场——虽然我们知道这些都是幻觉，我们还是要"利用"宗教虚构，玩弄上帝：拉康声称神学家们是唯一真正的唯物主义者，说的可不是这个意思。他的看法是，(唯物主义意义上的)实在界只能在神学大厦的裂口和不自洽处辨识出来，因为实在界本来就是由这些裂口构成的，它就栖居在这些裂口当中。这儿可没有什么反讽性的或犬儒式的玩弄，不存在这样的游戏，即"我们确实是唯物主义者，但我们以玩弄宗教虚构来证明这一点"。拉康说**神是无意识的**(Dieu est inconscient)，这是可想到的最反荣格式陈述的话了。这句话的意思不是说，神性指涉我们深刻的无意识心理原型领域。拉康将"无意识"缩写为"ics"，后者也可以唤出法文词"inconsistant"即"不自洽的"。而对拉康来说，逻辑上的不自洽，正是物质性的决定性特征。就此而言，这句话意味着，神的不自洽是通向唯物主义的唯一道路——"神即实在界"。我们只有经由神的不自洽，才能接近实在界。任何"直接的"唯物论都会陷入本体论陷阱。

这不同样适用于奇点问题吗？有人会主张对奇点进行犬儒式解读：为了不在直接共享经验这一集体空间中窒息，主体将"利用"我们日常交往过程中身为自由个体的幻觉，然后去玩那个维持我们俗常实在的游戏，仿佛游戏本身就是真相。我们在这儿陡然发现了类似于《黑客帝国》(The Matrix)结尾处的那种模棱两可性：电影的最后场景是，尼奥宣布人类从矩阵中解放了出来——但是这种解放相当模棱两可。出于尼奥的干涉，矩阵中产生了"系统性失败"。同时，尼奥宛如一位救世主，他向依旧困于矩阵当中的人民发言，他将教会他们如何摆脱矩阵的束缚，自己解放自己——他们将会打破物理规律，掰弯金属，飞翔在空中……然而，问题在于，所有这些"奇迹"之所以可能发生，只是因为我们依旧处在虚拟现实当中，正是矩阵维持着这一现实。我们仅仅是扭曲或改变了矩阵的规则而已，我们"真实"的地位依然是矩阵的奴隶，仿佛仅仅是获得了一些改变自身精神牢狱规则的附属性力量而已。为什么尼奥没有提议完全离开矩阵，进入寻常现实呢？我们在那种现实里只是破毁大地之上的可悲生物。因为，正如他从墨菲斯那里获得的领悟，这一悲惨的现实并不是实在界。矩阵当然就是拉康所谓的"大他者"，即虚拟象征秩序的一种隐喻，它是一个网络，为我们构造出实在。这一"大他者"维度，就是身处象征秩序之中的主体构成性异化的维度：大他者在幕后操纵，主体并没有说话，象征结构"言说"了他。《黑客帝国》的悖论、那一"无限判断"表现为两个相互依存的方面：所有实在都是人工性的（有着被构造出来的本性），以及身体以胜利的姿态回归——意思是其中的慢动作打斗就像跳芭蕾一般，同时也就违反了一般的物理规律。令人吃惊的是,就实在界与实在之间的区分而言,《黑客帝国》所表现的要比我们预想得更准确。墨菲斯那句名言"欢迎来到实在界的荒漠",并不是指外在于矩阵的现实世界,而是指矩阵本身,那个纯粹的形式化的数字宇宙。当墨菲斯让尼奥直面毁灭了的芝加哥形象时,他只是简单地说:"这就是现实世界!"这就是大灾难之后留存下来的实在,外在于矩阵的实在。然而,"实在界的荒漠"指向了纯粹形式化的数字宇宙的灰暗之境。正是这一宇宙制造出了陷入矩阵当中的人类所拥有的"经验财富"——当然这些经验都是虚假的。

因此,我们的解决之道并不是摧毁大他者,而是拉康所谓异化的对应方——分离(separation)。在《黑客帝国》最后,尼奥似乎在传授一种"应变之道"(savoir faire),也就是利用矩阵而非在矩阵中异化。用拉康的术语来说,这不正意味着"分离"吗?这就是拉康自己使用"分离"一词的意思吗?不!分离的基本含义是,大他者与自身分割开来。正如我们已经在基督教那里获得的启发,分离意味着那道将我们同上帝分割开来的裂隙,也就是将上帝同他自身分割开来的裂隙。没有人——不管是我们人类还是上帝——在此能够享有一种犬儒操纵者的位置。正与之相反,分离意味着,整个宇宙都是彻底无法自洽的,是混沌的,因为并不存在那个在幕后操纵的控制者。

若讲到奇点,这种操作还能同样施行吗?我们在这儿的出发点应该是奇点自身内在的不自洽性吗?为什么我们会自动地将通达奇点想象为融入庞大的独异领域?为何奇点领域不能是一个满是冲突、不能自洽的空间呢?当然,针对冲突性的奇点展开思辨尚为时过早,不过,我们至少应该引出这样一种可能性:共享经验层面是矛盾的、无法自洽的,这些经验会将个体间的矛盾冲突转换为直接的集体经验形式之间的矛盾。或许,这就是我们以分离来克服自身在奇点中异化的方式:把自己开放给内在的不自洽性和矛盾冲突——而不自洽和矛盾贯穿了奇点本身。因此,再重复一次,分离不是犬儒游戏,仿佛主体可以选择性地玩弄奇点的某些部分,从而免于它的宰制(回想一下马斯克的描述——如何将大脑同共享经验空间连接起来以及如何与之断开连接;与此描述形成对照,应该强调,我们多半无法意识到自己融入了奇点)。分离意味着,当我终究会暴露在奇点空间当中时,我能意识到,奇点并不是一个独异的能动者,仿佛它控制着整个游戏;而是一个无法自洽的空间,自相矛盾贯穿了它,其中充满着种种故障和差错。

康托尔揭穿了唯心主义关于单一无限性的神话,且引出了诸多不自洽无限性(multiple inconsistent infinities)这一唯物主义论题,可以说是在数学领域闹了革命(作为一位虔诚的天主教徒,他拼命想要消除自己施加给宗教观念——神圣无限的太一——的伤害,他的方式是想象一种不可量化的无限"一",它能够涵括数的无限性这一"多")。或许,我们如今应该对奇点做同样的事:去揭露单一的奇点概念是一种神的新形态,并引入不自洽和矛盾的多重奇点。因此,相比于构思大写奇点这一宏大设计,思考一下针对具体任务而创造出的特殊"后人类"类型,才是更加符合现实的做法——比如,那些可以长期忍耐艰苦战斗任务的士兵,据我所知已经"被制造出来了"。

让我们再花一点时间,回到已经提及的共享"性"经验这一前景上来吧。它的性倒错版本,并不是与相隔甚远的另一个人一起体验(比如一个亲密的朋友允许我分享他/她做爱时的体验),而是在我和自己的性伴侣做爱时,共享我们的体验,直接体验到我的性行为对我的伴侣所造成的效果——这不正等同于主体-客体同一性的性化版本吗?这个例子使我们直面了这样一项议题:共享经验可能处在矛盾与冲突之中。让我们设想这样一个更糟糕的案例:我是个施虐狂,而且能够共享我所施虐对象的体验。这样的话,我还能将这种体验整合进我自己的经验,并将它用作我变态快感的额外资源吗("好棒!我可以感受到受害者如何受折磨!")?抑或是,两种经验的冲撞会导致某种崩溃?这种多重经验之间的交叠类型,很像量子物理学称之为"叠加"(superposition)的状态(只有在量子振荡的虚拟空间里,才可能产生重叠)。① 它无法发生在我们的现实中(同理,在我们的现实里,声名远扬的薛定谔之猫无法既是活的又是死的)。

然而,倘若奇点的铸造将不会依据单一的自我意识呢?倘若将要出现的是一个破碎的空间,向各不相同的、无法自洽的甚至"矛盾"的经验开放呢?回想一下青年人对待父亲模棱两可的姿态:倘若奇点不仅能够肩并肩地包容爱与恨,而且能够记录两者之间的冲突呢?回到我们那个与伴侣共享性爱体验的例子,倘若这能够让我体验到某人的快感和另一方的痛苦,同样,在极其剧烈的享受瞬间,我不仅体验到了快感**和**痛苦,而且还感觉到了自身痛苦*之中*的快感,那又会怎样呢?如果我们认真对待多重经验的交叠——它们无法被整合进一种绽出的"一"(ecstatic One),这

---

① 关于量子"叠加"的简明介绍,可以参看袁岚峰:《量子信息简话:给所有人的新科技革命读本》,合肥:中国科技大学出版社,2021。——译注

就意味着不存在单一的奇点,而只有共享经验那种无法自洽、相互矛盾的构造。出于结构上的理由,这些经验总是需要受到限制——如果限制伸展得太远,那么我的共享经验就会爆裂成一个噩梦。这就将我们再一次引向了权力问题:如果规约机制将决定我可以将哪些经验共享给别人,那么,谁来决定这一机制呢?两桩事情是确定的:(1)应该抛弃这种观念——我自己就能连接/断开我的大脑,并视之为乌托邦。(2)应该完全接受这样一个事实:在诸多心灵之间全盘建立连接,这并不发生在主体经验层面,而是发生在客体层面,比如,一个复杂的机器网络"读取"我的精神状态———种庞大的"共时性"集体经验只是一个危险的神话而已。

五、墮落使人如神

The Fall that Makes Us Like God

因此，我们的结论是，奇点无法遵守其神学诺言——将我们从堕落状态中拯救出来。一种可能的情况是，处于后人类状态的我们将进入另一个维度，在那儿，我们不再是"堕落的"，不再受限于自身的有限性。但是，这并不意味着我们能够在下述意义上得到拯救：即同某个被体验为神圣的维度再次统一起来。不过，这也并非意味着我们必须抛下神学主题——堕落的概念值得我们作一番细究。我们已经看到成熟时期的普拉东诺夫不得不在这一点上承认失败，而他的 toská 概念或可总结如下：意识到了《圣经》意义上的堕落，如艰辛的劳动、生儿育女……简言之，即普拉东诺夫所谓的劳碌命——我们都很熟悉《创世记》第三章里的那段描述：

女人回答[蛇]：这园子里随便什么果子我们都可以吃。只有园子中央那棵树结的，上帝说了：你们不要去吃，也不许碰，否则你们一定死掉！

死？你们怎么会死！蛇告诉女人：当然上帝不会不知，那果子一旦被你们吃了，你们就开了眼，就会像上帝一样，懂得辨善恶了。

女人望着那棵树上的果子，那么鲜美悦目，还能赐人智识！就忍不住摘下一个，吃了，又给身旁的丈夫一个。俩人一吃，眼就开了，发现自己光着身子。赶紧用无花果树叶编了块腰布遮羞。

傍晚,凉风中传来耶和华上帝走进园子的脚步声,他们忙往树丛里躲。耶和华上帝唤道:亚当何在?

亚当回答:听见你走进园子,我光着身子害怕,就躲起来了。

光着身子,谁告诉你的?耶和华问:莫非你吃了我不允许你吃的果子?

亚当道:是你放在我身旁的女人,她给我果子吃,我就吃了。

耶和华上帝便问女人:为什么?

女人回答:是蛇诱骗了我,我才吃的。①

上帝诅咒完蛇,又转向了女人:

接着,对女人说:
我要倍增你怀孕的苦,
分娩时越发痛不可忍!
然而你却要依恋丈夫,
要丈夫做你的主人。
最后,对亚当说:因为你听从妻子的言语,偷吃我明令禁食的果子——

因为你,这土地要受我诅咒!

---

① 中译见冯象译注:《摩西五经》,北京:生活·读书·新知三联书店,2013,第7—8页。——译注

> 从此你一辈子辛劳
> 才能勉强果腹。
> 遍野荆棘杂草,
> 是你谋食的去处。
> 汗流满面,才吃得上一口,
> 直到你复归大地;
> 因为你本是尘土所造,尘土
> 终是你的归宿。①

关于这些句子所包含的悖论已经谈得够多了,特别是那个最明显的:为什么上帝让亚当和夏娃服从一个实际上是被迫的选择? 这儿是格林布拉特(Stephen Greenblatt)关于这一悖论的解说,他甚至还提及了马斯克:

> 古代的评注者反复地问,为什么《创世记》故事里那个命令亚当和夏娃勿食善恶知识之树果实的上帝不做得更多一些,避免两人犯下这灾难性的违背之举。当然,造物主警告过他们,若违反他定下的禁忌,死亡就会随之而来。但是,最初的人类怎么可能理解死亡意味着什么? 为什么善恶知识之树伫立在伊甸园中央,而不是被锁起来——就如同我们将毒药(或核废料)锁起藏好那样? 而且,在人类获得善恶认知之前,天真地生活在伊甸园里的他们又如何能理解自己所作

---

① 中译见冯象译注:《摩西五经》,第8—9页。——译注

所为的道德意义呢？显然，亚当和夏娃对其行为的长期后果并不具备充分的认知。而上帝本可以将这一认知植入他们的头脑，这要比埃隆·马斯克把芯片植入人的头脑简单得多，但显然他并没有选择这样做。①

  对于我们的研讨目标来说，更为关键的是知识的悖论：蛇告诉夏娃，吃了不许碰的树上的果子，"就会像上帝一样，懂得辨善恶了"。正如黑格尔注意到的那样，蛇并没有说谎——上帝立刻确认了这一点，他评论道，亚当和夏娃如今已变得"跟我们相差无几"了（暂且忽略这里颇为神秘的神的复数形式）。那么，吃了带来知识与神性的果子，又是如何将最初的人类抛进必朽生命和愚昧无知这一悲惨局面之中的呢？自然，标准解释是：通过强加给他们艰难的选择——虽说极具偏见，上帝却将自由赠予了最初的人类，使他们意识到在善恶之间作出选择的责任。甚至限制知识也服务于这个目的：如果我们拥有完备的知识，如果某种情况的所有细节都能在脑海里清晰地呈现出来，选择将变得很容易。然而，正是我们不得不在晦暗的情境中作出决断，才使道德选择变得艰难，在此我们背负了决断的沉重负担。……格林布拉特为这一论断提供了简明版，让我们继续引述之前那篇文章：

    事实上，所有早期释经者都同意，造物主不想拿走

---

  ① 转引自 www.theguardian.com/commentisfree/2018/dec/23/elon-musk-neuralink-chip-brain-implants-humanity。

人类选择的自由,从而危及人类的本质属性,即使这一自由会成为麻烦和苦难的根源。如果亚当和夏娃知道自己的行动所能导致的一切情况,如果他们能够进行无法想象的大范围谋算,用莎士比亚的话来说,这能让他们抓到"一瞬间的未来"——那么,他们本可以避免犯下那个灾难性的错误。《创世记》的故事表明,这就将以人性为代价。……这个故事并不是在赞赏无知或无能。这儿终究存在一则鲜明的警示,虽然对于最初的人类来说,想要正确地解释它会显得无比困难,而这一宿命般的选择所造成的后果显然又可怕至极。但是,《圣经》既没有将人类再现为自动装置(automata)——上帝的奴仆,也没有将之再现为奇迹般的先知,拥有所有知识——必然作出正确决定所需要的知识。①

然而,那个核心之谜依旧存在:道德(懂得辨善恶,并依此来行动)究竟以何种方式意味着无知(或,至少可以说,暗示着知识的根本限度)?直面这一议题并且给出唯一后续答案的哲学家,正是康德。当康德说他减缩知识领域,为的是给宗教信仰留出地盘时,我们最好是在字面上来理解他的话,这是一种彻底反斯宾诺莎的方式:在康德看来,斯宾诺莎的立场对于主体来说是一个噩梦,他成了傀儡(牵线木偶)。作为一种主体性态度,傀儡到底

---

① 转引自 www.theguardian.com/commentisfree/2018/dec/23/elon-musk-neuralink-chip-brain-implants-humanity。

代表着什么呢？在康德那里,我们会发现,"傀儡"一语出现在《实践理性批判》的一个小节"人类认识能力与人类实践决定的明慧比配"中。他竭力在回应这样一个问题,如果我们得以进入本体领域,接触到**物自体**(Ding an sich),将会发生什么:

> 但是,道德意向现在不得不与禀好斗争,在这场斗争中几经失败之后,心灵的道德力量就会逐渐养成,**上帝**和**永恒**就会以它们**令人生畏的威严**取代这种斗争,而持续不断地立在我们**眼前**。……大多数合乎法则的行为就会因畏惧而发生,仅有少数合乎法则的行为会因希望而发生,而根本没有合乎法则的行为会因职责而发生;可是,在至上智慧眼中,唯一维系个人价值乃至世界价值的行为的道德价值,就根本不会实存了。只要人类的本性维持它现在的所是,那么人类的举止就会变成单纯的机械作用,在那里就如在傀儡戏里一样,一切**表演**得惟妙惟肖,但是在人物形象里面不会遇见**任何生命**。①

因此,对康德来说,直接进入本体领域将会夺走我们真正的"自发性"——而正是自发性构成先验自由的内核。这将把我们

---

① Immanuel Kant, *Critique of Practical Reason*, London: Macmillan, 1956, pp. 152-153.

[中译见康德:《实践理性批判》,韩水法译,北京:商务印书馆,1999,第160—161页。——译注]

转变成无生命的自动装置,或者用今天的话来说,变成"能思考的机器"。在奇点前景里,这一情况不正将得以实现吗？我们不应该对神经连接的前景弃之不顾,不应视之为另一个关于"本体"的科学研究方案,鄙夷地认为它充斥着非本真的哲学旨趣。因为它实际上提供了某种新且前所未见的东西,挑战着我们生而为人的地位,即在现实(经验)中克服我们的有限性/性/内嵌于象征界。进入这别一种奇点维度,成了一个简单的实证性事实,而不是某种崇高的内心体验。对于我们的主体性以及自我经验来说,这意味着什么？我们能够设想这样一种自我觉知(self-awareness)的形态吗？它漂浮在奇点空间无我的层面上？奇点空间里不再有独一无二自我的位置。如此一来,便出现了这样一种可能性:奇点中的自我之命数,与佛教开悟之间建立了一种平行性,在后者那里,自我直接在经验上假定了自身的空幻。这样一种开悟意识不再是自我意识:我不再将自己体认为自身能展开思维活动的能动者,"我"的意识只是无我体系的直接意识,一种无我之智的意识。然而,佛教开悟和奇点其实并不一样:在奇点中,我无法拉开同自身感情、体验之间的距离,我无法与"空"即相之真理合一。正相反,我充分沉浸在共享的情感空间和他人的体验之中。

就奇点中的主体性命运而言,尚有一种更为根本的忧惧。主体性的至深内核存在于一种独特的行动当中,费希特将之命名为"自我设定":每一主体都是绝对自主性的一个点。这就意味着,主体不可化约为因果网络中的一环——也可以说,主体性存在于一种自我关联的行动,黑格尔将其描述为"绝对的反推动"①。主体必须回溯性地"设定"自身存在的真正动因。因此,绝对的反推动这一封闭的自我指涉圆圈——其中,动因只是后果回溯性的结果——实际上就是我们在第一章里已经提及的那个著名的"自助自成"(bootstrapping)笑话的实现:骑着马陷在沼泽里的敏豪生男爵想要脱离困境,却只是扯着自己的头发往上提。在自然实在领域,此种自助之法显然根本不可能成功,它只是一种毫无意义的悖论,只能在笑话里流通。然而,"自助自成"不仅能够在精神领域发生,甚至可以说正是**这一**特征定义了精神。当然,这一自我设定圆环的物质基础是:"无物质,即无精神。"如果我们破坏了身体,精神也就消亡了。然而,精神的自我设定并不仅仅是某类"使用者幻觉";它有其现实性,有其现实效果。

正是在这个意义上,拉康声称精神分析治疗的结局是,主体

---

① "绝对的反推动"(absoluter Gegenstoss)出自黑格尔《逻辑学》,此一译法则出自杨一之:"反思运动便必须看作是自身中**绝对的反推动**。因为自身回归的事先建立——本质就从那样的东西里**出来**,尔后**才是**这种回归——只在回归本身之中。"见黑格尔《逻辑学》(下卷),第 18 页。此处齐泽克采用的英译是"absolute recoil",而剑桥大学出版社出版的黑格尔《逻辑学》新译本译为"absolute counter-repelling"。参看 G. W. F. Hegel, *The Science of Logic*, trans. and ed. by George Di Giovanni, Cambridge and New York: Cambridge University Press, 2010, p. 348。齐泽克在别处关于"绝对的反推动"有一个解释:它意味着彻底对立项之间的统一,行动显现为相反的行动。更准确地说,否定性的运动(丧失、后撤)本身产生出了它所"否定"的东西。参看 Slavoj Žižek, *Absolute Recoil: Toward a New Foundation of Dialectical Materialism*, London: Verso, 2014。——译注

准备将自身把握为自因(causa sui),即主体自己推动着自己。当然,主体的动因不是一种现实中的对象,而是**对象小 a**(*objet a*)、推动欲望的对象,它不具备实体性的实在——它是一种纯粹虚拟的 X,仅仅化身为欲望的空无。在欲望性的日常生活里,我们将**对象小 a** 拜物教化或物化了,也就是说,我们将它看作一种存在于欲望之前的真实动因,认为它才是我们欲望的动因。而在精神分析治疗的终点,主体意识到,主体的动因是其自身的(预先)设置,是由主体回溯设定的,原因其实是主体的行为后果——绝对的反推动悖论在这里得以实现,圆圈闭合了,效果设定了自己的原因。对于所谓"主体性的唯物论"派别来说(他们坚持认为,主体只是先于主体的物质过程所造成的效果而已,这一过程无法还原为主体的自我中介活动),这一闭合的圆圈是观念论的根本幻觉,即自因的幻觉,这一幻觉遮蔽了产生主体的去中心化过程。然而,从严格的拉康-黑格尔立场出发来看,此种"自因"不仅仅是一种思辨/观念论的幻觉;毋宁说它标示出实在界自身的一道切口,一种中断。只有当我们将实在定义为一种完整的因果性构造,即其中不存在任何裂隙与切口时,主体的自我设定才是"唯心主义"(或"观念论")的。这就是为何尼采在《善恶的彼岸》里用敏豪生来驳斥,其实是犯了双重错误:

> 要求"意志自由"……要求自己对自己的行为承担全部和最终责任……这类要求不是别的……竟想揪着自己的头发把自己从虚无的沼泽(aus dem Sumpf des

Nichts)中拉起来。①

尼采拒绝的是自我设定,即德国观念论对于主体的定义。可我们的主张是,也可以用唯物主义的方式来解释这一自我设定行为,虽说这一行为的结果往往极具悖论色彩。举一个新近的例子:一个印度人,拉斐尔·萨穆埃尔,因为父母生下了他而要起诉他们。这简直就是安德斯所谓"普罗米修斯之耻"的绝佳展示——被生出来,被抛在这个世界上,而不是自我铸造,这是一种耻辱。萨穆埃尔告诉人们,特别是那些印度儿童,他们一点都不亏欠自己的父母,他还声称,不征得孩子同意,就把他们送进诸如学校和求职市场这类体制里面,是完全错误的行为……②我们不该将萨穆埃尔的抱怨斥为愚蠢之举——此处有深刻的洞见,我们只需避免混淆经验层面与先验层面。从经验上说,我当然是"被抛在世界之上",我无法选择自己的身体,无法选择我自孩童起所接受的教育以及这种教育所植根的文化,等等。然而,要成为自己,必须存在一种先验的自我设定行为,即我必须以一种最低限度的能动方式设定我的主体性。而问题正在于:这样一种"绝对"行为在我们融入奇点之后还会存在吗?我最近读到一篇斯洛文

---

① 引自 www.marxists.org/reference/archive/nietzsche/1886/beyond-good-evil/。

[中译见尼采:《善恶的彼岸》,魏育青等译,上海:华东师范大学出版社,2016,第32—33页。——译注]

② 参看 https://in.mashable.com/culture/2054/indian-man-who-wants-to-sue-his-parents-for-giving-birth-to。

尼亚日报关于跨性别者的报道,文章的标题着实复制了这同一个悖论:"最终,我以我曾想要被生出来的那个身体活着了"——这就好像我出生之前,已经选择了自己的性别和身份,而生物性的命运根本没有尊重我的选择⋯⋯

这种无意识反思性的概念也解决了下述问题:赋予规范性秩序(为我们服从法则这一行为提供根据的,究竟是我们所服从的哪一种法则呢)或自我意识(我意识到我自己的意识时,我也意识到我意识到了这一点,由此无限推演)以根据时,所产生的无限回退。这一解决并不是费希特式的(在绝对自我那里,设定和被设定合一了,我设定自身为被设定的),虽然严格来说与之类似。这一解决就是这一自我设定行为——正如拉康所言,通过这一行为,主体就如自因一般行动——是无意识的,总已经是有意识自我作出的预设。黑格尔称这一自我设定的圆圈为"绝对的反推动":原因的效果回溯性地生产出了自身的原因。而要使这一"自我设定"具有唯物主义特征,关键就在于,与费希特"唯心主义"的自我设定相比,它具有一种挫败的结构。象征性表征的回路可以很好地说明这一点:主体努力去充分表征自身,这一表征失败了,而主体其实**就是**这一失败结出的果实。回忆一下上文提到的"休·格兰特悖论":男主人公想要向他所爱慕的人表达爱意,可他却支支吾吾,含含糊糊地重复着一些不着边际的话,但正是这一失败的表达用一种完美的方式传递出了他的爱意,这种方式让人们见证了他的真诚⋯⋯因此,主体并不仅仅被绝对反推动的反思性捕获,**它就是**这一反思性本身。

无意识的自我设定行为这一概念并非仅仅指向抽象的沉思——它能帮我们解决支配性的LGBT+意识形态内部的矛盾。

许多观察者都注意到,LGBT+意识形态张力表现为社会建构主义和(某类生物)决定论之间的拉扯。如果一个人在生物学意义上被确认/感知为男性,在心理经济中也感到自己是个男人,这会被认为是社会建构的结果。但是,如果一个人在生物学意义上被确认/感知为男性,却感到自己是个女人,则会被解读为一种迫切的需求,即不是单纯的任意构造,而是一种不接受任何谈判的深层认同。也就是说,如果这个人提出要求,那么变性外科手术必须跟进。据斯洛文尼亚媒体报道,卢布尔雅那有位"进步"的高中教师组织了一次活动,他带学生来到一个游泳池,要求他们互换着装(比如男孩子戴胸罩,等等)。这项试验的要点显然是向孩子们展示,性别认同不是一种生物性事实,而是由社会规范构造出来的。但是我要说,很难想象有比它更为粗暴、更加愚蠢的试验了!想象一下,学生中间有一个孩子,(生物学意义上)是男孩,却在心理上认为自己是个女孩,我很怀疑她/他是否会因为"在某一刻能够以符合自己真正认同的方式来穿戴打扮"这件事而感到轻松。难道这项试验没有提醒他这个事实吗——性别身份**不**只是他如何穿戴或诸如此类之事的结果?创伤性的换装(一个"女孩"被迫穿戴得像个男孩)就是他/她的日常生活!

沿着相同的路线,在挪威,幼儿园都会被告知,如果看到一个男孩和女孩一起玩耍,那就得支持他,玩洋娃娃等行为都应该得到鼓励。这样一来,他偶有闪现的女性心理认同就能清晰地表达出来。这种办法太过简单了。没错,心理上的性别认同是一种选择而非生物学事实;但这不是一种有意识的选择,主体无法像玩游戏一样加以重复和改变。毋宁说,它是一种无意识选择,先于主体的构造,它构成了主体性本身。这意味着,选择改变性别认同,会引发作出选择者的彻底改变。简言之,这一选择是无意识的自我设定行为的一个案例。

"堕落"则是这一无意识选择的神学名称。"堕落"指明了那道伤口(分离之伤、构成性的丧失之伤),正是它赋予了生而为人以有限和性化的特征。

马斯克(以及其他神经连接的支持者)想要在字面上治愈这道伤口:填充这道裂隙,让人变得如神一般,即赋予人类那些我们(迄今为止)体认为"神圣"的属性与能力,从而达成人与神的统一。使这一选项真正沾染创伤意味的是,它翻转了那道裂隙——正是后者将普通日常经验与如何走近神的崇高思辨划分开来。当某人说自己体验到了与神合一,一位现实主义者便会让他冷静下来:"别迷失在自己的梦里,要记得你仍旧只是立足在这片充斥着可悲事实的大地之上!"但是,由于有了奇点前景,回应这一"现实主义者"的看法就变得特别容易:"我们才是真正的现实主义者,我们能够为经验实在带来神圣的不朽性。正是你太过相信物质上的可衰朽性是我们存在不可逾越的界限,而跨过这道界限才是我的梦想——你依旧附着于古旧的实在概念,无视这一伟大的断裂!"

我们的赌注就在这里,在费希特和黑格尔看起来似乎完全过时、完全与我们当下状况无涉的地方。如果我们想要超越关于奇点前景的纯然幻想,真正去思考这里究竟发生了什么的话,就必须回到两人那里,更准确地说,回到黑格尔关于堕落的解读上。正如我们已经看到的那样,(某些)奇点的支持者以黑格尔的方式来解读奇点,视之为心灵和实在的最终和解,即治愈了堕落之伤。然而,这种解读和黑格尔关于堕落的解释完全不兼容。根据保罗的标准解读,上帝给人类带来了律法,为的是让他们意识到自己的原罪,甚至是让他们变得更加有罪,从而使他们觉察到寻求救赎的需要,而只有神圣的恩典才能带来救赎——然而,这种解读难道没有牵扯出一种诡异倒错的上帝观念?若要避免这种倒错性的解读,唯一的方式就是坚持(堕落与救赎)两种姿态的绝对同一性。上帝并不是为了创造出救赎的需要而**先**把我们推向原罪,**然后**自己以麻烦的拯救者形象出现——其实正是他让我们陷入了麻烦。并不是救赎随堕落而来,而是堕落与救赎相同一,堕落已然"自在地"是救赎。也就是说,什么是"救赎"呢?爆发了自由,打破了自然的锁链——这正是堕落中发生的事。我们应该将基督教的堕落概念所具有的核心张力牢记在心:堕落("回退"到自然状态,成为激情的奴隶)与我们跌落下来的地方是**严格**同一的。

我们都知道瓦格纳《帕西法尔》(Richard Wagner, *Parsifal*)最后一幕的核心主旨——"只有造成伤口的矛才能治愈伤口"。黑格尔也说过类似的话,虽然所强调的重点变了一个方向:精神自身就是精神想要治愈的创伤,即这是自我施加伤害。"精神"最最基本的面向究竟为何?——是自然的"创伤"。主体是无边的——绝对的——否定的力量。这种力量为给定的、直接的实体统一体带来了裂隙/切口。这是区分的力量,"抽象"的力量,"撕裂"的力量,并将有机统一体之一部分的实在视为独立自主。这就是为何精神"自我异化"的观念(精神在他者、对象化以及种种后果中丧失了自己)比它所表现出的那一面要更具悖论性:要理解这一点,我们应该同时来读一读黑格尔那个主张——精神是彻底非实体性的:精神的领域中,没有思维着的物(res coitans),没有(从本性上说)也是在思维的物,精神只不过是克服自然直接性的过程,即对这种直接性施加教养,撤回自身或"离开"自身——为什么不是呢——从自身异化的过程。因此,这里的悖论就是,不存在先于精神"自我异化"的自我:正是异化的进程创造出/产生了"自我",精神则从这个"自我"那里异化出去,并向着它回归。[黑格尔在此翻转了这样一种标准观念,即 X 的失败版本预设了 X 为规范(尺度):只有通过一次次接近 X 却一次次失败,X 才被创造出来,它的空间才被勾勒出来。]精神的自我异化,同精神从其他者(自然)那里异化是一件事,两者完全相符。因为精神从浸没于自然这一他者状态中"回归自身",由此构造了自身。换句话说,精神回归自身,创造出了它真正回归的那个维度。(这对于所有"回归起源"举动来说都是适用的:19 世纪以降,新的民族国家在中欧、东欧纷纷建立;发现并回归"古老的族裔之根"的过程,恰恰产生了这些"根"。)这里的意思是说,"否定之否定",从异化状态"回归自身",并没有在它看上去会发生的地方发生:在"否定之否定"中,精神的否定性并没有被相对化,没有被纳入一种包容性的肯定性。反而是"单纯的否定"依旧与它所否定的预设的肯定性(即它所预设的他者,精神从中异化出来)如影随形。"否定之否定"无非就是对于这一他者本身的实体特质加以否定,即完全接受了精神自我关联的深渊,而正是这一深渊回溯性地设定了所有精神的假定。换言之,一旦我们置身于否定性当中,我们就永远无法离开,无法重获遗失了的纯洁起源。反过来说,只有在"否定之否定"中,起源才真的离我们而去。恰恰是起源的丧失也丧失了。起源被剥夺了遗失之物的实体性状态。精神不是采用直接治疗的方法来治愈自己的伤口,治愈的要义在于,它摆脱了那个被划开伤口却曾经充实、健全的身体。正是在这个意义上,黑格尔才说:"精神的创伤已经愈合,没有留下任何伤痕。"①这句话的要点并不是精神以回溯性的扬弃这一魔术操作完美地治愈了自己的创伤,乃至伤疤全都消失了;而是说,在辩证进程中发生了视角变换,这就使创伤显现为自身的对立面——如果换一个角度来看,创伤本身就是自己的疗救之法。一旦关涉自我意识即思维主体,极其针锋相对的对立面便统一了起来:

> 恶之存在抽象地叫作自我**分离**;分离,即自身同普遍者分开;这即是理性者、法则、对精神的诸规定。然而,随着此分离就产生了自为存在,且首先是普遍者、精神者、法则、应有者。因此,考察与恶之间并没有一种外在的关系,而是**考察本身即是恶**。②

这就将我们引向了《创世记》:堕落的故事说的不是同样的事情吗?蛇向亚当和夏娃承诺,吃了知识之树的果实,**他们**就将如上帝一般。而在两人这么做之后,上帝说:"看哪,人已经变得跟

---

① G. W. F. Hegel, *Phenomenology of Spirit*, Oxford: Oxford University Press, 1977, p. 407.

[此处原注中米勒译本页码(p. 129)标注有误,已更正。中译见黑格尔:《精神现象学》,先刚译,第412页。——译注]

② G. W. F. Hegel, *Vorlesungen ueber die Philosophie der Religion II*, Frankfurt: Suhrkamp Verlag, 1969, p. 206.

[中译见黑格尔:"黑格尔著作集"第17卷《宗教哲学讲演录Ⅱ》,燕宏远、张松、郭成译,北京:人民出版社,2015,第193页。——译注]

我们相差无几。"(《创世记》3:22)①黑格尔评论道:"蛇并未说谎;上帝证实了它的话。"②接着他拒斥了上帝所言仅为反讽的看法:"认识是精神性准则……但它也是治愈分离之伤害的准则。实际上,在认识的这一准则中,**神性的准则**也被设定出来。"③这里的关键是跟从黑格尔整个推论的线索,别放过他那个特别大胆的看法;解读这一段落的同时,也关注另一个地方——他认为主观知识不仅仅为选择善或恶提供了可能性,它也是这样一种认识,即"考察或认识使人变恶,于是它就是恶,而且作为恶之源的这种认识不应存在"④。简单来说,正是堕入(恶),我们才拥有了神性;因为思维同时是恶与和解。黑格尔的意思非常清楚:思维不仅开放出了在善恶之间进行选择的可能,而且它本身就是恶,因为它所蕴含的反思性使之与直接的实体统一体拉开了距离——我们一思考,我们就是在进行抽象,撕裂了所思考的对象这个统一体。同时,思维所隐含的反思性距离也意味着自由(我们在思想中是自由的——至少从形式上看是这样的)。

如何理解黑格尔《精神现象学》里关于恶的名言,上文提供了路径。黑格尔认为,恶即凝视本身,它把周遭一切都感知为恶:这种凝视看到了恶,就会把自己从社会整体中排除出来,从而对之

---

① 冯象译注:《摩西五经》,第9页。——译注
② "黑格尔著作集"第17卷《宗教哲学讲演录Ⅱ》,第194页。——译注
③ G. W. F. Hegel, *Vorlesungen ueber die Philosophie der Religion II*, p. 207.
[中译见前引译本第194页。——译注]
④ Op. cit., p. 205.
[中译见前引译本第193页。——译注]

展开批判。这种排除行为正是恶的形式特征。黑格尔的要义是，只有经由这一原初的/构成性的恶之选择，作为责任的善才可能出现：我们只有选择了恶，才能体验到善，才能对自身所处情境彻头彻尾的不充分性有所察觉。

虽然黑格尔关于《创世记》的解读极具开创性，但应该说它在两个（相互关联在一起的）论题上有缺陷。这并不是说他是自己那个时代的囚徒，因而遗漏了某些维度——原因其实更具悖论性，在体现其短处的两个案例里，黑格尔不够黑格尔，他没能在这儿给出一种真正黑格尔式的旋动。首先，当黑格尔分析恶人的特征时，他将恶化约为对立于普遍性的特殊性（天生的利己主义、自私行为……）。由此也就可以理解，为何黑格尔会指出，每一个保持自洽的恶的形象不得不展示出某些善的特征。不难预料，黑格尔会提及弥尔顿《失乐园》(John Milton, *Paradise Lost*)里的恶魔，这一形象显然拥有极为强大的个人能力，同时追寻着他所认为具有深刻伦理含义的方案……但在这一点上，难道不是谢林（在他的《论人类自由的本质》里）提出了更为深刻的看法吗？他将恶解码为一种原则性的（康德意义上的"非病理性"）立场，因此本身就具有激进的精神品质。① 真正的

---

① 海德格尔关于谢林此种"恶的形而上学"有着精微的解释："单独意志与普全意志这两种原则的纽带在人类之中是某种自由的纽带，而不像在神之中那样是必然的纽带。人类之中的单独意志，**作为精神性的单独意志**，乃是某种被提升到自然之上的，而不是仅仅作为工具服务于普全意志的单独意志。但这两种原则的这种属于人类存在之本质的可割裂性不是别的，正是恶的可能性条件。……私己意志能够**自行**提升到一切之上，并且仅从自身出发意愿去规定诸原则的一体性。这种能够就是致恶的能力。"海德格尔：《谢林论人类自由的本质》，王丁、李阳译，北京：商务印书馆，2018，第283页。——译注

恶与特殊的利己主义以及自私自利的旨趣无关,恶是一种肯定性的精神方案,人们甚至会为之牺牲性命(正如纳粹党为了消灭犹太人所做的一切)。如果黑格尔与自己的思想核心充分保持一致,他甚至就该说善本身无非就是普遍化的恶,这种恶赢了对手,获得了普遍性的地位。这里也包含了黑格尔对于抽象普遍性的批评:对他来说,法国大革命时期的革命派在造成大恐怖的时候是恶的。因为他们是彻底讲原则的人,无情地追求着一种排除所有特殊内容的普遍性。当特殊内容与普遍性无法和解的时候,"抽象的"普遍性才是更有罪的一方。

对于我们大多数人来说,完全承认一种彻底的伦理缺失,即承认存在真正的恶人,是颇为困难的。2019年9月,格蕾塔·通贝里①在联合国大会上对各国领导人说:"不过,不管我多么沮丧和生气,我还是不愿意相信这一点,如果你们真的理解我们的状况并且依然继续不采取行动,那你们就是恶的。我拒绝相信这一点。"②或许她不应该不相信,而应该简单地接受他们**就是**恶的这个事实。③ 有的时候,这样的时刻会到来的,我们应该放弃那个信念——我们的对手虽然走错了路,但他们依然完全是人,跟我们一样追寻着某个目标。但倘若我们正在打交道的是真正的敌人、

---

① 出生于2003年的格蕾塔·通贝里(Greta Thunberg)是来自瑞典的环保激进分子。——译注

② 引自 https://news.yahoo.com/dare-greta-thunberg-asks-world-leaders-un-152546818.html。

③ 我在洛杉矶时从戴夫·哈尔威利茨(Dave Harvilicz)那里了解到了这个说法。

真正邪恶的敌人呢？

这就将我们引向了黑格尔的第二个限度,对我们的关切点来说,它甚至更为重要。当黑格尔认为恶的特征即 Entzweiung、分离、绝对者的自我区分时,他(关于堕落的解读)暗中无视了一个关键事实,即当绝对者对立于"堕落的"特殊性时,真正有罪且该负责的一方是绝对者自身。回到堕落的故事:黑格尔本该说的(这显然依循他思想的内在逻辑)是,这整件事里真正罪恶的人物是上帝自己。他迫使最初的人类陷入堕落。更为恶劣的是,上帝并没有正大光明地这么做,仿佛将责任撇得一干二净,表现得就好像是人类"自由"的决断造成了堕落……这就是为何基督教在耶稣被钉上十字架这一场景中抵达顶峰。其中,**分离**(对黑格尔来说它从形式上定义了恶)直接且清晰地发生了一种转移:从神与人之间的分裂,变为上帝自身的分裂。上帝自己一分为二(伴随着那句可怕的陈述:"我的上帝,我的上帝,你为何抛弃我?")。针对这种裂隙的置换——分离神与人的裂隙转变为神与自身相分离的裂隙,黑格尔使用的范畴是不一致(Ungleichheit/disparity)。这个术语在《精神现象学》"序言"的一个核心段落里出现了三次。在这一段落里,黑格尔为"实体即主体"提供了最为简明的解释:

> 实体和自我之间的不一致就是它们的差别,就是一般意义上的**否定性事物**。这个东西有可能被看作是实体和自我的**缺陷**,但实际上却是它们的灵魂或推动者。正因如此,某些古人把**虚空**理解为推动者,因为他们虽然认识到推动者是一个**否定性事物**,但还没有认识到这

个东西就是自主体——如果说这个否定性事物首先表现为自我与对象之间的不一致,那么它同样也是实体自己与自己的不一致。那个看起来好像在实体之外发生并针对着实体的行为,是实体固有的一种活动,而实体表明自己在本质上是一个主体。①

关键之处在于最后的反转:主体和实体之间不一致,同时是实体与自己不一致——或者用拉康的话来说,不一致的意思是,主体的缺失同时是大他者内部的缺失;实体无法达成与自身完全同一时,主体就出现了。此时,实体自身"被打上了杠",被固有的不可能性或对抗贯穿。简言之,主体在认识论上的无知,以及无法充分理解与之相对立的实体性内容,这些同时指示出实体性内容自身的限度/挫败/缺失。基督教神学革命的核心维度亦在此处:人疏异于神这一状况必然投射/转移回神自身,即神疏异于自身(神圣出空②观念的思辨内容便体现在此处)——这是黑格尔那一洞见的基督教版本,即主体与实体之间的不一致如何表明实体自身存在不一致。这也就解释了为何基督教建立人神统一的

---

① G. W. F. Hegel, *Phenomenology of Spirit*, p. 21.
[中译见黑格尔:《精神现象学》,先刚译,第23页。——译注]
② "出空"(kenosis),即耶稣选择放弃自己的神性,倒空自己。此处"出空"译法参照了冯象所译《新约》。原文见《新约·腓立比书》:"愿你们心里想的跟基督一样:他虽有上帝的形象,却并没有把等同于上帝当作夺来的资格不放(harpagmos 解作神性荣耀或永生);相反,他出空了自己(降世为人子,受难赎罪),取一个奴隶形象,诞作人的模样。"冯象译注:《新约》,第421页。——译注

方式与其他宗教有着根本差别。在后者那里,人必须奋力克服他那一离开了神的堕落状态,其方式是竭尽所能涤尽物质性的污秽,将自己抬升到可以取悦神的地位。与之相反,基督教的神以**某种方式重复了亚当夏娃的堕落,将之施加于自身**:他离开了自身,堕落了,他成了有限的、必有一死的人类,他被神抛弃了(体现为基督在十字架上哀号的形象:"我的上帝,我的上帝,你为何抛弃我?")。而人类只能凭借认同于这样一位上帝——这个自己放弃了自己的上帝,才可实现与神统一。

黑格尔在他关于《创世记》的解读中再一次忽略了这一方面:他仅仅谈及人分离于神,却没提到神与人之间的和解也是(甚至原初就是)**神与自身**的和解——只有通过与人类和解,神才真正成为神(在神这一概念真正具备具体普遍性的意义上)。因此,神与人之间的和解,是促使神变得自在-自为的关键事件。……不过,黑格尔的主要洞见依然充分有效且十分中肯:对他来说,我们人类要实现不朽和无限,不能采用解除堕落的方式,即以某种方法摆脱有限的身体实存所造成的障碍,向另一个更高级的实在维度迁移。我们所能做的,是与(显现为)障碍(之物)和解,坦然接受下述事实:正是这一"障碍"在维持它所针对的空间。障碍在此起着关键作用。和解不是去克服障碍,而是肯定它的积极作用。

这意味着在政治和社会变化层面,我们应该完全放弃从当下趋势中推导出某个非异化未来——这种思维方式("我们如今处在极致异化这一生死攸关的时刻,可能性在我们面前敞开,我们得以成为克服异化的行动者"这样的逻辑)对黑格尔来说完全是陌生的。他不断强调克服异化有着一种回溯的本性:我们要克服异化,需意识到我们已然克服了异化。换言之,克服异化的过程中什么都没有"真正改变",我们只是改变了自己的视角,然后洞察到显现为异化的东西其实就是消除异化的内在条件。正是在这个意义上,黑格尔在"小逻辑"(《哲学全书第一部分·逻辑学》)里提出了自己的"真理源自误认"(la vérité surgit de la méprise)版本,即以一种充满歧义的方式断定"真理只有从错误中才能产生":

> 在有限事物中,我们不可能体察到或看出目的是真正达到的。所以,无限目的的实现不过是扬弃那种以为目的尚未实现的错觉。善、绝对的善在世界上永恒地实现着自身,其结果是善已经自在自为地实现,而用不着期待我们。我们就是生活在这种错觉中,但这种错觉同时也是一种推动力量,而我们对世界抱有的兴趣是建立在这种力量上面的。理念在其发展过程里自己造成这种错觉,设定一种与自身对立的他物,而理念的行动就在于扬弃这种错觉。只有从这种错误中才产生出真理来,而且在这里包含着真理与错误、无限性与有限性的和解。得到扬弃的异在或错误,本身就是达到真理的一个必要环节,只有真理把自己当作自己固有的结果,真理才存在。①

---

① G. W. F. Hegel, *Encyclopedia of the Philosophical Sciences*, Part I: *Logic*, Oxford: Oxford University Press, 1982, p. 286(§212).

[中译见黑格尔:《哲学全书第一部分·逻辑学》,梁志学译,第341页。——译注]

简单说,终极错觉其实指的是看不到自己已经获得了他所追求之物,譬如基督的门徒都在等着基督"真实"地复活,却没看到这一事实:他们整个集体已经是圣灵了,基督已然活着归来了。要理解这一必然的幻觉进程,我们必须更加细致地考察此处蕴含的时间构造。就举一个(也许可算)令人惊异的案例吧——一个歌剧世界的事例。在多尼采蒂①的杰作《爱的甘醇》(*L'elisir d'amore*)第一幕结尾,有一个乐段以音乐的方式示范了黑格尔的Aufhebung("扬弃",或以回溯的方式重新设定)。这部歌剧大体上可以说是伴之以歌队的三重唱。三角恋爱关系表现为:美丽而富有的庄园主阿狄娜、深爱着阿狄娜的傻小子内莫里诺,以及傲慢而自夸的军官贝尔科雷——他想要迎娶阿狄娜。听闻阿狄娜准备和贝尔科雷结婚,内莫里诺当晚就找到了女主人公,乞求她推迟婚期。贝尔科雷则让他赶紧滚蛋:"谢天谢地,你个笨蛋/疯了/要不就是喝多了。/我本可以掐死你,把你撕成碎片/如果此刻你还是你本人的话。/所以我管住了自己的手脚/滚吧,蠢蛋,别让我再看见你。"没错! 当这段简单的交流被置入音乐当中,魔法就产生了:就是那句敏感的话——"滚吧,蠢蛋,别让我再看见你"(va via, buffone, ti ascondi a me)[可以译作"滚开,可怜的笨蛋"(casse toi, pauvre con)或"滚蛋,蠢驴"(fuck off, jerk)],首先以一种进犯性的方式被唱出,可随后却得到了重置,成了主导的爱的二重唱的背景。如此一来,在三重唱快结束的时候,平和与

---

① 多尼采蒂(Domenico Gaetano Maria Donizetti,1797—1848),意大利歌剧作曲家,他的作品能够代表意大利浪漫主义歌剧的成就。——译注

和解已然达成,虽说三位相关人物谁都没有认识到这一点。这里最让人感兴趣的是此种奇妙的中介性的时间,正如其形式所示,所涉人物都还在忙着斗争时,事情却已然定了下来……这不就是纯粹的福佑时刻吗？不是说不存在冲突,而是在此意义上如是说:正在上演的冲突已经置身于和解的空间之中。

我们亦能在充斥着政治风暴的时期遭遇此种中介性的时间。在得到大量国际支援的情况下,瓜伊多(Juan Guaido)宣称自己是委内瑞拉唯一的合法总统。这一行为触发了新一轮支持他的公开抗议活动,就在这一档口,他于2019年2月7日宣布:"他们(马杜罗政权)已经失败。今天,我们唯一的敌人只是畏惧。"可是,虽说瓜伊多声明大局已定,事情却远为复杂,情况不甚确定:马杜罗早就经常被斥责为"已死的人",可到目前为止却能挨过每一次危机。因此,描述此种情况的唯一正确方式是:**如果**最后瓜伊多赢了,马杜罗政权倒台,**那么**我们能(回过头来)说游戏其实早就结束了。一旦崩溃(偶然地)发生,我们就能说,它早已到来,而且它必然会发生。因此这种中介性的时期在两道切口之间延展。现实中的事物都是逐渐变化的,既存政权都是逐渐败落的,我们的行动则依据这一假设:从本质上看,政权已经败落,已然完结。在某一点上,这项假设在现实中得到了充分证明,现存秩序的确崩溃了。因而,"事物发生变化,是因为它们已然改变并丧失了本质性的真理"。这一逻辑必须由它明显的对立面来增补:事物在物质层面逐渐发生变化,这种变化十分隐蔽,就像致死的病毒在秘密传播。当冲突表面化时,潜伏的敌人已经完成了自己的工作,事实上战斗已然结束。关于启蒙反对传统宗教精神的斗争,黑格尔有一段经典论述:启蒙的纯粹识见是逐渐拓展的,就好像一阵芬芳的气息在开阔的空间里安静地蔓延或**扩散**。这是一种逐渐渗透式的感染,它并没有从一开始就让人注意到它是反对它所阿谀奉承的那个漠不相关的要素,而是不动声色地传播着,因此是不可抵挡的。直到感染扩散开来,那个原本对纯粹识见不理不问的**意识才发现它的存在**……所以,当意识注意到纯粹识见的存在时,后者已经扩散开了。那些针对着纯粹识见的斗争表明,感染已经发生。但这场斗争来得太迟了,任何用药都只会加重病情,因为病情已经深入精神性生命的膏肓……它现在是作为一个不可见的、隐蔽的精神,悄然地逐一穿过那些高贵的部分,并且很快彻底地控制了无意识的神像的全部内脏和全部关节,然后,"在**一个美好的早晨**,它用肘臂推了一下同伴,稀里!哗啦!神像倒在地上"。①

我们都熟悉那个经典卡通场景②:猫(《汤姆与杰瑞》里的汤姆)逼近了悬崖,但它继续朝前走,没意识到脚下空空。只有当它瞅了一眼脚下,瞥见深渊的时候,它才开始坠落。丧失了权威的政权,就像那只悬崖上的猫:若要倒台,须被提醒去瞅一瞅脚

---

① G. W. F. Hegel, *Phenomenology of Spirit*, pp. 331 – 332.
[原注页码(p.297)标注有误,此处已更正。中译见黑格尔:《精神现象学》,先刚译,第 336 页。——译注]

② 可能我的任何一本书都会至少提到这个形象一次。

下……不过,与此情况相对立的局面也同样成立:一个威权主义政权逼近最终的倒台,一般来说,它的瓦解会分成两步。在政权实际崩溃之前,会发生一次神秘的断裂事件:人们突然意识到游戏已然结束,所以他们单纯地不再害怕了。这不仅仅是说政权丧失了正当性,它施行权力本身也会被感知为一种无能的惊慌反应。雷扎德·卡普钦斯基的《伊朗王中王》①为霍梅尼革命提供了一种经典的说明。作者准确地抓住了这一断裂时刻:德黑兰街头,警察朝一位落单的示威者大喊,让他挪位,但他拒绝让步,随后这位感到尴尬的警察就撤退了。几小时之后,所有德黑兰人都知道发生了革命,虽然街道上武装冲突还在上演,但不知为何每个人都明白,一切结束了。

这种时间陷阱同样可以呈现(坠入)爱的特征。在亨利·詹姆斯(Henry James)的某篇小说里,男主人公这样谈论那位和他亲近的女性:"她已经爱上了我,但她还不知道。"这可以说是本雅明·里贝特(Benjamin Libet)那一著名的自由意志实验②的弗洛伊德对应物:在我们有意识地作出决定之前(比如说,动一动手指),相适合的神经过程已经发动了。这意味着我们有意识的决定只不过是注意到了已经在进行的事情,只不过是给既成事实添加一点多余的权威而已。对弗洛伊德来说,决定也是先于意识,

---

① 参看雷扎德·卡普钦斯基(Ryszard Kapuscinski):《伊朗王中王》(*Shah of Shahs*, New York: Vintage Books, 1992)。

② 1983年,本雅明·里贝特做了一项据称是对自由意志造成重大挑战的实验。他从中得出的结论是:人对自己的行为意识发生在要做出这一行为的心理信号产生之后。——译注

只不过,它不是一种纯粹的客观过程,而是一种无意识决定。弗洛伊德在这儿重新返回谢林那里。对后者来说,真正自由的决定也是无意识的。这解释了为何我们从来不能在当下(时间)陷入爱河:往往是经过非常漫长的秘密酝酿,我们会突然发觉自己(已经)爱上了对方。堕落(进爱情)从未发生——在某个特定时刻,它总是已经发生了。

换一种方式来说,自由并不是在你受难时施加抵抗的能力——这类抵抗源于本性。自由是当你受难时你却开始享受。2019年6月,大曼彻斯特区警察逮捕了一位叫作乔西·伯德兹的93岁老太太。尽管她没有犯罪,但被警察逮捕一次却是她的"临终愿望"。她的健康状况已经很不乐观,所以想在一切还没有太迟之前被捕,她想要被带进警局。如此一来,她就可以体验一下违反法律之后会发生什么了。① 如果存在自由行动的话,老太太的这一要求就是。

正是在这个层面上,我们可以讲明白萨特和拉康之间的区别。对萨特来说,根本的自由行为——主体借此"选择了自己",表述出了存在主义方案,而这一方案界定了主体的同一性。注意,这种自由行为是一种自我意识行为。对萨特来说,无意识是实体性的、物化的实体,某种在客观上规定我的东西。拉康的看法正与之相反,原初选择是无意识的,因为无意识并不是主体的实体性规定,而是最基本的反思性层面。在克里斯托弗·诺兰的《黑暗骑士》(Christopher Nolan, *The Dark Knight*)里,唯一代表真

---

① 参看 www.theguardian.com/uk-news/2019/jun/25/woman-93-arrested-as-a-dying-wish-after-being-good-all-her-life。

相的形象就是小丑,蝙蝠侠的对手,那个超级恶棍。他对哥谭市发动恐怖主义攻击,目的很清楚:只要蝙蝠侠摘下面具,揭穿自己的真实身份,小丑就停手。小丑想要揭露面具之下的真相,并且相信揭示真相会带来社会秩序的轰毁。可小丑到底是什么呢?他不是一个不戴面具的人,恰恰相反,他是一个完全认同于自己面具的人,他**即**面具——面具之下无物存在,没有"常人"。这就是为什么小丑没有任何背景故事,也缺乏任何清晰的动机。他跟不同人诉说自己伤疤的来历,但每次讲的故事都不一样,由此嘲弄着那个观念:他应该有某种驱动着他的深层创伤。这就是为何我觉得托德·菲利普斯的《小丑》(Todd Phillips, *Joker*, 2019)很成问题。它恰恰想要为小丑提供一种社会-心理起源,影片描绘出了小丑之所以成为小丑的创伤性事件。问题是,成百上千的年轻人成长在破碎的家庭,被同龄人欺辱,承受着如小丑一般的命运,但只有一个人"综合"了这种种状况,成了小丑。① 换句话说,没错,小丑是一系列病态境况的产物,但是,一旦小丑已经存在,我们只能回溯性地将这些境况描述为造成这一独特形象的原因。在一部早期的关于汉尼拔的小说里,认为汉尼拔食人的怪物特征是源于不幸的境况这个论断遭到了拒绝:"他没有遭遇什么,**他**自己生成了。"再一次,萨特和拉康之间的差别可以说是:萨特将人

---

① 当然,你也可以在相反的意义上解读《小丑》,从而声称,铸造出"小丑"这一主人公的行为是一种自主行为。他通过这一行为超越了他所身处的客观环境。他自己认同这一命运,但这种认同是一种自由行动,即他在这种行动中将自身设定为独特的主体性人物……然而,这种解读完全违背了这部电影的精神。

的生存这一原初选择解读为至高的自我意识行为;而对拉康来说,这其实是无意识的卓越之举。

  如此来看,无意识反思性应该得到详尽的探究,因为我们的假定是,正是无意识反思性指明了一种结构,它或许可以规避奇点的掌控。因此,我们将回到那个基本的哲学问题:是否存在一种生而为人的维度,即便我们完全融入奇点,这一维度依旧可以在原则上规避奇点?如果我们承认,自我意识对于奇点来说是透明的,这样一个维度又能具备何种模样呢?对于一个弗洛伊德派来说,解决方法就是,把紧紧扣住意识或觉知的那个焦点,调至无意识之上。

六、无意识的反思性

Reflexivity of the Unconscious

倘若我们融入奇点,我们的无意识将会发生什么状况?要恰当地进入这一问题,首先得廓清无意识概念。拉康曾态度鲜明地指出,弗洛伊德所谓的无意识并不是荣格的原型,不是这样一个实体性的领域,即主体存在的终极心理实在。无意识既不归属于存在的秩序,也不归属于非存在的秩序,而属于纯粹潜在性的虚拟空间。精神分析治疗过程中会产生转移现象,在此现象中,这一虚拟空间便得到了实现,它获得了(社会)实在性。也就是说,无意识在转移中得以实现,但转移并不是指接受精神分析者将他创伤性固着(traumatic fixations)的"深层"实在投射到他与精神分析师的现实关系上(我仿佛把精神分析师看作父亲,等等)。转移并不是某一场景的虚幻呈现,仿佛这个场景的真正位置在别处——在某人被压抑的记忆当中,在他的过往中。毋宁说,转移是这样一种现实,纯粹虚拟的无意识在此获得实现。让我在这儿完整地引用加布里埃尔·图比南巴关于无意识的描述,他十分准确地抓住了无意识的悖论状态:

> 拉康将弗洛伊德的转移定义提炼为这样一种论断:转移是"无意识实在的实现"(mise en acte[①]),这已远远闻名。然而,若不结合另外一处评论,我们就无法恰当地

[①] 字面意思为"执行"。

理解这一表述。前者进一步把握住了在临床环境里得以实现的"潜能"的特征:"无意识既不存在,也不是不存在,而是某种没有实现(non-realisé)的东西。"也就是说,确实如弗洛伊德所说,转移"实现了也就是呈现了患者隐秘而被遗忘的爱的冲动"。然而,拉康还补充了一条:这一人为的实在并不是某种更为自洽但却隐匿着的实在的替换物(这一替换往往表现得极不稳定),它也不是欲望满足的某种深层心理代表。毋宁说,无意识的实现指的是,它替换了某种永远无法从自洽的实在开始的东西:某种只能在临床环境中、人工条件下存在的东西。仿佛它不具备一种独立的存在,离开这一空间就无法普遍化。说无意识不存在,是错的,因为它在转移中实现了自身。但说它存在着,也可能是错的,因为它无法直接本体化,离不开特定的限制条件。另一种接近拉康评述的方式,就是认定:无意识形式的本体论状态并不是指另一种存在——能够产生于远离临床条件的环境里;而是一种有待存在的他者,以言说的"否定性增补"来发挥作用:临床环境里的言谈解释了某种固有的不变性,某种虚拟的增补,虽然它在某些人为的限定下是可以理解的,但却无法证实一种根本的因果决定关系,无意识仿佛独立于那个实现了它的空间……

　　与其将无意识视为某些形态的原因——我的言说在此溢出了我想说的东西,不如说,"言说对主体所产生的效果构造出了"无意识;对于自由联想施加人为限制,在这一限制下所作出的偶然联想构造出了无意识。准确来说,正因为无意识的形态首先是某种效果,它不具备独立的原因,所以拉康将无意识的状态定义为"非现实"(unreal):不是说无意识效果不是现实——无意识的显现绝对是可理解的,而是说,这些效果的原因不是现实。临床环境中缺席的原因不应被误解为某种外部因果原则。①

我们的问题于此再一次现身:神经连接抓得住**这种**无意识模式吗?即不是作为主体存在之实体基础的无意识,而是作为虚拟参考点的无意识?这种虚拟参考点仅仅是(或毋宁说,持续成为)一个缺席的参考点,它关乎的是效果。作为动因的无意识并非先于它所造成的后果,而恰恰是实现于效果之中。因而,无意识也可以说由效果回溯性地造成。这样一来,无意识就既不是原初的实在——比方说,我与父亲之间的创伤性关系,也不是我此时此刻与精神分析师的关系;而是纯粹的虚拟实体,它是第三种实体,它的空间介于两种现实实体之间,后两种实体则是我们所谓实在的一部分。当我拿多克托罗创作的《比利·巴斯盖特》②的两个版本——即小说原版和电影版——消磨时间时,我体验到了类似的东西。从根本上说,电影很失败,但却不乏有趣之处:它虽然失败,却能在观众心里召唤出一个幽灵——一本与之相比会显得更好的小说。可是,当你去读了那部电影所依据的小说,就会感到失望——它根本**不是**电影所唤出的那本小说,不是那本作为标

---

① 加布里埃尔·图比南巴:《精神分析的欲望》。
② 《比利·巴斯盖特》(Billy Bathgate)被认为是多克托罗最佳的小说之一,该书于1990年获得美国图书评论奖和福克纳文学奖。小说讲述了主人公比利·巴斯盖特成年后回顾他少年时进入黑帮的故事。——译注

准、衡量出电影失败的小说。失败的电影,失败的小说,这一重复造成了第三种要素,纯粹虚拟的要素:一本比两者都要棒的小说。德勒兹在《差异与重复》的一个核心段落里所描述的意思,正可以用这个案例来示范:

> 如果两个当前果真是前后相继的,并且在现实系列中隔着一段可变的距离,它们不如说是形成了**两个与具有另一个本性的潜能对象**(a virtual object)**相关的共存的现实系列**。潜能对象不断在这两个系列中循环、移置。……构成重复的方式并非从一个当前到另一个当前,而是在这些当前根据潜能对象(对象=X)形成的两个系列之间。①

---

① Deleuze, *Difference and Repetition*, New York: Columbia University Press, 1994, pp. 104 -105.

[中译见德勒兹:《差异与重复》,安靖译,上海:华东师范大学出版社,2019,第187页。关于"对象=X",《差异与重复》第184页有一条译注或可参考:"'对象=X'的概念是由康德在《纯粹理性批判》第一版先验演绎的第三综合——概念中认知的综合——中提出的:'我们将可以对我们有关一个一般对象的概念作出更为准确的规定了。一切表象作为表象都有自己的对象,并且本身又都能是另外一个表象的对象。现象是能够被直接给予我们的唯一的对象,而凡是在现象中直接与对象相关的就叫作直观。但现在,这些现象不是自在之物本身,而只是一些自身又有自己的对象的表象,而这一对象则不再能够被我们所直观,因而可以被称之为非经验性的即先验的对象,等于X(transzendentale Gegenstand =X)……'(康德:《纯粹理性批判》,邓晓芒译,杨祖陶校,北京:人民出版社,2004,第121页)不过,和上文提及的'图型论'中的四种时间视角一样,虽然德勒兹从康德那里借用了这个概念,但他却赋予了这个概念全新的意义。"——译注]

对《比利·巴斯盖特》这一案例来说,电影并没有"重复"它所依据的那本小说;毋宁说,电影和原著小说都"重复"了那一无法重复的虚拟 X——那本"真正"的小说。在实际存在的小说改编为电影的过程中,这一小说的"幽灵"诞生了。虚拟的参考点虽然是"非现实的"(unreal),但它在某种程度上要比现实更真:它是失败了的现实尝试的**绝对**参考点。那本"更好的"小说并不存在,可现实存在的作品都在重复它(当然,重复都宣告失败)。不存在的小说就是那种维持两者之间距离的东西、那种两者之间的中断,这就是它们的无意识。回到我们的论题,连接我们大脑的机器能够捕获这种虚拟环节吗? 如果这种环节既不属于存在的秩序,也不属于非-存在的秩序呢?

在舒曼的《谐谑曲》(Robert Schumann,"Humoresque")中,我们能在记录下来的曲谱里发现著名的"内在声音"(inner voice/innere Stimme),即钢琴演奏的上层五线谱(右手)和低层五线谱(左手)之间,有第三条音符线。这条不在场的音符线得以被构造出来,建立在下述事实之上:第一和第三级(即右手和左手的钢琴五线谱)并不直接联系在一起,也就是说,两者的关系并不是直接的镜像关系。因此,为了说明两者间的关系,就不得不(重新)构造出第三个中介层级即"虚拟"的层级(旋律线);而出于结构的理由,这条旋律线又是无法演奏的。显然,舒曼将这一缺席的旋律进程带向了某种荒谬的自我指涉境地。随后,在《谐谑曲》的同一个片段中,舒曼重复了一模一样的两个旋律线,将之现实地演奏了出来,然而这一次,曲谱里不再包含那第三条缺席的旋律线了,没有了内在声音——这里所缺失的,正是那条缺席的旋律线,也可以说,缺失的就是缺席本身。当音符完全是在重复先前那(缺席的)音符时,在它们会被现实地演奏出来的层面上,我们究竟是如何去演奏这些音符的呢?实际被演奏出来的音符被剥夺的恰恰是它们的缺席,被夺走了它们构成性的缺失。或者用《圣经》的话来说,它们丧失了它们永远无法拥有的东西。因此,一位真正的钢琴家或应拥有一种应变之才(savoir-faire),在演奏实际存在着的音符时需采取这样一种方式:能够辨识出与之相伴却无法演奏的"沉默",辨识出虚拟的音符或者说它们的缺席……这一状况与我们有意识的言谈十分符合,也就是说,虚拟的无意识链条会在有意识的言谈中发出回声。回忆一下弗洛伊德提到过的那个幻想——"一个正在挨打的孩子"①:这条位于中间的音符线,这条无法被演奏出来的旋律线,难道不正是完全符合于那个幻想的中间形式("我爸爸正在打我")吗?这个幻想也无法被体验到,而只是作为纯粹的虚拟构造发挥效能。

让我们再举一个这一"虚拟"系列中的例子。《俘虏国度》(*Captive State*,鲁伯特·瓦耶特执导,瓦耶特与埃丽卡·比尼编剧,2019)是部挺出色的科幻惊悚片。电影从 2019 年开始讲起,外星人在那一年侵略了地球,芝加哥因此戒严。九年后,全世界都已听命于侵略者,屈服于它们的统治。这些侵略者被称为"立法者",所有用来统治地球人的法律和规则都由它们制定。就在

---

① 弗洛伊德《"一个正在挨打的孩子":对于性倒错起源研究的一项贡献(1919)》的英译,可见詹姆斯·斯特拉奇(James Strachey)编译:《弗洛伊德精神分析作品全集》(*The Complete Psychological Works of Sigmund Freud*, London: Norton,1976),第 3643—3662 页。——译注

全球投降一年之后,外星人开始征召人类为它们建造合适的栖息地,选址在地底深处,四周竖起高墙,与城市其他区域隔离开来,因而被称为"封闭区"。高级政府官员也只有经过允许才能进入这一区域。"'新的立法者们'留在地穴中,与此同时,政府和执法部门里那些听话的叛徒对人们施行着暴君式的控制。绝大多数人类已经认可了外星法则带来的诸多显见好处(经济硬挺、失业率降低等)。电影呈现了一场歌颂外星人的盛典,配上了一首新的《共和国战歌》('The Battle Hymn of the Republic'),一个安抚侵略者的版本。这告诉我们,所有我们需要知道的只是:将羊群赶进畜栏是多么容易的事。"①我们不得不跳过这部好片的许多有趣特征(剧情大部分都发生在衰败的芝加哥郊区,那里到处都是贫穷的黑人男孩。虽说整件事发生在不远的将来,现实却奇妙而及时地倒退,因为立法者已经禁止了数字技术),而是聚焦于电影叙事所指明的两个层面:虚构的世界(又一个关于抵抗外星侵略的故事)显然影射的是我们的现实——非人的公司规则。然而,认为虚构的要素只是反映了我们的现实,这是错误的——两个层面之间存在着第三层。外星人统治着我们这一维度,并不只是我们现实的虚构版;毋宁说,它内在于这一现实本身,是后者的组成部分。我们这些陷入公司规则的个体,难道不是将这一点体验为某类外星力量吗?这些外星人居住在封闭区,仅仅通过我们中间的那些"叛徒"来对付我们。因此,在现实和(科幻)小说之间存在着虚构的成分,它构成了现实本身。

我们在《执鞭之手》(*The Whip Hand*,威廉·卡梅伦·孟席斯

---

① 引自 https://variety.com/2019/film/reviews/captive-statereview-1203164121/。

执导,1951)这部黑色电影杰作里同样可以看到这一三元结构。一场暴风雨淋透了一位正在北明尼苏达地区(靠近加拿大边界)休假的渔民。他不幸跌落触岩,不得不在当地小镇上寻求帮助,持续不退的头疼逼得他找医生。镇民们极其敷衍(那个由雷蒙·布尔饰演的旅店老板除外,他表面看来直率而滑稽,演员对之的演绎十分出色),他们接下来的举止则显得自相矛盾。似乎湖对岸小屋里有着诡异的事情正在上演——一位医生晚上造访了小屋,但不愿意谈论此事。最后真相大白,原来苏联人早已占领了整个小镇,把它变成了研究细菌战的中心……这部霍华德·修斯(1905—1976)监制的片子当然相当可笑,但要害在于,应该将它解读为"外星人入侵"这一标准主题的反身性颠倒。在20世纪50年代早期,"外星人入侵"公式(普通美国人因机缘巧合而身处某个小镇,逐渐察觉那个小镇已经被外星人控制)正是苏联人接管的寓言("外星人"代表苏联人)。而在这儿,寓言被转译回了"真正的意义",很容易就预知到结果:**苏联密谋者自己也受到"外星人"光晕的纠缠**。这就是为何隐喻的意义并不能还原为"真正"的指涉物。点出隐喻所指涉的**现实**,这并不够。一旦隐喻的替换过程完成,隐喻内容这一幽灵性的**真实**就会永远纠缠着现实本身。在这两个案例中,第三个要素(内在于现实的虚构)正是无意识的场所。

为了进一步廓清无意识的这种状态,就让我们回忆一下那个有名的笑话,它来自恩斯特·刘别谦[1]执导的《妮诺契卡》:"服务

---

[1] 恩斯特·刘别谦(Ernst Lubitsch,1892—1947),德国演员、导演、编剧。《妮诺契卡》(*Ninotchka*)在1939年由米高梅公司出品。——译注

员,给我来一杯咖啡,别加奶油!""对不起,先生,没奶油了,只有牛奶,给您来一杯不加牛奶的咖啡,您看行吗?"在事实层面,咖啡还是那杯咖啡,但我们所能改变的,是将不加奶油的咖啡,变成不加牛奶的咖啡——或者,更简单地说,是增加了隐含否定(implied negation)①,使黑咖啡变成了不加牛奶的咖啡。"黑咖啡"和"不加牛奶的咖啡"之间的差别纯粹是虚拟性的,我们在一杯现实的咖啡里找不到丝毫差别。对于弗洛伊德的无意识来说也正是如此:它的状态也纯粹是虚拟性的,根本不是"深层"现实——简言之,无意识就像是"不加牛奶的咖啡"里的"牛奶"。而这就是问题所在:虽说数字大他者比我们自己还要更了解我们,但它能辨识出"黑咖啡"和"不加牛奶的咖啡"之间的区别吗?换句话说,反事实领域(counterfactual)是否外在于数字大他者的所涉范围?我们都知道,数字大他者受缚于我们大脑中呈现的事实以及我们未加察觉的社会环境。因此,产生根本冲突的双方并不是我的内在经验与数字大他者,而是两种大他者:象征-虚拟大他者和实在-机械大他者。数字机器所能做的是这样一类事情,有如下述想象出来的例子:

> 比方说,一台咖啡机有三个按钮:"黑咖啡""咖啡加牛奶""咖啡加奶油"。它记录了所有使用者的活动,并标示出每一使用者最常见的选择。比方说,我一个月每一天都规律性地点了"咖啡加牛奶",机器就将"咖啡加牛奶"记录下来,作为我最常见的选择。某天,我碰巧想

---

① 一般来说,"隐含否定"即有否定之义而无否定之形。——译注

要喝杯"不加牛奶的咖啡",于是按了"黑咖啡"按钮。称这样一次例外的选择为"咖啡不加牛奶"是合适的,因为它跟我日常的选择即"咖啡加牛奶"有着显著差别,并由此被定义。咖啡机记录下了我最常见的选择,所以它"知道""黑咖啡"实际上就是"不加牛奶的咖啡",甚至它可以向我展示出一条信息:"真有趣,你今天喝的是不加牛奶的咖啡!"因此,一台机器(至少)能够辨识出这样一些时刻:常见的事件不再重现,而它可以将之记录下来,把它看作为某种虚拟的否定性。①

然而,这个例子并没有精准地符合《妮诺契卡》里那个笑话的状况。为了让这个笑话符合我们的案例,服务员本应该类似这样来回答顾客:"先生,请您确认一下,您今天点的是不加奶油的咖啡,而不是像往常一样,是咖啡加奶油?"简单来说,数字机器所能做的,是纳入期待视野:如果主体期待做某事(而这一期待建基于过往重复性的行为),那么他不这样做就会被记录为"不"。但数字机器似乎无法记录某种起源性的失败,一种起源性的不这么做(not-doing it)——从一开始,主体不做某事,就伴随着主体做某事。"咖啡机"案例所错失的核心特征即"不"的双重化,正是这一双重化导致了某种诡异的否定之否定。在那个笑话里,不仅是加牛奶和不加牛奶构成对立,而且也是两种"不"的联结,不加奶油和不加牛奶(我举的那个例子所依托的材源也提及了"咖啡不加奶油",但只是另一种情况,它与第一种情况并没有联系,只是

---

① 来自与费达纳(Işık Barış Fidaner)的私人交流。

作为同一个结构里的另一个平行情况)。因此,这个笑话的关键特征是:因为咖啡厅没奶油了,"咖啡不加奶油"被"咖啡不加牛奶"代替——因而,顾客得到的(黑)咖啡赋形了一种双重否定,即第一个否定("咖啡不加奶油")本身被否定了(因为咖啡厅里没有可以被否定的奶油),于是,顾客得到的"不加牛奶的咖啡"成了"不是不加奶油的咖啡"。而这就是——当然可以争辩——数字空间无法唤出的东西。说到无意识,我们在这个领域里也是在与类似的双重否定打交道:当我幻想某桩并不存在的事情时,在我的幻想中,本不存在的事物代替了更加激进的不存在的事物,即代替了(乱伦性的)原物(Thing)本身。因此可以这样来解释弗洛伊德那个著名的案例:"抱歉,在梦的空间里,没有大写的母亲,甚至不能说是缺席,因此,我没法给出一个没有母亲的梦——我只能给出一个没另一个女性的梦,她不是你的母亲……"

所有经验上的细微之处都会被数字机器完美捕获,但是,它不可能记录下来的,正是不可能本身——它并不拥有自在的存在,只在既非存在也非不存在的阴影领域里持存,它就是虚拟的参考点。难道作为构成物的真实(the real qua construct)不是某种根本不存在的东西吗?它不正是作为形式结构中的某个点而存在吗?比如,主体实际体验到了一系列幻想形态,后者相互关联在一起,形成了许多组合方式。但这一序列永远都不可能完整。总是仿佛存在某种根本的"基础"幻想,实际体验到的序列只不过是它的诸多变体。而主体实际上**永远无法**获得对于这一幻想的经验。回到弗洛伊德讨论过的"一个正在挨打的孩子"幻想,两种呈现为意识经验的幻想预设了第三项,因而也与它产生了关系。"我的爸爸正在打我",这种经验实际上永远无法获得,只能通过回溯的方式加以重建,只能将它重构为预设了的指涉物——在这一案例中即重构为前两种幻想之间的中介项,它成了其他两个幻想所指涉之物。

不过,让我们故意再唱唱反调:倘若数字机器可以复制出我经验中那些无法自洽的杂多性呢?倘若它能够纳入印刻在经验之中的挫败和局限呢?如此一来,它难道不能以此种方式唤出(或我将经验共享给另一个体,从而在接收者头脑里生产出)"缺席者"吗?即那个维持我的经验之流的虚拟参考点?回到《妮诺契卡》:比方说,我在心里讲这个笑话,数字机器会在另一个人的头脑里复制出我的思路,那他不也就获得了"咖啡不加牛奶"这个概念,这个区别于"咖啡不加奶油"以及"黑咖啡"的概念了吗?我的答案是,不会。因为只有当我们假定存在以下情况,虚拟缺席者的传递才会产生:即使连接了我的大脑,我头脑中的思维进程依旧是这样一个过程,它发生在分隔于其他人的独异主体身上——通过拉康所谓"语言之墙",主体与他人分离。一旦语言之墙崩溃,一旦《圣经》所谓堕落的后果遭到消除,虚拟维度也就消失了。想象一下这个场景,两个主体正在上演一出引诱戏码,将两人大脑连线,那个人的思路对我来说触手可及。如果我想引诱的那个人直接感受到了我的意图,引诱游戏所包含的繁复程序岂不等同于无?对方难道不会这样来回复我:"好吧,我知道你拼了命想上我,可你为什么要问那么多关于那部我所喜欢的电影的弱智问题呢?为什么你要问我晚餐想吃什么呢?难道你感觉不到我根本不会和你上床吗?"

我们在这儿所应对的区别,是规定了我们的"无意识"(神经的、社会的)事实,同弗洛伊德"无意识"之间的区别,后者的状态纯粹是反事实的。在性梦中,我们幻想的是从未有过的最佳性爱,而不是曾经拥有的最佳性爱。那么,在前文已经提及的典雅之爱形象中,同虚拟缺席者进行游戏不正是达到了极致吗?当两个相爱者无尽地推迟发生性行为时,他们不仅是将自己完全限制在谈话以及柔和的初级互动形态之上。不如说,他们的整个活动可以被积极地定义为"咖啡不加奶油"的性爱版——没有性行为的性爱活动。

不过,使事情变得更为复杂的是:从剩余享乐(surplus-enjoyment)的标准功能来看,这一享乐在典雅之爱这里有了变化。达里安·里德(Darian Leader)提到过他分析工作中的一桩轶事。①一位病人报告了一次令人难堪的口误事件:某天,他带一位女士去某个豪华宾馆的餐厅用餐,秘密计划晚饭后开房上她。宾馆侍者上前询问,他说的却是"两人一床",而非"两位一桌"。里德没有采纳显白的"弗洛伊德"解释(即,这位病人真实的意愿直接暴露出来),而是提出了相反的看法:应该将口误解读为一种警告:不要去过多享受美食,因此也是一种提醒,提醒他共进晚餐只是借口,只是快乐之前的东西(Vorlust),真正的目的是性。因此,口误是一种孤注一掷的尝试,想要压抑那种啃噬人的怀疑——甚至怀疑性也不是"真正的事情",在那里也错失了某种东西。我们在这里看到的是"基本"快感(性行为)与迂回以及前戏之间的标准关系,正是后者为之添加了剩余享乐。然而,在典雅之爱那里,"基本的"性活动被化约为迂回与前戏,从而,"完全"的性行为拥有了一种剩余物的状态,它不再可能,被无尽地推延。

---

① 来自私人交流。

只有主体性在场,反事实的领域才能运转。为了记录"黑咖啡"与"咖啡不加牛奶"之间的差别,主体必须得运转起来。主体性在此等同于反思性:黑咖啡在经验上被把握为"咖啡不加牛奶"(而非"咖啡不加奶油"),牛奶或奶油的反事实状态正是来自咖啡的纯粹反思规定,而非其现实的规定。

无意识这一虚拟/反思性的状态意味着:无意识并不是某种先于反思的原始的实体性内容,好似需要主体的自我意识行为以反思的方式来占有这一内容(主体察觉了"被压抑"的心理内容)。毋宁说,"无意识"是自我意识本身固有的结构:规避了主体意识掌握的,正是自我意识的基本层面。要抵达这一层面,必须是自我意识的结构从内部发生爆破。自我意识正是以此种方式,彻底同意识到的自我觉知拉开了距离。这么说的意思是,自我意识根本上是一种误称(misnomer):它不是指意识到某些内容的时候,我也感知到了自己,而是指关涉这些内容的时候,反思是无意识的。正是在这个意义上,拉康强调欲望为何总是关于欲望的欲望——每一种欲望从定义上说都是反思性或反身性的,它包含了一种针对自身的反思姿态。当我说"我要"时,这从来不是我的癖好直接外显,因为"我要"本身总是包含了反思,反思导致了双重化(我想要欲求这个吗)。"无意识"不是我的欲望的内容,而是一种朝向内容的反思性姿态。

自我意识不仅仅是一种双重化的意识,比如察觉我意识到某些事物这一事实,从而另一个对象——我自己——就被纳入了我所能察觉的对象范围。自我意识总是关乎传统上被指称为规范维度即主体承诺的维度:"判断的主体形式、康德所说的'我想'会伴随所有表象,就算最空洞的表象,也标记出为此判断承担责任的人。"① 自我意识意味着,就算是"我屋子前有棵树"这样简单的陈述句,我自己也被预设为处在此一陈述背后,对它负责。② 拉康关于欲望的看法,则与之完全一致:欲望从来不是我内心生活这方面的事,我永远无法像指向某个事实那样指向欲望,欲望里就蕴含着作为主体的我。在这一精准的意义上,甚至最极端的无意识也总是"自我意识":我不仅仅欲求着某种事实般的东西,我也愿意(或不愿)去欲求它。在康德的伦理革命中,他声称,责任本身不是一种借口,不是我们尽责的借口——永远不许说:"我知道

---

① 罗伯特·布兰顿:《信任的精神:解读黑格尔的现象学》,第20页。
② 黑格尔认为自我意识是意识的真理,这岂不意味着规范性是现实性隐蔽的基础?而不是相反,如还原论所以为的那样,现实性是规范性的基础。因此,将客观实在的非规范世界与价值、承诺的主观规范宇宙对立起来是不够的:在基础层面上,两者之间的差别消失了。对于庸俗唯物论者来说,当我们解释了规范维度如何来源于客观实在的复杂进程时(当我们将"应该"从"存在或是"中演绎出来时),这一差别就消失了。但是作为真正懂得辩证法的人,我们必须假定,每一客观实在(的设想)都具有不可化约的规范性特征:实在并不是一种单纯的事实,而是某种依赖象征规范的东西。这样一种把握方式,也是拉康解读亚里士多德本体论的方式,更准确地说,是解读亚里士多德关于"本质"的定义,"ti ēn einai",直译为"一事物的过去之'是'",它意味着某种主人姿态,是"必须'是'"。当黑格尔将标准的真理概念[即"真理是知与物的符合"(adaequatio intellectus ad rem)]与更高的真理概念(即事物本身与其概念相适合)对立起来时,他说的难道不是同样的意思吗?这一更高的真理概念难道没有指示出一个事物自身的规范维度吗——事物本身并不仅仅"是什么",而且不得不受到内在的规范标准的测度?一张桌子并不仅仅是一张桌子,在某种程度上它也可以成为"一张真正的桌子",一张适合于它的概念的桌子——一张立不稳的歪歪扭扭的桌子,不是一张真正的桌子。

这很沉重,很痛苦,但我能怎么办,这就是我的责任。"康德无条件的责任伦理学往往被看成是为上述态度进行辩护——这就无怪乎阿道夫·艾希曼(Adolf Eichmann)尝试为屠杀犹太人计划及其执行进行辩护时,会提及康德伦理学:他说自己只是在尽责,只是服从了领袖的命令。然而,康德强调主体完全的道德自主性及责任,他的目标恰恰是要让任何将恶名推给某个大他者形象的花招落空。严苛伦理的标准箴言是:"不存在任何不去尽责的借口!"虽然康德那句出名的格言"Du kannst, denn du sollst!"("你能够,因为你必须!")看起来为这一箴言提供了新版本,但他含蓄地对它进行了增补,诡异地颠倒了它:"去尽责,你没有任何借口!"说责任恰恰是我尽责的借口,这是伪善,应该被拒绝。这就是为什么对拉康来说,康德处在某种精神发展的起点,精神分析正是自此诞生。在精神分析领域,病人从不被允许说:"我能怎么办?我的无意识决定了我的行为,我不会为这些行为负责!"——其实,我的无意识欲望完全蕴含了我。

但是,所有这些和神经连接以及奇点有什么关系呢?我们需要描摹出自我意识繁复的反思性结构,从而来逼近那一核心问题:如果我们设想主体融入奇点之中,那么,数字大他者能否捕获这一反思性维度?如果不能,这是否意味着主体性的反思维度将会简简单单消失?抑或说,它会坚持不懈地对融入奇点展开抵抗?令人十分吃惊的是(或者对于那些已经十分了解贝克特作品的人来说,也没什么可大惊小怪的),贝克特的《无法称呼的人》(Unnamable)为我们指出了一条路。

七、文学幻想：
奇点时代无法称呼的主体

A Literary Fantasy:
the Unnamable Subject of Singularity

我们应该冒险提出一个大胆的假设：倘若奇点并不是（或者毋宁说，不会成为）一种沉浸式现象——沉浸在集体空间当中，反而是一种极端以自我为中心的状态呢？其中，每一个"我"（减缩为近乎忘我的状态，不再是交互主体空间中与他者相对立的自我）以一种类似于贝克特《无法称呼的人》所呈现的方式活动。我们这里的解读借力于雅克-阿兰·米勒（Jacques-Alain Miller），他在2006至2007年的研讨班里描摹出了拉康最后岁月的努力：去勾勒先于"他者"的独"一"的轮廓，勾勒先于象征性现实的幻觉，先于任何意指表述的无意义过失（meaningless lapses）。① 拉康使两条轴线相互对立。一条是象征的无意识之轴，主体在其中，确切地说是在转移中，关联着某个大他者。症状在此具有一种（假设的）意义，由此等待着被历史化，被整合进一种象征性的叙事。另一条是实在的无意识之轴，主体（或不如说，无主体的"我"）在此总是独自一个：

> 谁是这个"我"？这个"我"知道它没有尾巴，也没有脑袋；没有意义，也无须解释。我们在这儿拥有了一个"它"，正如拉康可以这样戏弄它——它不是无意识中

---

① 此研讨班三次关键讲座的英译，都可以在 *lacanian ink 50*（纽约，2017）上找到。

的一个,而是一个有"我"的"它"。① 这里的关键在于,它意识到"一"总是独自一个(One-all-alone)。至少两项来自拉康的暗示在这一文本中找到了某种方式来赋予自己秩序,秩序源于这种一切皆独(all-alone)。他说:"在这儿,在这个支撑无意识的空间里,不存在友谊。"友谊无法支撑无意识。②

"友谊"在此代表一方与另一方的联系,主体之间的联系,也是能指之间的联系——意指活动只有凭借这种"友谊"才能诞生,在此一个能指解释了另一个能指。③ 随同这样"一切皆独"的无主体之"我"而来的,也有言说,但这一言说只是作为前象征性的异常幻觉在运作,这是一种没有法则的幻觉:"它不遵从语言的规律——不管是联合还是替换,它的显现独立于交互主体游戏。"④ 因此,一方面,我们再次获得了"转移"这一交互主体游戏。症状

---

① 雅克-阿兰·米勒的话,见 lacanian ink 50,第29页。

② 同上,第31页。

③ 顺便提一句,米勒声称,这种对于纯粹真实的寻求"引导拉康抵达了《俄狄浦斯在科罗诺斯》(Oedipus at Colonus)中类似的领域,在那儿会发现仁慈、博爱以及任何人类情操全然缺席:对于剥离了意义的真实的寻求,正是这个在引导我们"。可是,《俄狄浦斯在科罗诺斯》真的代表着"对于剥离了意义的真实的寻求"吗?垂死的俄狄浦斯确实不能说带有"任何人类情操全然缺席"的特点。恰恰相反,他正是追寻着"人"的目标,仔细思量着他那即将到来的死亡会给谁带来伤害,谁又能从中得益。他选择在靠近雅典的地方离世,这样一来,他的母邦忒拜就不会得益——得自他的死亡之所。

④ 雅克-阿兰·米勒,lacanian ink 50,第29页。

正是凭借转移被解码出意义,因此也就实现了历史化,被整合进主体的生活故事。另一方面,

> 我们在言说中获得了一道真实的切口,此种真实"对言说不抱期望",只是"独自喋喋不休"(cause tout seul)。我们现在知道了去赋予此种"一切皆独"以价值。"一切皆独"指明了我们并不置身历史中,也不是处在歇斯底里状态中,不在"一个"和"另一个"的关系中。恰恰相反,我们总是处在"孤独"那边。拉康甚至补充说,真实显现为"一种噪音,我们从中能听到一切"。①

作为症状、指向意义的言说与"独自喋喋不休"的言说不同,后者由拉康所谓的"圣状"(sinthomes)构成,"圣状"恰恰凝缩了**享乐**(jouissance)。② 但是两者的差别并不重合于歇斯底里与精神病之间的对立,而是说,这一差别将精神病划分为偏执狂("回溯"

---

① 雅克-阿兰·米勒, *lacanian ink 50*, 第121页。
② "圣状"(sinthome)是一种古老的写法,如今更多被拼写为"症状"(symptôme),拉康1975—1976年度的研讨班便以此为题,此次研讨班延伸了对于博洛米结的讨论,同时又对詹姆斯·乔伊斯(James Joyce)的作品展开了探究。拉康提出"圣状"体现了他关于"症状"看法的变化,即从把症状构想为可通过参照"像一种语言那样结构的"无意识来解码的信息,变为把它看作主体享乐的特殊形态的痕迹。"圣状"因而指的是一种超越分析的意指表述,是免于象征界效力的一个享乐的内核,是"允许我们得以活着"的东西,而精神分析的任务变成了认同"圣状"(可参考《拉康精神分析介绍性辞典》第358—361页)。"享乐"(jouissance)在国内学界亦被译为"原乐""痛快"。法文单

这一意指机制依旧有效)和精神分裂症。在后者那里,"象征界不再生成意义、生成历史,象征界处于噪音层面,随便什么声音,都可以在此听闻。这意味着两界的崩塌:象征界在实在界上崩塌"①。这就是为何我们在此处于幻觉领域:当象征界"在实在界上崩塌"的时候,现实崩解了(从拉康式精神分析的定义来说,现实由一道裂隙维持着,这道裂隙将象征界和实在界分隔开)。主体承受着"丧失现实"(Realitaetsverlust)的折磨。

怎么想象这种"喋喋不休"的模样?我们应该在这儿转向《无法称呼的人》,我把它看作贝克特的笛卡尔沉思。②与笛卡尔的对

词"jouissance"基本上是英语 enjoyment 的意思,但具有后者所缺乏的一种性意涵即"高潮"。拉康在 1964 年发展出了享乐(jouissance)和快乐(pleasure)之间的对立。快乐原则是作为对享乐的限制而运作的,它命令主体"尽可能少享乐"。与此同时,主体则不断企图违反那些被强加在其享乐之上的禁止,然而违反快乐原则的结果并非更多的快乐,而是痛苦,因为主体只能承受一定量的快乐,超出这一界限,快乐就会变成痛苦。这种"痛苦的痛快"即拉康所谓的"享乐"。对于"享乐"的禁止是内在于语言-象征结构性结构的,禁止恰恰造成了僭越它的欲望,因此"享乐"在根本上是僭越性的。后来拉康还区分出了"超越阳具"的女性的享乐,即 JA(大他者的享乐)与 Jφ(阳具性的享乐)(可参考《拉康精神分析介绍性辞典》第 175—177 页)。——译注

① 雅克-阿兰·米勒, *lacanian ink 50*, 第 125 页。
② 此处论述依据的是安瑟尼·乌尔曼(Anthony Uhlmann)的文章《同一者与他者:贝克特的"无法称呼的人"、德里达与列维纳斯》("The same and the other : Beckett's The unnameable, Derrida and Levinas"),《法律 文本 文化》(*Law Text Culture*),1997 年第 3 号,第 127—147 页。原文可见 http://ro.uow.edu.au/ltc/vol3/iss1/9。

比即刻抓住了眼球:在笛卡尔那里,还原到"我思",还原到内在思维的纯粹流动,是产生理性洞见的开端。正是这一洞见将我们引向上帝,引向实在完美有序的结构。然而,贝克特仿佛卡在了作为"一"的我思这儿,在"我思"的零度层面停住了,始终停留在没有大他者的层面——而正是大他者保证了宇宙的理性秩序。这就是为什么在《无法称呼的人》里,我们从未转入(充分形成的)现实,叙述者所置身的宇宙正是一个异常的幻觉宇宙。安德鲁·库特罗斐洛(Andrew Cutrofello)认为,①可以用巴特比的话来表述哈姆雷特的延宕姿态:"我更喜欢不(I would prefer not to)……为我父亲报仇。"《无法称呼的人》的姿态不也可以用这种句式来表达吗?"我更喜欢不……去存在或思考。"②

《无法称呼的人》与笛卡尔之间的联系并非得自某种外部阐释。贝克特对于笛卡尔的了解举世皆知,一大帮批评家早就给出

---

① 来自私人会谈。

② "抄写员巴特比"形象是理论家们极其喜爱的一个形象。其中一种解释来自阿甘本:"我们的伦理学传统经常力图通过把潜能化约为意志和必然性的术语来回避潜能问题。它的主导主题不是你**能**做的,而是你**想**做的或你**必须**做的。这就是那位律师一再对巴特比重复的。在他叫他去邮局('就去趟邮局,你愿意么?')的时候,巴特比用他经常说的那句'我更喜欢不'(I would prefer not to)来回答他,这位律师匆忙地把巴特比的回答翻译成'你不**愿意**?'但巴特比用坚定的声音说,'我**更喜欢**不'(I *prefer* not)('I *prefer* not'出现了三次,它是巴特比的常用语的唯一变种;而如果说巴特比在这种情况下放弃了条件句式,那么,这仅仅是因为这么做允许他消除动词'愿意'的全部痕迹,甚至包括它的情态用法)。"见阿甘本:《巴特比,或论偶然》,王立秋译,桂林:漓江出版社,2017,第179—180页。——译注

了这样的评论:"无法称呼的人"就是笛卡尔的"我思"。只不过他极不寻常,极不稳定,是一种能感觉的存在,发现自己处在自己的意识黑箱之中。"无法称呼的人"的问题在于:"他如何逃避存在,如何逃避那种与整个存在一样庞大的痛苦?他如何走出自己所陷入的语言之迷宫?"在这儿,事情变得复杂了,因为贝克特并不仅仅展示了"我思";而是经由这一展示,他同时(作为一个优秀的黑格尔派)带出了"无法称呼者"内在的区别与张力。我们正可以将这些线索作为机智的指引,来应对奇点中等待着我们的东西。

一开始,贝克特便直接提示,这一无法称呼的我思漂浮在幻觉当中却并不快乐,它是彻底分裂的:它并不言说,是言说从外部强加在它身上,因而(正如拉康会这样来指称)它被言说,被某个外部的大他者支配。这个大他者就是贝克特笔下的笛卡尔之"恶灵"或"妖怪"(malin génie)[①]——它操控着我的幻觉。或者用德

[①] 关于笛卡尔的 malin génie,参看《第一哲学沉思集》:"因此我要假定有某一个妖怪,而不是一个真正的上帝(他是至上的真理源泉),这个妖怪的狡诈和欺骗手段不亚于他本领的强大,他用尽了他的机智来骗我。我要认为天、空气、地、颜色、形状、声音以及我们所看到的一切外界事物都不过是他用来欺骗我轻信的一些假象和骗局。我要把我自己看成是本来就没有手,没有眼睛,没有肉,没有血,什么感官都没有,而却错误地相信我有这些东西。我要坚决地保持这种想法:如果用这个办法我还认识不了真理,那么至少我有能力不去下判断。就是因为这个原因,我要小心从事,不去相信任何错误的东西,并且使我在精神上作好准备去对付这个大骗子的一切狡诈手段,让他永远没有可能强加给我任何东西,不管他多么强大,多么狡诈。"见笛卡尔:《第一哲学沉思集(反驳和答辩)》,庞景仁译,北京:商务印书馆,2007,第20—21页。——译注

勒兹评论贝克特及其语言用法的话说:"总是某个大他者在说话,言词并不期盼我的回应,它从不等候我,这儿只有那陌生的语言。"①简言之,无法称呼者"假设语言纯然来自他者,语言抵达它,穿过它,但不属于它"②。那么,无法称呼者如何于此纷乱当中找到自己的出路呢?贝克特就此提出了他关于言说与沉默的辩证法:无法称呼者占有言说,使之归属于自身并能在言说中充分表述自身,只能说机会为零。它所能期盼的,只有"逃脱永无休止的言谈之折磨,它采取的方法是去表达(但全凭机运)某些需要表达的东西,而后者可以中止这一折磨"③。然而,这一时刻从未到来,无法称呼者总是终止于这样一种论断:它必须继续下去。因此,"问题依旧遭到悬置,我们既不能将语言设想为无限,也不能将之设想为有限",而现实依旧是了无尽头的异常幻觉,这是外部声音的幻觉,而不是我自己声音的幻觉。

> 我们不应该忘记,但有时候我却忘记了,一切都是一个嗓音的问题。所发生的事情,都是一些词语。我说了人们告诉我让我说的话,希望有一天人们会对我说话。……他们是不是相信我,相信是我在说话?那同样

---

① 吉尔·德勒兹:《精疲力竭者》("The Exhausted"),见《实体:关于理论与文学的评论》(Substance: A Review of Theory and Literary Criticism),第78期(24卷3号),1995,第7页。

② 安瑟尼·乌尔曼:《同一者与他者:贝克特的"无法称呼的人"、德里达与列维纳斯》,《法律 文本 文化》,1997年第3号。

③ 同上。

也是他们。为了让我相信我有一句我自己的话要说，我能够把它说出来，就像他们能把他们的话说出来那样。①

我们的假定再次出现：当我们沉浸在奇点中时，这种张力可以赋予此种沉浸以特征。如果我们先不去管无法称呼者进一步双重化为马霍德和沃姆（这种双重化呼应了言说与沉默之间的分裂），这里所呈现的僵局就是：言说是一种扰乱暴力之太平状态的暴力行为，还是说，最糟糕的暴力就是和平本身？无法称呼者想要的沉默并不只是任何一种沉默："保持沉默固然不错，但还得想想保持的是哪种沉默。"②无法称呼者想要的沉默是先于言说的沉默，先于任何可能的暴力的沉默："沉默一旦被打破，它就不再完整。"③然而，在贝克特时常被引用的那句话里，他也错过了要点："每个词都像是一个不必要的污点，关乎沉默，关乎虚无。"贝克特没有看到的是，污点显得不必要，显得多余，却无法避免——它回溯性地创造出了沉默，创造了它所玷污、扰乱的沉默。没错，从定义来讲，语词就是不充分的，但它们恰恰回溯性地创造出了自身所依据的标准——从这一标准看，它们才显得不充分。

《无法称呼的人》习惯上会被解读为一种超越死亡的叙事：贝

---

① *The Beckett Trilogy*, London: Picador, 1979, p. 317.

[中译见贝克特：《无法称呼的人》，余中先、郭昌京译，长沙：湖南文艺出版社，2013，第109页。——译注]

② Op. cit., p. 283.

③ Op. cit., p. 336.

克特的小说——《莫洛伊》(Molloy)、《马龙之死》(Malone Dies)与《无法称呼的人》组成了三部曲,就此而言,《无法称呼的人》是接着《马龙之死》展开的。但重要的是得指出,在此,超越死亡并没有达成,无法称呼的人尚有语言与意识,它束缚于存在,束缚于活生生的经验。因此,将无法称呼的人定位在两种死亡之间的领域——行尸走肉或活死人的领域——或许更为合适。正如无法称呼者来自沉默和语言、同一与他者、内部与外部之间,它亦源于生与死之间:

> 我感觉到的或许正是这个,有一个外部和一个内部,而我自己在中间,也许这正是我,把世界分成两半的东西,一半外部,另一半内部,这可能薄得像刀刃,我既不属于一侧也不属于另一侧,我在中间,我是隔墙,我有两面而没有厚度,我感觉到的或许正是这个,我感觉到颤动,我是鼓膜,一侧是脑袋,另一侧是世界,我既不属于这一侧也不属于另一侧。①

因此,最终的死结具有本体论的意味:贝克特"引导我们穿过了语言的迷宫,他暗中指出了一道门槛,但我们却无法跨过这道门槛,因为无物可跨,无处可穿过"。我们被带到了"宇宙的边缘,却没有用来投掷的长矛,没有用来伸展的手,去穿透天空的屏幕。而这道屏幕像堵墙一样包围住了无法称呼者,无法知道我们所面

---

① *The Beckett Trilogy*, p.352.

[中译见前引译本第175—176页。——译注]

对的究竟是空无还是盈满",或者,引用贝克特的原文:

> 我的目光执意要从中看到天空时所碰到的这道屏幕,难道不更是一堵围墙,拥有一种石墨一般的密度吗?为了弄清楚这个问题,我可能需要一根棍子,还需要掌握一些使用棍子的办法。……于是我会把它扔出去,就像投掷一杆标枪,朝我的正前方,而那紧紧地围裹着我的并妨碍我观看的东西,我会根据我听到的声响来判断,知道它究竟始终就是空无,还是盈满。①

这就再次将那个始终困扰我们的问题带到了眼前:为何是黑格尔?为什么要理解这样一个特别不具有黑格尔色彩的现象——比如奇点,得求诸黑格尔?让我们举一个默片过渡到有声电影的例子。那些抵制这一过渡的人更能看清楚此种变化的意义。也就是说,给默片加上声轨,会产生什么效果呢?它所造成的效果恰恰是预期中的"自然化"——更加"真实地"模仿现实——的对立面。最初的有声电影里的声音令人恐慌害怕(uncanny)②,米歇尔·西恩(Michel Chion)称之为"只闻其声"

---

① *The Beckett Trilogy*, p. 275.
[中译见前引译本第22—23页。——译注]

② "uncanny"是对于弗洛伊德"Unheimlich"概念的英译,源于其《沙人》一文,因此严格来说,此词具有特殊的精神分析含义。中文对于这一概念的译法已有多种。此处不尝试严格对应弗洛伊德的含义,而采取更加日常的译法,但提示出此词的特殊含义亦有必要。——译注

(acousmatique)①:这种声音既不依附于某个剧中的客体(某个人),也不单纯是外部评述者的声音,而是一种幽灵般的声响,自由漂浮在神秘的中间领域,它位于令人恐怖的维度,无所不在,无所不能。这是一种不可见的主人之声——从弗里茨·朗的《马布斯博士的遗言》(Fritz Lang, *Testament des Dr. Mabuse*)②到希区柯克《惊魂记》(Alfred Hitchcock, *Psycho*)里"母亲的声音"。那些抵制有声电影的人——从俄国先锋派到查理·卓别林——更加清晰地感知到了那个正在出现的令人恐慌害怕的维度。在近乎十年的时间里,卓别林都拒绝拍摄有声片。《城市之光》(*City Lights*)是他第一部带上声轨的电影,但只配上了音乐,此外就是某些对象发出的噪音,却没有人说话。然后是《摩登时代》(*Modern Times*),开始有人说话了,但只是来自呈现在屏幕上的机器(收音机、扬声器)。只有在《大独裁者》(*The Great Dictator*)里,我们才看到了讲着话的演员——然而是谁呢?主要的讲话者是扯着嗓子大喊大叫的亨克尔(希特勒),第一次也还是通过扩音器发出他的声音……卓别林显然感觉到了这一具有威胁性又极不稳定的声音维度。它就像某种幽灵般的活死人在活动。而那些傻乎乎的有声电影支持者只是用简单的现实主义方式来感知这一情况

---

① 参看米歇尔·西恩《电影的声音》(*La voix au cinéma*, Paris: Cahiers du Cinema, 1982)。

["acousmatique"来自希腊语 akousma,本为毕达哥拉斯的一种教学法:他用布帘将自己和学生分开,使他们多注意他所说的话而不是他的动作。这个术语用以解释一个我们听得见但看不到的音源所发出的声音。——译注]

② 应指弗里茨·朗执导的著名默片《游戏者马布斯博士》(1922)。——译注

("好棒！现在我们掌握了声音,我们能够用更加真实、更令人信服的方式来复制现实了！"),却忽略了与声音一同到来的那道裂隙。

奇点前景中,类似的情况也将发生。库兹韦尔以及其他奇点的支持者觉得,奇点就是在神的福佑里和谐漂浮。我们对此不敢苟同,应该在奇点中辨识出一道根本性的裂缝——什么样的裂缝呢？暂时回到贝克特那里,对于理解这道裂缝会有些帮助:"无法称呼的人"分裂为两个(可能是虚拟性的、幻觉性的)实体——马霍德和沃姆。

不太严谨地说,马霍德和沃姆的故事或许描述出了两个哲学极点:观念论和唯物论。罐子里的马霍德的故事可以读作一个寓言故事,这则寓言依据的是贝克特同胞贝克莱主教的观念。后来贝克特就用贝克莱那个著名的假设"存在就是被感知"(esse est percipi)作为剧本《电影》的出发点。存在就是被感知:一旦马霍德觉得自己不再被感知到,他就消失了(物质状态被还原为心灵状态)。然而这一消失表明,马霍德不具备自我感知,"同一"这个心灵状态不属于他自己,而是他人的心灵状态。马霍德不存在了,是因为"他们"不再把他当真,而不是因为他不再把自己当真。在这方面他跟沃姆很像:"沃姆存在,是因为我们感知到他,就仿佛只有被感知到才会存在。"无论是观念论还是唯物论,在此都不太纯粹,不过,两者之间的对立清清楚楚明明白白。作为马霍德的相反一极,沃姆是个唯物论存在。他是一种还原为物质状态的心灵状态,是先于意识的存在,一个物,一种会睡觉的生物,以及没有心灵的纯粹物质——一种粗暴地被烙上了心灵的纯粹物质。沃姆以"学生马霍德"的身份开始自己的生活,他是块白板,"他们"想要往上刻上语言。①

所以,问题再次来了:为何主体不会在奇点中消失?因为一旦出现了区分,一旦我们处在这个区分的空间里,消失就会继续——但消失不是一种实定性的事实,而是一种缺席。如果我们接受,就算融入奇点,依然残存着某种最低限度的主体性形式,那么我们就能推测出,奇点里的主体也会划分为"马霍德"(唯我论者漂浮在共享思维的共有空间里)和"沃姆"(无思维的实在)。这个主体永远不会只在其中漂浮:鉴于它是残留下来的主体,它依然会意识到自己,意识到自己(也)是个如蠕虫般死气沉沉的客体(数字-神经机器的一部分)。纯粹内在性(我是马霍德,无"我"之思的流动)和完全对象化(我是沃姆,神经机器的一部分)彻底区分开来,这一区分不仅是"客观的",也内在于主体:经由此种对象化(以及意识到这一对象化),作为"空洞"$的主体与奇点之间保持着极其微小的距离。我们需要在这里回到苏联技术-灵知派。它完全同马霍德与沃姆这一二元性保持着平行关系,认为新的后人类实体是以下两者的结合:其意识超越了个体,同时与自己的身体保持着"客观"距离。超-个体的统一体伴生

---

① 安瑟尼·乌尔曼:《同一者与他者:贝克特的"无法称呼的人"、德里达与列维纳斯》,《法律 文本 文化》,1997年第3号。

着一道根本的裂隙——我与呈现我的实存之间的裂隙。我或许是同一个超-个体意识的一部分,但代价是我丧失了个人的统一性,我与自己身体的关系,就变成了跟世界上某个客体的关系。

在这一点上,我们甚至可以从贝克特回溯到西方传统开端处,回到一个独特的文本——索福克勒斯的《俄狄浦斯在科罗诺斯》。"后人类"主体性的轮廓在此首次得到了清晰的勾勒。倘若从人类向后人类的过渡正可类比于《俄狄浦斯王》转向《俄狄浦斯在科罗诺斯》呢?如果说人类主体是俄狄浦斯(整体上意味着经由象征阉割而得以形成,经由象征律法规制欲望,等等),后人类主体就是"俄狄浦斯在科罗诺斯",是"反俄狄浦斯",或如拉康所说,他超越了俄狄浦斯,还原为意指链条上排泄物般的剩余物。① 如今,这链条已经嵌入了奇点的集体空间。

就算是涉及来到科罗诺斯之前的俄狄浦斯,事情也要比看起来的样子复杂许多。许多头脑清明的评论者已经指出,俄狄浦斯的故事对于经典的悲剧结构来说堪称例外。在经典结构中,英雄无知地犯下罪行,但随后他以主体的姿态对待自己的行为,以英雄的方式承担了行为的罪责,然后悲剧性地死去。英雄完成行为,便是有罪。

---

① 阿伦卡·祖潘契奇(Alenka Zupančič):《俄狄浦斯或能指的排泄物》["Oedipus or the Excrement of the Signifier", in *Ojdip v Kolonu* (in Slovene), Ljubljana: Analecta, 2018]。

[阿伦卡·祖潘契奇,斯洛文尼亚精神分析理论家、哲学家,任教于欧洲研究院,同时担任斯洛文尼亚人文与科学研究院研究员。她的作品包括《最短的影子:尼采关于"二"的哲学》(*The Shortest Shadow: Nietzsche's Philosophy of the Two*)以及《古怪者在内里:论喜剧》(*The Odd One In: On Comedy*),两书英译本皆由 MIT 出版社出版。——译注]

做出这一行为,并非始于他的自由决定,而是来自命运,是诸神(斯大林主义者喜欢说是历史必然性)预先决定了他的命运。用精神分析解释这个,其实非常容易。主体有罪的原因其实是,他在施行强加给他的活动时得到了享受,是因为他获得了这种作为剩余物的享受,却无须为这一行为负责。用执行大清洗的斯大林主义者的例子来说吧,他本人一丁点都不喜好残酷之举,却必须执行清洗,因为大写的历史要求他这么做——他所参照的"客观历史必然性"得以形成,拜赐于他对之的承认。一位老师感到"要为他们好"而被迫去残忍地惩罚并规训学生——虽然(他声称)他不喜欢这么干——也出于这个逻辑:"正是欲望支撑着客观必然性即命运:正是主体的欲望,将自洽性带给了大他者及其大写的意志。"①因此,并不是"不管你愿不愿意,你得承受你的命运",你的欲望恰是由你的命运的"客观性"构成:你恰恰欲求着你的命运,以之为某种"客观的"事实,而这种事实免去了你自己的责任。

乍看之下,俄狄浦斯似乎也是这样:他的欲求皆得满足(杀父娶母),却不知那是他的父亲和母亲——然而若加以细察,我们很快就会发现这并非俄狄浦斯所做之事。如黑格尔所说,罪是悲剧英雄所能获得的至高荣誉——如果我们从他那里夺走了罪,那就是将他置入彻底的羞耻境地。但俄狄浦斯甚至被夺走了这一罪之荣耀,这意味着"他甚至不被允许带着欲望涉入他自己的命运"②。在他内心深处,并不存在"无意识欲望"推动着他去行动。

---

① 阿伦卡·祖潘契奇:《俄狄浦斯或能指的排泄物》,第154页。
② 同上,第171页。

这也就是为什么,在知晓自己的所作所为之后,俄狄浦斯拒绝像悲剧英雄那样行动,不愿意承担他的罪行。正如拉康反复提及的那样,俄狄浦斯跟我们所有人不同,他是唯一一个没有俄狄浦斯情结的人。在通常的俄狄浦斯场景中,我们让自己的欲望妥协,使自己屈从于象征律法,放弃了真正的(乱伦)欲望对象。与此相反,身处科罗诺斯的俄狄浦斯,自始至终顽固不改,完全忠贞于自己的欲望,**他不放弃自己的欲望**(il n'a pas cede sur son desir)。在科罗诺斯,俄狄浦斯并不是一个领悟出欲望本空无的智慧老者,毋宁说,只有在这里,他完完全全地遵从了欲望。

正如拉康指出的那样,俄狄浦斯没有俄狄浦斯情结,但哈姆雷特有,完全地拥有(我们在此剧的中间部分——第三幕"皇后寝室"这场戏中——见证了一长段哈姆雷特同他母亲之间的对峙)。俄狄浦斯和哈姆雷特的故事是普遍的传说,从非洲到太平洋上的波利尼西亚群岛,再到北欧国家,都能找到类似者。但在索福克勒斯和莎士比亚笔下,它们有了不同的动向。在索福克勒斯版本中,俄狄浦斯解答了斯芬克斯之谜并使后者毁灭——这无疑是神话传说独特的"哲学"转向。[①](另外,严格来说,俄狄浦斯的答案是错的,它建立在错误的哲学普遍性之上,遮蔽了真理的独一无二性。正确的答案不是普遍的"人",而是俄狄浦斯自己——他年幼时用四肢爬行,因为他是个跛子,等到年老时则成了盲人,需要靠安提戈涅搀扶才能行走。)哈姆雷特的故事也具有普遍性,甚至有阐释者指出,这个传说最初指涉的是行星循环运动中的

---

① 参看让-约瑟夫·古克斯(Jean-Joseph Goux):《俄狄浦斯:哲学家》(*Oedipus, Philosopher*, Stanford: Stanford University Press, 1993)。

"进动"(precession),即宇宙自身循环运动中产生的差错与不平衡现象。① 不过,在这个故事的前现代版本中,叔父杀害王子的父亲,扰乱了和谐,而哈姆雷特的复仇只是恢复了这一和谐而已:如同在《狮子王》中,儿子杀了叔叔,夺取了王位,于是整个世界不再脱节,它得到了纠正——我们牢牢地处于扰乱及其纠正的循环运动当中。然而,在莎士比亚笔下,死结残留,并不存在向失落之平衡的回归。这在某种程度上与俄狄浦斯回应斯芬克斯之谜的那个错误答案类似。哈姆雷特没有察觉,他所身处的世界里的"脱节"要素,终究是他自己,是那种将他定义为主体的否定性。我们也应该从此一脉络来解读他那句闻名遐迩的话:"生存还是毁灭,这是一个值得考虑的问题。"②呼应一下笛卡尔那句"我思故我在",我们也可以这样来增补这句话:"思考还是不思考,这是一个问题。"身为主体,哈姆雷特既不(作为世界中的特定对象)存在,也不思索(特定的思想):他的存在完全驻留在"我思"这个疾速变化而难以捉摸的环节。他的思维可以还原为最基本的"我是"。"生存还是毁灭"(诸如贝克特笔下的沃姆)以及"思考还是不思考"(如马霍德),这些简单的选择都与他无缘。哈姆雷特纯粹是个幽灵般的实体,他栖居在非生非死的中间领域。

---

① 参看乔吉奥·德·桑提拉纳与赫尔塔·冯·德尚(Giorgio de Santillana and Herta von Dechend):《哈姆雷特的磨坊》(*Hamlet's Mill*, Boston: Nonpareil Books, 2014)。

["进动"在此指行星的自转轴指向因万有引力作用而发生变化。——译注]

② 此处使用的是朱生豪的翻译,但为了呼应后文更具形而上学色彩的研讨,不妨译为:去存在还是不去存在,这是一个问题。——译注

因此,我想问的问题是:作为怀有欲望的纯粹主体,我们既不活又不死,那么在通达奇点后,我们究竟是如何被捕获的呢?在拉康看来,精神分析阐释与神经方面的客观真相构成鲜明对比,前者就如同一道神谕,它之所以成真,只是依据它的效果。比如说,预先透露给俄狄浦斯之父的命运要想成真,只有借助于他为了避免这一命运而作出的所有努力。因此,回避命运是整个计划的一部分。这意味着,主体接收到预示性的神谕,由此获知了自己的命运,这个时候,如果主体不愿意让自己的欲望发生妥协,那么他就不会尝试去逃避命运,而是坚持身处命运之中——如果俄狄浦斯的父亲不去逃避而是英雄般地接受命运,那么一切都不会发生。对于奇点所带来的灾难性前景来说,不也是一样吗?这些灾难会不会也是凭借我们躲避它们的活动而获得实现?有件事是确定的:如果奇点如同我们的命运,我们应该英雄般地接受它,但不要对之投入我们的欲望。或许,奇点在某种意义上正是乱伦性的(我们在奇点里丧失了与现实以及他人之间的距离),而乱伦不仅仅遭到禁止而且它也是不可能的(即使我真的睡了我母亲,我也发现,她并不是**那个**大写的母亲,不是那个终极欲望对象)。就此而言,融入奇点,我们应该体验到的正是这一终极性的裂隙,这种经验上的母亲和大写的母亲-原物之间的裂隙。进一步说,只有同实在拉开距离,我们才能作为象征主体出现("出生")。就此而言,融入奇点就等同于取消我们的出生——如同《俄狄浦斯在科罗诺斯》里的歌队所唱,我们所实现的最好命运,就是:

> 一个人最好是不要出生;一旦出生了,求其次,是从何处来,尽快回到何处去。等他度过了荒唐的青年时

期,什么苦难他能避免? 嫉妒、决裂、争吵、战斗、残杀一类的祸害接踵而来。①

(附带说一句,在此我们不应该抑制那种有点恶趣味的幽默感:这些歌队唱出的著名词句——一个人最好是不要出生——如今不正实现了吗? 它不正成了堕胎的最佳说辞?"你为你孩子以后将会面对的世界发愁吗? 我们可以确保他/她会获得最好的运气——让他/她流产吧。"②) 如果我们能遇到的最好事情是一开始就不出生,那么我们的出生就已经是件失败的事。被生出来就是一种失败,无法实现不出生这一最优状态——不是说一种挫败了的存在,不是指这种存在的缺乏,而是说,我们的存在本身就是一种失败,它没能实现不去存在。③ 换句话说,正是非-存在这一反事实的假定,以其固有的方式在衡量着我们的存在。我们不必

---

① 引自 http://classics.mit.edu/Sophocles/colonus.html。
[中译见索福克勒斯:《俄狄浦斯在科罗诺斯》,罗念生译,见《罗念生全集》(第三卷),上海:上海人民出版社,2007,第 530 页。——译注]

② 我们很容易就能想象出一部低级趣味的"禁烟"宣传片,它调用的是南部斯拉夫语关于"口淫"的俚语化表达……这部宣传片并不采取通常的做法,即将香烟盒上的图片配为皆由吸烟导致的令人恐慌的疾病,而是印了一张楚楚动人的女人的脸,她正在做着不雅的动作,并用放大的字体配上了如下描述:"别吸烟,吸那玩意儿! 这健康得多!"相应的电视宣传应该展示一位"正经"的大夫正用图表来说明为何这比吸烟健康:吞下体液对身体无害,甚至还可以补充维生素……

③ 穆拉登·多拉(Mladen Dolar):《俄狄浦斯在科罗诺斯》["Oedipus at Colonus", in *Ojdip v Kolonu* (in Slovene), Ljubljana: Analecta, 2018]。

害怕从这种颠倒中推导出激进的本体论后果。根据标准的本体论形态,实体追求完善,它们的目标是实现自身的潜能,完全成为它之所是。而存在的缺乏指的是某物无法完全实现自身的潜能。我们必须倒转上述形态:(在得到规定的实体意义上)存在本身指示出一种失败,所有存在之物(作为特殊的实体)被失败标记。唯一臻于完善的方式,就是使自己融入不存在的空无。

我们在此需要考察的是这样一个事实(这也是贝克特提出的伟大主题之一),人们也能够以尚未完全出生的方式活着。或者用更具哲学意味的话来说,人们活着,但却无法达成完整的同一性,无法成为现实的存在。而我们在这里面对的另一种选择是:"出生/尚未完全出生"这一对子,怎样联系起"人类与后人类"这一对子?我们人类是在某种意义上尚未完全出生吗?我们是处在动物与后人类之间模糊而无法自洽的中间状态吗(这里用的是主导性的奇点意识形态所理解的"后人类")?抑或是,我们人类在某种意义上是完全的人类,也将达至后人类的奇点,但这却将带来某种回退,使人类个体回退到尚未完全出生的状态?我们所提及的贝克特的《无法称呼的人》指向这个方向:融入奇点的主体性难道不会作为某类笛卡尔的"我思"来活动?它难道不会依旧沉陷在唯我论的幻觉当中?转变为一个大写的自我——这一自我关联着构造起来的客观实在,难道不会失败?不过,与之相对的版本也能成立:我们生而为人,嵌入现实,准确来说我们是未出世的存在,在本体论上是不完整的,也就是说,人类生存标记上了某种构成性的失败;而在后人类状态中,我们依旧困在"尚未出生"这个灵薄地狱当中。我们融入共享的奇点空间,实现了同一性,但困厄恰恰在此发生。

为了在这片泥沼中找到出路,我们应该彻底变换场地,冒险转向政治经济学维度:严格来说,这种米勒加以理论化、贝克特进行文学展示的还原为/回撤到"(独)一"——它陷入了异常的幻觉,不正是关联于某个匿名的系统吗? 这是(资本主义)社会支配的系统,此种支配如今则内嵌在数字机器和神经控制当中。难道"(独)一"不是这个系统的主观性对应物吗? 就此一指向,米勒本人给出了自己的暗示。论及今日资本主义的主旨时,米勒反复变换观点,但他始终视之为一种动力性的进程,认为它生发于无法无天的实在界,并且不断破坏所有的象征规则。他从《共产党宣言》里摘引出了描述资本主义动力的著名段落,以此尝试为资本主义"实在界"外于法则的特征提供恰当的说明:

> 为如今我们正在痛苦地体验的东西提供最佳描述的,依旧是卡尔·马克思的《共产党宣言》。他在那里给出了资本主义话语的革命性后果——对文明所造成的革命性后果。我想读几段马克思的话,它可以帮助我们反思实在界:"资产阶级除非对生产工具,从而对生产关系,从而对全部社会关系不断地进行革命,否则就不能生存下去。……一切社会状况不停的动荡,永远的不安定和变动……一切固定的僵化的关系以及与之相适应的素被尊崇的观念和见解观点都被消除了。"——与传统相决裂的最为清晰的表述。"一切等级的和固定的东西都烟消云散了,一切神圣的东西都被亵渎了。"① 我

---

① 马克思、恩格斯:《共产党宣言》,中共中央马克思恩格斯列宁斯大林著作编译局译,北京:人民出版社,2014,第30—31页。——译注

想说,资本主义与科学相结合,它们已经结合在了一起,使自然消失。自然在消失,什么留下了?留下的是我们所谓的实在界(或真实),即剩余物。从结构上说,它是无序的。实在界的所有方面都被先进的资本主义-科学二元构造染指了,这是一种无序的方式、随机的方式。任何一种和谐的观念都不再可能恢复。①

大家应该从这一背景出发来理解雅克-阿兰·米勒的论题:"实在界大乱"(Il y'a un grand desordre dans le reel)②。那正是米勒所赋予特征的东西,即在我们的时代,现实得以显现的方式。我们在这种现实中感受到了两大根基性能动者——现代科学和资本主义——所施加的全面影响。自然界是实在界,万物在其中——包括恒星——总是会回到自己合适的位置。自然界是庞大而可靠的循环领域,这是一个拥有稳定的规律的领域,可以规制万物。如今,一种全然偶然的实在界取代了前一种实在界,这是外于规律的实在界,它不停歇地变革自己的规则,抵制被吸纳进任何总体世界(意义世界)。这也就是为何巴迪乌将资本主义描绘为首个无世界(world-less)的文明。

然而,这里出现了问题。米勒断定,纯粹无法则的实在界抵制

---

① 见雅克-阿兰·米勒:《21世纪的实在界/真实》("Un reel pour le XXIe siecle", in *Un reel pour le XXIe siecle*, Paris: Scilicet, 2013)。英译见 www.congresamp 2014.com/en/template.php? file=Textos/Presentation-dutheme_Jacques-Alain-Miller.html。

② 同上。

象征性理解,因而我们应该总是意识到,尝试对这一实在界进行概念化,终究得到的只是一些假象,一些防御性的苦思冥想。但是,倘若依旧有一种根本性的秩序在制造混乱呢?有一种矩阵在产出坐标呢?这也就解释了资本主义动力所具有的永在重复的同一性:越变,越一样。简言之,米勒所无视的是,资本主义惊人动力的背面,是一眼便可辨认出来的秩序——等级支配的秩序。对于我们的性活动来说,上述判断也能成立:看似混乱、被动、无法则,但经由"政治正确"规则,性却比以往任何时候都要更容易加以宰制……

马克思难道不恰恰是在追问这一资本主义实在界的规则,追问它的**规律**吗?阶级对抗并不是一种苦心炮制出来的象征产物——关乎社会生活背后无规律的实在界。毋宁说,阶级对抗是对抗本身的名称,而意识形态-政治形式遮蔽了这一点。米勒将资本主义等同于法外之实在界,这是将资本主义意识形态认作了资本主义本身。他忽视了拉康的洞见——后者显然看到了被资本主义变态之举所遮蔽的对抗。将今日之社会设想为外在于象征法则的资本主义实在界,这是否认对抗。同样,外在于法则的性真实观念,是对于性对抗的否认。

米勒执迷于法外的实在界,这使得他太过轻易地就支持如下论题:在我们的社会现实中,虚拟大他者逐步被数字现实取代。但数字大他者只是填充了正在消失的虚拟大他者身上的缝隙吗?某些拉康派(包括米勒)时常鼓吹这样的观念:在"假消息"时代,大他者实际上不再存在。但真是这样吗?倘若大他者比之前更加有力地存在着——只是换了一种形态呢?我们所面对的大他者不再是公共空间,不再截然区别于下流的私人交流,毋宁说,它就是流通着"假消息"的**公共**领域,我们在其中交换着谣言和阴谋论。① 我们决不应该忽略那个令人吃惊的现象——极右翼毫无廉耻的下流言论大量涌现。安吉拉·内格尔对此有极好的分析。② 传统上(或至少在我们所回溯的传统中),不知羞耻的淫言秽语具有颠覆性,是对传统支配力量的破坏,它会剥夺"主人"虚伪的尊严。我们如今所看到的却是淫言秽语在公共领域里爆发,这不是统治的消失,不是主人形象的消失,而是它们的强化。

唐纳德·特朗普就是这类新型主人,是这种下流的民粹主义"主人"的标志性形象。惯常对于特朗普的反对说的是:他的民粹主义(关心的是贫穷的普通民众如何生活得更好)是装出来的,他实际的政治活动保护的是富人的利益——这种看法未免太目光短浅了。特朗普的支持者并不是在"非理性地"行动,他们并不是原始的意识形态操控的受害者——好像这种操控使他们投出了反对自身利益的一票。他们从自身来说其实相当理性:把票投给特朗普,因为在特朗普兜售的"爱国主义"设想里,他也表达了这些支持者每天面对的日常生活问题——安全、稳定的就业等。③

---

① 此处我依据的是阿伦卡·祖潘契奇的著作《为何是精神分析》(Why Psychoanaysis, Uppsala: NSU Press, 2008)。

② 参看安吉拉·内格尔(Angela Nagle):《消灭所有庸常者》(Kill All Normies, New York: Zero Books, 2017)。

③ 特朗普当选总统后,一大波出版商都想叫我写书,要我把特朗普现象纳入精神分析批判。我的回答却是:我们压根不需要精神分析去查究特朗普大获成功的"病理"。对精神分析来说,唯一重要的事情是左翼-自由派对特朗普获得成功的反应,非理性的愚蠢在此一览无余。这种愚蠢越来越可能使特朗普取得连任。用一句或许能彰显特朗普粗鄙性底线的话来说,左翼至今没能学会如何去抓住特朗普的命根子……

特朗普能赢,不仅仅在于他不知羞耻地用某些"信息"轰炸我们——这些信息表明他敢于亵渎一些基本的"得体"样式,从而制造出了一种淫秽的享受。通过扎眼的粗鄙言行,特朗普给了他的支持者某种"有意义"的叙事———种极具限度且颇为扭曲的意义,但不管怎么说,此种"意义"比起左派-自由派叙事来说,明显有效得多。特朗普恬不知耻的下流言论("你看,我跟你一样,我们都是红脖子")成了团结的象征,与所谓的普通民众团结在一起。不过,这种团结也指明了一个要点,在此他的淫言秽语达到了极限。特朗普还不够下流:当他谈论美国的伟大时,当他把自己的对手斥责为人民的敌人时(诸如此类),他想要被严肃对待。通过对照表现得严肃的层面,他的下流恰恰更为凸显。这些淫言秽语的功效,在于展示出特朗普对于美国之伟大的信仰是淫秽下作的。拉尔夫·彼得斯(Ralph Peters)甚至走得更远,他用"承认的辩证法"这一黑格尔术语来描述特朗普诉诸普通选民这个方面——特朗普向那些被既有政治集团忽略的选民发送消息,这一消息正是承认:

> 唐纳德·特朗普是个天才,他领悟到,那一大批选民渴望被承认,而他们却遭到(之前)执政党的忽视乃至侮辱。被财富的看守者抛弃,政治正确搞得他们焦头烂额,那些制定法律的人认为他们理所当然就是这样。无数被遗忘的人正是特朗普发送消息的契机——所有一切都干净利落地简化为一句:"你很重要!"①

---

① 引自 www.nationalreview.com/2016/03/donald-trump-hegel-sartre-explain-trump-rise/。

大家不能错过这个事实中所蕴藏的反讽:弗朗西斯·福山把黑格尔说成了"历史终结"的哲学家,这一"终结"完成于自由民主资本主义,在此可能的最佳社会与政治形式得到了实现。然而在"历史终结"之后,我们现在有了特朗普。他扰乱了这种历史终结的设想,上演了一出重新唤醒历史的好戏(暴力性的民粹主义斗争意义上的历史,甚至是意识形态内战意义上的历史)。他也再次成了黑格尔主义者……这就是为什么,想要坏特朗普的事儿,你首先要做的就应该是置换他下作言语的场地,将他"严肃"的表达恰恰看成淫言秽语。特朗普好用粗鄙、"黄色"的语言,但这么做时,他不是真下流。当他谈论美国是个伟大的国家、推行他的经济措施时,他才是真下流。他的淫言秽语掩盖了这一更为根本的下作。在此,我们可以再一次用那条著名的马克斯兄弟格言来解释:特朗普的言行举止看起来像个恬不知耻的下流政客,但我们别被他骗了——他实际上就是个恬不知耻的下流政客!

因此,这种下流的大他者构造出公私之间的第三种领域:私人空间被抬升到了公共领域。我们沉浸在赛博空间当中,我们在聊天室、推特、照片墙、脸书等空间里所有的互动参与……上述领域似乎是与之最为相符的形式。难怪特朗普通过推特来发布大部分的决定。然而,在这里的不是"真实的特朗普":下流言语的公共领域并非共享私密经验的领域,它是充满着谎言、伪善和纯粹恶意的领域,我们在这个领域里的活动方式类似于戴上假面具。从而,我的私密性与大他者所代表的公共尊严之间的标准关系被倒转了:淫秽下作不再局限于私人交流领域,反而在公共领域里爆发。这样就允许我栖居在一种幻觉中——这些只不过是淫荡的游戏,而我在私密领域里依旧纯洁无瑕。

不过,当我们融入奇点,所有的私密幻象都可以直接被共享,此时,这种淫秽的大他者(依然是一种虚拟象征空间)会发生什么变化呢?有件事是确定的:奇点(事件性的)出现所带来的影响将如天启一般。留给我们的问题只是:它所触发的,是哪一类天启?

论数字天启

A Treatise on Digital Apocalypse

天启(古希腊语里意味着"揭开")指的是一种知识性的揭示或启示。在宗教言说中,天启所揭露的是某种隐藏的东西,是吾等寻常生活中无法触见的终极真理。《启示录》将天启描绘成世界完全毁灭,一种终极性的毁灭。在同一种脉络里,如今我们通常将大范围的灾难事件,或者是对人与自然造成伤害的事件链称作"天启"。虽说很容易就能想象出不带有天启-灾难的天启-揭示(比如一种宗教启示),也容易设想不带有天启-揭示的天启-灾难(比如一次地震摧毁了整片大陆),然而两者之间其实有着某种内在联系:当我们遭遇(或认为我们遭遇)某种迄今为止隐藏着的更高的真理时,便会发现这一真理与常识是如此不同,以至于会粉碎我们的世界。翻转一下也还是如此:每一灾难事件——即使是纯粹自然灾害——都会揭露出正常生存状态里被忽视的东西,从而逼迫我们直面一种曾被压抑的真理。在千篇一律的日常生活中,我们尚未作好遭遇终极真理的准备,反而更为偏好栖居于幻象之中。因此,一旦被迫面对真理,我们就会感受到"天启",即世界之终结。想象一下,我们偶然发现了一条无法辩驳的证据——关乎外星人一直在观察我们。这并不是巨大的灾难,只是偶尔发现的细微对象。此种发现在物质上对我们的日常生活并不造成任何后果,然而它却似乎是一种天启,粉碎了那些基本假定——关乎人类君临一切的感觉,以及我们的自由感,也让我们诸多精神性假设成了愚蠢的废话。

天启：王国来临或未临？

君特·安德斯在他的文章《王国未临的天启》("Apocalypse without Kingdom")里提出了**赤裸天启**概念："仅由衰败构成的天启，不再代表新的肯定状态（'国'）的开启。"①安德斯的看法是，核灾难正是此种赤裸天启：没有新的国能从中出现，只是我们人类自身与整个世界的湮灭。我们在这里提出的问题则是：迈入奇点会是什么样？进入一个更高等的（后人类）新王国，只是我们所理解的人性的消失，还是在某种意义上（何种？）同时是人的完全消失？显然，说奇点到来这一事件是天启，需在天启这一术语复杂的含义上来把握。它意味着我们遇到了隐藏在寻常人类生存中的真理，即进入了一种"后人类"新维度。我们只能将之体认为天启——世界之终结。不过，我们还会从"天启"的人类意涵出发来体认融入奇点的状态吗？

对于天启究竟如何发挥作用，给出一些更具普遍性的概览颇有必要。让-皮埃尔·杜普伊为我们带来了关于天启理性悖论的最佳说明。②针对可造成人类自我毁灭的核威胁，杜普伊指出了一个悖论：核威胁是"这样一个事件，如果它发生了，不仅会使历

---

① 引自 www.e-flux.com/journal/97/251199/apocalypse-without-kingdom/。

② 让-皮埃尔·杜普伊：《无法发生的战争：论核的形而上学》（*La guerre qui ne peut pas avoir lieu: Essai de métaphysique nucléaire*, Paris: Desclee de Brouwer, 2019）。

史不再有任何意义,而且它本身也不再具有意义——因为没人会记住它"①。我们不也能这样来谈论奇点吗——如果我们支持那种"悲观"解读的话?会不会是这样,在实际的后人类纪元里,我们丧失了同外部现实的距离,我们的精神遗产变得毫无意义,仿佛它不再存在。结果就是,它也仿佛从未存在。这就是我们应该紧紧盯住的问题:"后人类奇点"会成为一个无比完美的"高级阶段"吗?我们这些后人类在那里将会(温情地)回忆起人类这一"低级阶段"所抱有的妄想?还是说,从那里往回看,人变得没有了意义?

没有什么比所谓"先发制人"观念更能澄清核战争悖论了。对敌人施加核打击,为的是避免他们攻击我们。这就像是在罪犯认罪前就先行对之施加惩罚。如此一来,即使我们率先发动攻击,那也会被解释成迟于敌人的行动,即一种回击,"要率先发动攻击,敌人已经先于我们行动了"②。试看 MAD("确保相互毁灭")的劝阻逻辑(两方都有足以摧毁对方的核军事力量——不管哪方率先发动攻击,情况都是一样;如此一来,没有一方会率先攻击,因为他们心知肚明,攻击只会导致自我毁灭),它包含着一个基本的悖论,如果运作良好,它就会取消自身。因此,正是这一不完美性(MAD 不起作用,某方依旧发动了核攻击)使它生效。杜普伊详细说明了涉及阻止核攻击的讨论为何必然会陷入道德理性的二律背反:

关于下述问题,意见总是无法一致:"阻止核打击有

---

① 让-皮埃尔·杜普伊:《无法发生的战争:论核的形而上学》,第79页。
② 同上,第61页。

效吗?"没有一种论点不会同时强化相反的论点;不存在不假定某种悖论形式的理性运思。我们在这里受挫,几乎确证了理性的卑微。①

这一表述中的康德回响不容错过——在谈到纯粹理性的二律背反时,康德用了"理性的无痛死亡"②一语。康德将这些二律背反限定在认识论领域,然而我们在这里应该比康德更康德,去讨论纯粹实践(伦理)理性的二律背反。MAD 的理性推论所指明的悖论并非是说,这一推论里蕴含着非理性的痕迹,证明我们依然深陷于仇恨、怨恨等非理性的情感领域,从而表明此种理性不是真正的纯粹理性;恰恰相反,这些悖论正是纯粹讲逻辑和讲策略的理性推论本身体现出的"悖论"和"非理性"。当赌注被抬得极高时(人之消失),这些悖论就必然会出现。用拉康的"非全"(not-all)逻辑来看,也就是我们必须从作为理性之例外的"非理性"(歪曲理性行为的"病理性"情感),过渡到纯粹理性运思自身的"非理性"。

造成这些悖论的根源是,我们在此所应付的并不是寻常的历

---

① 让-皮埃尔·杜普伊:《无法发生的战争:论核的形而上学》,第139页。

② 关于"纯粹理性的无痛死亡"(即"安乐死"),康德的具体表述为:"理性自发地、也就是不可避免地陷入进去的,并且理性虽然借此而抵抗着某种仅由单方面的幻相所带来的想象的信念的昏昏欲睡,但同时也被诱惑着要么沉溺于怀疑论的绝望,要么抱有一种独断论的固执并使思想僵硬地执着于某些主张上,而不去倾听和公正地对待反面的理由。这两种态度都是健康哲学的死亡,尽管前者也许还可以称之为纯粹理性的无痛死亡。"见康德:《纯粹理性批判》,邓晓芒译,杨祖陶校,第348页。——译注

史进步时间,而是杜普伊所说的"投射的时间"(time of the project)。后者的典范案例是灾难预告者这一重要的先知传统,他们描绘出黑暗的未来,全方位的灾难成了我们的宿命,但恰恰可以借此来动员大家奋力应对,从而避免——或至少是推迟——灾难发生。今天那些预告生态灾难的黑暗先知们不正是以同样的方式在活动吗?他们描绘出一个未来生态崩溃的不动点,为的是发动我们去快速而果敢地行动。20世纪信奉"决定论"的革命者亦是如此,虽然他们眼中的不动点(理想社会)是肯定性的,不是需要躲避的灾难:我们必然会进入理想社会,但必须为它不懈奋斗;根本上我们要为理想社会负责,因为我们犯下的错误或是机会主义行为会阻碍历史必然性的实现。在某些西方马克思主义的版本里,"不动点"是否定性的,是需要避开的历史目的,它是灾难性的。对阿多诺与霍克海默来说,它的名字是"被管制的世界"(verwaltete Welt);对马尔库塞来说,则是"单向度社会"。这一设想的美妙之处在于,如果说**不存在**灾难性的转换,万事万物就只是这样继续发展下去,或多或少还是平平稳稳地发展,那么否定性的"不动点"就不是我们社会灾难性的转折点,而是我们缓慢滑入的状态。我们的宿命是历史所朝向的技治主义终点,这就是那辆远近闻名(臭名昭著)的"历史列车"的终点站。正如本雅明所说,我们所应该做的,不是去支持历史进步,而是拉动这辆火车的紧急制动闸。对于那些反共分子来说,共产主义方案当然是一个灾难性的终点。这个终点引出一种呼唤,它发动人们与之作斗争。在冷战的最后十几年里,这种反共活动大获成功。"冷战即将结束,共产主义已然获胜",此类招致恐慌的声明大量涌现。此种唤出共产主义并将之作为(否定性)宿命的做法运作完美,历史证明了这一点。这就是为什么,虽然麦高恩关于黑格尔和弗洛伊德之间关系的解读体现出了一种与我相符的冲动,但我还是不能同意他对于黑格尔某一重要表述加以贬低——他视之为"误导":

> 如果黑格尔知晓弗洛伊德的无意识以及驱力概念,他或许就可以向他自己以及读者更加直接地表达出矛盾的诉求。他本可以不用善和统一这些误导性的术语来描述主体的行动。他本可以不在《哲学全书第一部分·逻辑学》接近篇末处说出:"善,绝对的善在世界上永恒地实现着自身,其结果是善已经自在自为地实现,而用不着期待我们。"对于如何在成功的伪装之下寻找骚动,黑格尔那里没有概念工具。①

黑格尔当然知道如何在"成功的伪装之下寻找骚动",问题其实在于,他在表述这一点时有些模棱两可。一种解读是,黑格尔认为绝对是在与自己嬉戏:绝对创造出了骚动(从自身异化,卷入了与自己的斗争),并享受着与自己嬉戏。绝对的全部生活就是"寻找骚动",黑格尔完全知道每一个成功都创造出了新的(自我)分裂:敌人被击败,胜者就不得不面对自身的不自洽了……不过,这种读法的错误在于,预设整个进程中的主体是一致的主体,即自我同一的"绝对"与自己玩耍。这里错失的则是这样一个关键事实:分裂中不存在与自己玩耍的自我同一的主体。分裂先行

---

① 陶德·麦高恩(Todd MacGowan):《黑格尔之后的解放》(*Emancipation After Hegel*, New York: Columbia University Press, 2019),第53页。

到来，它先于发生分裂者，出现在这一进程中的自我同一性是(自我)分裂的一种形式。不理解这个事实，也就无法正确理解上述引文中黑格尔那段话，麦高恩才会认为它有问题。用麦高恩式的语言来说，如果和解意味着与矛盾和解，这恰恰意味着，在某种意义上，和解总是早已发生——和解尚未发生才是错觉。这就是黑格尔在那段"成问题"的话里表述的意思。不过，解释上的问题才刚刚开始。如果以简单直接的方式来解读这个段落，这就极有可能导致将绝对确认为自我充分的实体而非主体。与此形成对照的是，坚持认为那个"成问题"的段落是表述"绝对不仅是实体而且是主体"的唯一方式，而且是唯一自洽的方式。解决方式并不是将历史构想为开放的过程，好似一切都依赖着我们，不管是自由的主体，还是每一种客观的规定性——无非也是我们所拥有的创造性的物化与对象化；但解决方式也不是使实体性的命运和自由主体创造性的有限空间结合在一起，使两者达到某种"平衡"。第二种解决的意义基础在于马克思讨论"雾月十八"的文章开头那特别有名的几句："人们自己创造自己的历史，但是他们并不是随心所欲地创造，并不是在他们自己选定的条件下创造，而是在直接碰到的、既定的、从过去承继下来的条件下创造。"①并不是历史必然性给出了一种基本框架，我们可以在其中自由行动(这是恩格斯的历史必然性概念，即历史必然性经由个体偶然性的繁复网络而

---

① 引自 www.marxists.org/archive/marx/works/download/pdf/18th-Brumaire.pdf。

[中译见《马克思恩格斯选集》(第一卷)，中共中央马克思恩格斯列宁斯大林著作编译局编译，北京：人民出版社，1995，第585页。——译注]

实现)。命运是存在的,我们的未来已经被规定好,绝对者"已经自在自为地实现,而用不着期待我们",但真正得以实现的是我们偶然的行动。

简单说,这里的悖论就是,想要坚持以主体的干涉来实现可能的激进变革,唯一的方式就是接受预定论(predestination)与命运。因此,正是交叠在一起的偶然性与必然性塑造出了历史进程的特征。这种交叠首先在新教的"预定论"观念中得到了清晰表达。预定论并不是一种更深层的必然性,借助一系列复杂的偶然状况得以实现;毋宁说,正是偶然状况决定了必然性本身的命运。一旦某事(偶然)发生了,这件事的出现在回溯中便成为必然。我们的命运尚未被决定——不能在我们拥有选择这一单纯的意义上来理解,而需在更为激进的意义上来把握:即选择命运本身。我们也很容易就能领会,为什么就算我接受了自己的行动完全受到预先规定,从而自由意志只是一种错觉,以下行动却依旧是理性的:奋力与自己抗争,去做自己认为正确的事情。我的行为完全受到预先规定,但我并不知道具体以哪种方式受到规定。万一我所受到的规定,指向的是充满激情地投身于某种伦理斗争——与自己斗争呢?这自然开放出一种充满悖论的可能性,或许打破被预先规定命运的唯一方法,就是放弃任何积极的行动,避免介入任何斗争,完全屈从于命运。①

依照标准看法,过去是固定的,已经发生的事情无法改变,不

---

① 弗兰克·鲁达(Frank Ruda)探究了这一选项,见《废除自由:寻求对于宿命论的当下运用》(*Abolishing Freedom: A Plea for a Contemporary Use of Fatalism*, Lincoln: University of Nebraska Press, 2016)。

可能被取消;而未来是敞开的,取决于无法预知的偶然性。在这里我们应该颠倒此种标准看法:过去向回溯性的重释开放,未来则是封闭的,原因在于我们生活在一个决定论的宇宙中。这并非意味我们无法改变未来;而只是意味着,为了改变我们的未来,我们应该首先(不是去"理解"而是)改变我们的过去,以一种新的方式重新解释过去——从那种先前支配我们的过去视域所规定的未来中解放出来,朝向别一种未来。如果问,另一场世界大战会爆发吗?答案只能是一个悖论:**如果**爆发一场新的战争,那么它就是必然会发生的战争。这就是历史运行的方式。杜普伊描述过这种凭借怪异的翻转来运行的方式:"如果有件大事发生了,比如一次灾难,它本可以不发生。然而,就它没有发生来说,此事便并非必然。因此正是事件的现实化——'它发生了'这一事实,回溯性地创造出了必然性。"① 对新的全球战争来说,一旦冲突爆发(美国与伊朗等),它就会显现出必然的面目。也就是说,我们会自动把战争爆发之前的过往看成是必然会造成冲突的一系列原因。如果没有发生战争,我们就会以今日解读冷战的方式来解读它;这些过往都是一系列危险时刻,灾难却在此得以避免;因为双方都意识到全球冲突将带来致命后果(所以我们发现,今天很多冷战研究者都声称,冷战期间从来就不会爆发第三次世界大战,两大阵营只是玩玩火而已)。在投射的时间中,反事实性(counterfactuality)扮演着关键角色:

---

① 让-皮埃尔·杜普伊:《海啸的微形而上学》(*Petite métaphysique des tsunamis*, Paris: Editions du Seuil, 2005),第19页。

未来以反事实的方式独立于过去(虽然未来同时在因果关系上取决于过去,并且能够倚靠过去);过去则以反事实的方式取决于未来(虽说过去必然无须在因果关系上倚靠未来)。未来是固定的,而过去则是敞开的。①

如何以反事实的方式来改变过去呢?在此,"区分"再次涌现。回想一下《妮诺契卡》里的那个案例:我们无法改变过去那杯黑咖啡的内容,但我们可以把"咖啡不加奶油"变成"咖啡不加牛奶",从而区分出同一种咖啡的两个"身份"。中介着每一种实定实存的东西,正是"精神"的材料、精神之否定性材质,奇点前景则对此种中介造成了威胁。随着后人类崛起,人类不是同样内在地成了"尚未到来的奇点"吗?有一点在此确凿无疑:"我们预见了未来中的某个固定点。如果不形成对之的预期,或者说,如果我们并不这样来回应此种预期,即不以努力避免它的方式来回应这种预期,那么此种未来就会实现。"②显然,这与俄狄浦斯的例子形成了对照关系。在后者那里,未来(预先透露给俄狄浦斯父亲的命运)的实现,恰恰凭借的是这样一个事实:未来被预料到了(父亲获知了预言),而俄狄浦斯的父亲回应的方式是努力避免它的实现(把年幼的俄狄浦斯抛弃在森林中,希望儿子死在那里)。若没有了预期,命运也就无法实现。

概述一下。以传统的观点来看,过去受到决定,而未来是敞

---

① 让-皮埃尔·杜普伊:《无法发生的战争:论核的形而上学》,第205页。
② 同上,第207—208页。

开的(取决于我们的选择),未来的特征在于"分离":未来是 A 或者 B,取决于我们(自由因而不是被预先规定)的选择。在"投射的时间"中,不存在可选择的未来,因为只有一种必然的未来;然而,通过改变过去,我们却可以构造出一种不同的必然性,因此带来**别一种**未来。在此,两种(或者更多)选项不是分叉的,而是叠加在一起,就像是量子物理学里的两种不同状态。这种时间性使我们能够断言"此种时间概念之中未来不可规定——可恰是它使未来成为必然"①:

> 未来并不呈现在此刻,就此而言,我们必须将之视为同时容纳了灾难事件以及灾难并未发生这两种情况——这不是分离开来的可能性,而是一种状况与另一种状况接合起来。这种接合会事后揭示出,当下选择了某一状况的时刻,是必然会发生的。②

回到冷战岁月,人们关于天启的展望几乎完全聚焦于全球核战争,然而在今天,天启事件有了诸多版本,它们像鬼魅一样缠着我们:核战争威胁再现(比如美国对抗伊朗,或是朝鲜),此外还有全球生态灾难以及人类进入后人类奇点状态(我们至少还能很容易地想到另外两种天启事件:金融经济崩溃,以及一种数字天启,即控制并维持我们生命的数字网络发生崩溃)。

---

① 让-皮埃尔·杜普伊:《无法发生的战争:论核的形而上学》,第 177 页。
② 同上,第 199 页。

据奥里安尼·安布罗西尼(Oriani Ambrosini)①的回忆,南非现任总统西里尔·拉马福萨(Cyril Ramaphosa)曾将20世纪90年代早期非国大(African National Congress)新政府②对待白人少数群体的方式类比为"温水煮青蛙"。"拉马福萨特别实诚,他告诉了我非国大25年来对待白人的策略:这就像是温水煮青蛙,得慢慢提高水温。青蛙是冷血动物,察觉不到温度缓慢上升,但要是突然升温,青蛙就会跳出热水。他的意思是,占人口绝大多数的黑人得先以法律的形式慢慢地将白人的财富转移过来,使经济权力缓慢地、渐进式地从白人手里转到黑人手上,直到白人全部丧失了他们从南非所获得的东西;而不是一下子从他们手上夺走太多,若是这样,白人就会发动叛乱或发起抗争。"③不管真假,这个(相当不幸的)隐喻不正完美地呈现出我们今天的境况吗?我们在字面上就是被全球变暖"煮着"。更甚者,迄今为止在发达国家,人们对于生态危机和全球数字操控威胁的体验,清晰地表现出一种平行关系:在这两个事例里,变化都是渐进的,因此,除了短暂闪现的

---

① 此处应指罗马第一大学法学与社会科学教授马里奥·奥里安尼·安布罗西尼。——译注

② 1994年4月,南非历史上首次举行多种族民主大选,非国大以近三分之二的票数获胜,曼德拉作为该党主席出任南非总统。新南非政府成立后,拉马福萨出任制宪会议主席。——译注

③ 引自 www.politicsweb.co.za/opinion/ramaphosa-must-explain-comment-of-white-people-and。这里还有一个问题:拉马福萨自己就是南非最富有的生意人中的一个,资产超过五亿。所以,如果我们讨论财富的再分配,他是不是也应该被投入锅子里慢慢煮呢(或者说,我们只是为了用新的黑人统治阶级来取代旧的白人统治阶级,却对绝大多数身陷贫困的黑人置之不理)?

紧急情况之外,我们对于生态和数字威胁所造成的后果显然都熟视无睹……直到有一天,我们突然意识到,一切都太晚了,我们已经没有了任何机会。①

投射的时间围绕着未来的"固定点"循环往复,它以反事实的方式改变着过去,因此也改变了有可能会带来天启抑或不会带来天启的因果关系。此种循环运动能够假设出不同的(不)可欲形态。在"确保相互毁灭"以及毁灭日预言的逻辑中,在生态危机导致世界末日这样的言说里,未来的固定点是否定性的——我们固着于它,为的是推迟它的到来,或是避免它发生。② 在理想社会里,固定点则是肯定性的——我们不断召唤出它,为它而斗争。然而,奇点作为固定点却是敞开的、未受到规定的、分化的——它可以是肯定性的,也可以是否定性的,而且形态多种多样。这就是为什么多种必将到来的未来相互叠加的情况在此达到了极致。会出现某种后人类,这普遍被认为将会成为事实。没有人(极少的例外者会诉求一种"沙丘"般的集体决断——摧毁心灵-

---

① 当然,我们可以采纳一种拉开距离的观点,即聚焦于地球超长时段的变化,从而提出这样的看法:即使人类造成了这个星球上大部分生命的灭亡,对那些尝试探究一百万年后的地球的人来说,相比于导致恐龙灭绝的灾难来说,这只能说是微不足道。如此看来,作为新的地质纪元的人类纪概念难道不正是一个彰显人类傲慢的例子吗?它难道没有过分夸大我们人类的重要性吗?

② 我们自然也可以想象一种朝向"核天启"的肯定性立场,一种宗教-原教旨主义的立场:我们没必要害怕它,因为对我们这些真正的信徒来说,核天启不会是一次终结,而是一个新的开端——上帝会将我们带往天国。

机器①)会认为应该全面反对"后人类奇点"。这样一来,假设中出现的状况就不是非此即彼状态——天启到来或未临,而是众多天启版本,看起来各不相同:集体性的宗教福佑,**神人**(能力卓绝的个体)出现,人的精神消失,又或者是……重述一下我们的核心问题:(假定)神经连接出现,它会如何影响黑格尔所谓"扬弃"的悖论性时间结构呢?或者更准确地说,从黑格尔的观点来看,神经连接究竟是什么样子呢?若它(明显)不是对于我们人类的扬弃——即将之抬升到更高的层次,那又会是什么呢?更甚者,神经连接不仅不会是对于我们人类的扬弃,不像扬弃那样将人抬升到如神一般的更高层级;毋宁说,其新颖性体现为这一事实:神经连接恰会排除**扬弃**得以生效的(象征)空间……那样的话,黑格尔笔下的矛盾逻辑在这儿还有用吗?如果有用,这一逻辑又将采取何种形式?黑格尔所谓的矛盾究竟如何运作呢?

我们以绝对的方式将象征结构把握为思维的终极视域,便可阐明矛盾。正是矛盾标记出结构内在的脆弱性。这就创造出了变革的可能性,同时也指明,无论何种变化,无论如何革命,都无法治愈社会秩序的创伤。一个社会可以超越特殊而具体的矛盾,但它必然会遭遇另一种矛盾。这并不是寂静论(quietism)的秘方,而是

---

① 此处"沙丘"(Dune)应指弗兰克·赫伯特(Frank Herbert)创作的科幻小说《沙丘》(Dune)。摧毁所有能思考的心灵机器是"沙丘"叙事的规定:在"沙丘"星上,人们摧毁了所有"会思考的机器",并立下规矩:不可制造机器来假冒人的思维。——译注

对行动的召唤。政治论争的要点，便是在抵抗性矛盾不断增强的方向上运动，而哲学在这一运动中起着关键作用。这正是黑格尔关于进步的定义：从更容易解决的社会矛盾，走向更加棘手的矛盾。①

如何在这儿回应那种显见的反对意见呢？反对者会说，如果克服了一个矛盾就必然会遭遇另一个矛盾，为什么这个事实"不是寂静论的秘方，而是对行动的召唤"呢？打个粗俗的比方，为了摆脱一个矛盾，你冲了马桶，可只是得到了同一坨大便（或者用保加利亚习语来说，得到了同样的胡说八道），这坨大便以更加棘手的形式回来了，那为何还要斗争？为何不逗留在旧矛盾里面（比如说，资本主义），试着让它变得更可以忍受一点就行？换句稍有区别的话来说，声称和解意味着与矛盾和解，还是太过轻巧了。而认为所有邪恶都来自躲避矛盾，只是把那种标准视角颠倒一下而已——比如声称极权主义的根源在于想要抛开矛盾。② 在这里我们应该讲得更具体些："进步"是从（外部）对抗（如对抗敌人）转向内在的（自我）矛盾。因此，与其说这是以毛泽东的方式赞赏永恒的对敌斗争，不如说只是承认了以下事实：甚至在（最终）摧毁了敌人之后，你所身处的新境况将继续是自我矛盾的。不过，说否认自我矛盾会制造出敌人形象，甚至也成了老生常谈。希特勒是真正的敌人，必须与他斗争并将他消灭，但认为与希特勒展

---

① 陶德·麦高恩：《黑格尔之后的解放》，第212页。

② 顺便提一句，毛泽东显然坚持矛盾是永恒的，就算到了共产主义也有矛盾……

开斗争的进步力量将自身矛盾外化为一种敌人形象是错误的,就有点犯蠢了。

从堕落中堕落

这将我们带往了最后的议题:能避开奇点的,只能是另一种奇点。甚至可以说,奇点处在与自身相对立的状态——即表达为纯粹笛卡尔式主体这一独异性。无物可躲避奇点——除了这一"无"本身,即笛卡尔主体的空无性;是主体,而不是一个有着丰富内心生活的人类个体。我们应该摆脱那种(往往会自动沉陷其中的)幻觉——即在奇点中,我们基本会像现在一样和他人交流、分享情感等,只不过是在"更高"的层面上进行这些活动。这种幻觉在许多奇点理论家那里清晰可见。比如说库兹韦尔,他压根就没注意到自己是如何自动提出下述假设的:即便融入奇点,我们还是会继续像自由的"责任"个体那样行动。简言之,奇点概念的问题并不是它太过"激进"或太像"乌托邦",而是它还不够激进。它只是在交互主体性的常识世界里来定位奇点的到来,却对奇点这一事件如何破坏交互主体世界的基本假设视而不见。如果我们严肃对待这个观念——人类是通往更高阶段的一次失败了的过渡,或者说一种遭受挫败的进程,并严肃地看待这一点——那些我们感觉证明了人类伟大或富有创造性之类的东西,只不过是对这种根本挫败的回应,那么,我们还能想象出这样一种人的阶段吗?他们将会在某种程度上克服自身的构成性缺陷?他们不再拥有性,也摆脱了必朽性?我们的大脑与数字网络直接连接,当这种操作跨过某个门槛的时候(这种前景颇具现实性),那道将我们的自我觉知与外部现实分隔开来的裂隙就会崩塌（因为我们的思维将能直接影响外部现实，相反亦是。而且我们的思维也会直接与他人的心灵相连接）。无须跟从库兹韦尔的猜测或是"新纪元"的幻象——如库布里克《2001：太空漫游》(2001)里的最终场景①，就能看到某种新事物实际上正在涌现。预知它的确切轮廓尚无法做到，但有件事情确然无疑：我们将不再是独一无二的必死个体，也不再是性化的个人。我们会丧失与"外部"现实之间的距离，但同时我们会不会也将丧失了我们的独异性（因而也丧失了我们的主体性）？

　　这就将我们带回了下述议题：生而为人的限制具有一种构成性的作用，因为我们人类"更高"的成就恰恰植根于终极的限度（构成性的挫败、终有一死以及与之相伴的性），也就是说，恰恰植根于只能被感知为"障碍"的东西——它阻碍了"更高"的精神性生存。"更高的"层面可以抛开障碍，抛开阻碍它最终实现的东西而独存，此种想法是个幻觉。我们可以用**对象小 a** 来说明这一点，它是一种对完美或完善构成干扰、造成障碍的东西，但恰恰是此种障碍生产出了完美概念。如果我们消除了障碍，同时也就丧失了障碍所针对的东西。这个悖论在多个层面上生效，乃至可以用来说明女性之美。一位体态丰腴的葡萄牙女士曾跟我聊过一桩轶事：她最新交往的一位男友第一次见到她全裸时跟她说，如果这位女士能稍微减减肥，她的身体就会完美无瑕。当然，真相

---

　　① 《2001：太空漫游》的最终场景为：以能量形式存在的"星孩"诞生，他穿越"黑石"之门，回到地球上空。巨大的星孩凝视着地球，此时瓦格纳创作的《扎拉图斯特拉如是说》作为背景音乐响起，电影也就此结束。——译注

其实是,如果她减了肥,可能看起来就更加稀松平常了。那个对完美造成困扰的要素恰恰创造出了完美的幻觉:如果我们拿走了显得多余的要素,也就丧失了完美本身。

马克思为我们提供了这一悖论的一个关键政治案例……他从诸多洞见中得出了下述推论:一种更高的新社会秩序是可能的。这种秩序不仅可以维持下去,甚至将提升到更高的程度,并有效释放出生产力潜能,这一生产力呈现为螺旋式的自我增长。而资本主义社会有着内在的障碍/矛盾,生产力的增长一次次被破坏性的经济危机所阻碍,危机贯穿了整个社会。简言之,用德里达式的标准术语来说,马克思所忽视的是,内在的障碍/对抗是生产力"不可能"充分发展的"条件",但恰恰同时也是它"可能的条件"。如果我们消除了障碍即资本主义的内在矛盾,得到的并不是完全解除束缚的生产驱力(它解除了自身的障碍),反而会丧失这种生产力——看起来资本主义同时生产并阻碍着生产力。如果我们拿走了障碍,受到这一障碍阻抑的潜力也就消散了。(这里可能存在着拉康对于马克思的某种批评,此种批评聚焦于剩余价值和剩余享乐之间看似充满歧义的交叠。)因此,批评者在某一点上是对的——他们声称理想社会是一种不可能实现的幻想。但他们所不知道的是,这一概念——一个外在于资本框架的社会,其生产力发展全面解除了束缚——其实是资本主义自身固有的幻想,是资本主义最纯粹的内生性越界。严格来说,这是一种意识形态幻想,它维持着资本主义所产生的生产驱力。正如"现实存在的资本主义"悲惨经验所示,一旦摆脱了"障碍"与对抗,这种幻想就会是一个社会不断提升自身生产力从而有效获得物质实存唯一可能的框架。

又一次,这同一种悖论不正可以挪到后人类奇点头上吗?后人类到来这一事件不仅会逼迫我们去领会另一种生活形式,而且它还将迫使我们重新定义人性的构造。此处再回想一下艾略特(T. S. Eliot)的论题——每一个实际出现的新颖艺术作品将改变之前整个艺术史。这种再定义尤其涉及障碍的作用。在人类生活中,有限性是超越性的一部分,正是针对有限性,超越性才能出现。

从我们有限/必有一死的人类立场来看,后人类在某种意义上正是我们所努力奔赴的绝对之点,即思维与行动间的裂隙完全消失的原点,这是一个我们成为**神人**的点。在这一范围内,我们会再次遭遇与绝对擦身而过的局面。绝对始终是我们有限性当中那个虚拟的完美点,是我们总是无法抵达的 X。然而,一旦我们克服了自身有限性所施加的局限,就会丧失绝对本身。的确会出现某种新东西,但就算摆脱了必朽与性,它也不会是具有创生能力的精神——在通往"新"事物的途中,我们定然会同时丧失两者(而性在这里并不仅仅是个案例:**扬弃**这一回旋空间本身就是性化的)。①

顺便提一句,随着我们进入奇点,性就被撤销了。这一事件

---

① 注意到以下一点并不难:这一对立呼应了两种把握(象征)阉割的方式,两者亦呈对立之势。一个是否定的方式,阉割在此指涉一种压抑性的障碍,我们需要消除这一障碍从而释放出主体创造性的生产力。另一种是肯定性的方式,阉割在此指涉的是这样一种障碍(或丧失),它恰恰打开并维持着某个无法接近的领域。这样一来,若取消了阉割,我们也就丧失了想要保留下来的东西。阉割的悖论正是呈现为这一被迫的选择:我们所欲求的原物只有处于受限形式当中,才可以接近。如果你想要整个的它,你就会失去它。

只是彻底敲定了那个已然展开的过程而已——随着我们的数字化生活不断发展,这一过程不断深入。数据表明,今天的年轻人在性事上花的时间远远少于上网和嗑药。即使他们涉入性活动,也是(依赖赤裸裸的色情产品)在虚拟空间里"干"。难道这不更加简单,更容易获得满足吗?因此,新美剧《亢奋》①(Euphoria,公开的内容介绍如下:"一群高中生在毒品、性、认同、创伤、社会媒体、爱与友谊中寻找出路")几乎是今日高中生放荡生活形象的对立面。这部剧完全不了解当代年轻人的状况,反而具有一种古怪的年代倒错感,毋宁说这是中年人对曾经年轻过的一代人堕落状态的怀旧。

所以说,第一条教训就是,庆贺奇点将是神人到来之时,我们对此应加以拒绝,同时也要拒斥与它几乎构成对称关系的对立面——这是一种绝望的看法:奇点将导致人的终结。(一个海德格尔派无疑会坚称我们已然迷失:并不是灾难在未来等着我们,而是它早已发生。甚至是脑海中抬出奇点的那一刻,我们就已经放弃了人性——然而这也是某种时间性的另一个例子。我们的经验中出现某种新事物时,它其实早已在本质性的维度上即先验层面上出现了。这就是海德格尔理解现代技术的方式:真正的危险并不是核能带来了自我毁灭的可能性等,当我们所关涉的实在成了技术剥削的对象时,危险就已经存在了。)

第二条教训是,我们也必须拒斥那个假设,正是它构成了上述相互对立的读法的基础:针对奇点影响,一方说值得庆贺,另一

---

① 萨姆·莱文森等执导的美剧,第一季在 2019 年播出,2022 年刚刚推出第二季。——译注

方却认为会引发灾难。两种读法都假定,在奇点中,我们实际上抛却了有限性/必朽性/性态的象征领域。但两者的差别在于,对一方来说,这个新领域是极乐之地,我们可以完全沉浸在超个体的觉知当中;可对另一方来说,出于同样的原因,这个领域是人类的灾难性终局。如果接受这一假设,那么正如我们已经看到的那样,维持伦理维度的唯一方法就是康德的方法:为我们的知识划界。这也是格林布拉特提出的有力看法(见之前的引文):只有当我们不完美时,知识受限时,道德选择才具有紧迫性。康德提出这一点很容易,因为物自体在定义上就是我们无法获知之物。我们没有选择余地,并不是我们选择让知识受到限制,也就是说,我们永远无法拥有这一言说位置,说出:"现在我可以在超人(神圣)知识与受限的(因而是给道德留出余地的)知识之间作出选择!"造物主早已作出了这个选择。

然而,倘若说面对奇点到来的前景,我们(人类)**确实**可以选择——至少在形式上,我们可以选择不去发展它。这是否意味着,如果选择了奇点,我们必然会丧失伦理维度——只因为我们拥有了太多的知识? 在这里我们需要说得更明确一点:看起来奇点会对伦理维度造成威胁,但并不是因为知识本身有了爆炸性增长;而毋宁说是因为融入奇点带来了一种可能性,它会剥夺我们独一无二、独立行动的个体地位——自主意义上的个体地位。

就让我们先来处理"限度"问题吧:情况似乎是,当我们融入奇点,就能摆脱障碍——必朽性、有限性所构成的障碍,但我们也会丧失这一障碍所制造出的剩余物。换句话说,奇点威胁到的是不完美本身的力量、它的肯定性功能,甚至是单纯无知之力。黑格尔完全明白遗忘的肯定性功能:对他来说,遗忘并非弱点,反而是精神至高的"绝对"力量之表达——没有了此种遗忘的力量(实际上遗忘就是否定性的一个特殊面向),我们就会患上优柔寡断的虚弱症。亚历山大·鲁利亚①的经典作品《记忆能手的心灵》清晰地点出了这个问题。这一短小却充满睿智的研究为我们介绍了一个没有遗忘能力的人。他如同马戏团里的怪胎一般,可以回答各种问题,所问所答可谓包罗万象;然而他的主观生活却破败不堪,因为他根本无法作出一个简单的决定——而作决定需要用"支持或反对"来对复杂的网络进行简化。结果,他的整个生命都如同一场等待——等着不远的将来会有某种重要行动或某桩大事发生(但却从来没有实际发生)。② 遗忘不是弱点,而是至高的力量。绝对理念通向自然,③同样也可由遗忘的概念来解释:这无疑是遗忘即自我否定的极致。

---

① 亚历山大·鲁利亚(Alexander Romanovich Luria,1902—1977),苏联心理学家。——译注

② 参看亚历山大·鲁利亚:《记忆能手的心灵:关于庞大记忆的一本小书》(*The Mind of a Mnemonist: A Little Book about a Vast Memory*, Cambridge: Harvard University Press, 1987)。

③ 见黑格尔《哲学全书第一部分·逻辑学》梁志学译本第368页:"理念……以其自身的绝对真理性,决意把自己的特殊性或最初的规定活动和异在的环节,把作为自己的反照的**直接理念**,自由地**从自身外化为自然**。"亦可参看张世英关于此种转变的解释:"黑格尔说,当你从直接性来看绝对理念的时候,也就是说把绝对理念看作是一个唯一的不需要别的东西来说明,不需要别的东西来凭借的直接呈现在你面前,或者说专门对这个绝对理念的整体进行直观,直接地来看它,它以外再没有别的了,就这个直接的意义来讲,他说这个就叫作自然。"(张世英:《黑格尔哲学概论》,吉林省哲学学会编,1983,第377页。)——译注

正如我们已然看到的那样,"奇点党"在描绘奇点中的生活是什么样的时候,一般都会展现出惊人的天真:他们所描绘出的主体,就跟现在的我们一样说话,一样沟通,怀着同样的忧虑和欲望,只不过未来人的力量和认识会翻倍而已——在根本上我们还是一样的个体,只不过我们将变得更加强大,会拥有如今远不可及的经验范围。但他们从来没有想过:倘若我们的内心生活——包括最高级的精神成就,都植根于有限的身体实存及其限度呢?这样一来,随着融入奇点,我们岂不是会被夺走内心生活的基本特征?康拉德·洛伦兹[①]曾给出了某项含混的评论:我们自身("实际存在"的人)是动物和人之间的"缺环",这一缺环却广受欢迎。怎么来解读这句话?自然,首先浮现的联想就是"实际存在"的人类依旧栖居在马克思所谓的"史前时期",真正的人类历史将随着共产主义社会的到来而开始。[②] 又或者用尼采的话

[①] 康拉德·洛伦兹(Konard Lorenz,1903—1989),出生于维也纳的奥地利动物行为学家、鸟类学家、科普作家,曾获1973年诺贝尔生理学或医学奖。——译注

[②] 马克思关于"人类社会的史前时期"的说法,可参看《〈政治经济学批判〉序言》:"资产阶级的生产关系是社会生产过程的最后一个对抗形式。这里所说的对抗,不是指个人的对抗,而是指从个人的社会生活条件中生长出来的对抗;但是资产阶级的胎胞里发展的生产力,同时又创造着解决这种对抗的物质条件。因此,人类社会的史前时期就以这种社会形态而告终。"见《马克思恩格斯选集》(第二卷),中共中央马克思恩格斯列宁斯大林著作编译局编译,北京:人民出版社,2012,第3页。与之意义相近的表述还有"自然历史",参看马克思:《资本论》(第一卷),中共中央马克思恩格斯列宁斯大林著作编译局译,北京:人民出版社,2018,第10页。——译注

来说,人仅仅是动物与超人之间的一座桥梁,一条通道。① 更不必说那种"新纪元"版的措辞了:我们正在进入一个新纪元,人类将完全转变为同一个整全心灵,抛下所有卑微的个体主义。洛伦兹的"意思"无疑伴生于这些线索,虽说带有一种人本主义式的改向:人类依然不够成熟,显得野蛮,尚未抵达充分的智慧形态。不过,也可以有一种相反的解读:人的中介地位**正是**他伟大之所在,因为人类在本质上**正是**一种"通道",一种向深渊开放的有限存在。②

万物拥有更为完美的状态,克服了我们当下情状中的那些限制;一般而言,这一设想投射出了某种未来,其实此种未来恰植根于我们的当下情状。每一种"超人"形象都是幻觉性的投射,只是在"人类有限性"这一视域当中才具有意义。这并非意味着我们无法突破有限性的限制;而只是说,如果我们克服了有限性(比如

---

① 此一表述出自尼采:"他[扎拉图斯特拉]便如是说:人是一根绳索,系于动物和超人之间——一根悬于深渊之上的绳索。一次危险的横越,一次危险的途中行走,一次危险的顾盼,一种危险的战栗与停驻。人类身上的伟大所在,是其为桥梁,而非目的;人类身上的可爱所在,是其为**一种过渡**,一种**沉落**。"见尼采:《扎拉图斯特拉如是说》,娄林译,上海:华东师范大学出版社,2022,第16页。——译注

② 这与黑格尔不是很相似吗?黑格尔在阐述哲学史的时候,就好像化身为前先验哲学与19世纪进化式的历史主义之间消失的联系、中介者以及途经之点——前者探究宇宙的理性结构,而后者则反对形而上学。然而,若加以仔细考察,显然就会发现,黑格尔的思想超出了他的前者,也溢出了他之后的思想发展。在黑格尔的思想里,那些被后黑格尔思想直接堵塞了的东西变得一目了然。

融入奇点），这个时候，我们实际上也回不到堕落之前的生活——此种回归实际上不会废止堕落所造成的整个"空位期"。毋宁说，从堕落中返归，堕落的痕迹将依旧存在。奇点到来，我们会收获一种新的堕落，从堕落中再堕落：这是一种更深层的堕落，它会显示出一种结构——丧失本身也遭遇了丧失。用黑格尔的话来说，倘若奇点会以否定之否定的方式运作呢？一种使自身遭遇否定的否定，不是恢复更高的新的肯定性，而是使我们遭遇纯粹的否定性。我们可以将黑格尔的"否定之否定"解读为自我关联的否定性，这也是在全然绝望的立场意义上作出的解读。此时的主体不仅呈现出彻底失落的模样，而且他还被剥夺了这一失落本身——失落不可在重获丧失之物的意义上来理解，而需要在更为激进的意义上加以把握：丧失了那一使丧失本身拥有意义的坐标，在这之后，寻找本身便陷入极致的空无。

在希区柯克执导的《迷魂记》（*Vertigo*，1958）中，"斯科蒂"（或译"苏格兰仔"，即本片男主人公退役警探约翰·弗格森）首先失去了"玛德琳"，那位致命的爱人。① 当他把朱迪重塑为玛德

---

① 为了帮助读者理解齐泽克的下述分析，有必要对《迷魂记》的主要情节稍作复述：富商埃尔斯特想要谋杀自己的妻子玛德琳，于是他利用了以前做警察的同事斯科蒂（约翰·弗格森饰）——他有恐高症。丈夫编了一段妻子家族的秘史故事，然后说妻子状态堪忧，便雇"恐高"的前同事去跟踪并加以保护。不料斯科蒂爱上了这个"妻子"。其实一开始就是女招待朱迪在假扮"妻子"，真的妻子早被丈夫关在其他地方。时机成熟时，丈夫让假妻子诱骗男主去教堂塔楼，男主恐高无法攀登，结果见证了"妻子"坠楼自杀（其实是丈夫把已经死了的真妻子扔下塔楼）。斯科蒂因此患上了心病。有一天他碰到了这位女招待，望这个原来已经是假扮的招待再次去扮演"妻子"，恢复旧爱。令人感叹

琳时,却发现他曾经认识的玛德琳恰恰来自朱迪的伪装。他不仅发现了朱迪是个冒牌货(他知道朱迪不是真的玛德琳,因为朱迪在他眼前变成玛德琳是他的创造),更关键的是,朱迪又**不是**冒牌货——她就是玛德琳。玛德琳本身就是一个伪造出来的女人,于是**对象小a**瓦解了,真正的失落也丧失了。我们得到了"否定之否定"。在这儿特别值得回忆一下《迷魂记》最后那个镜头:朱迪从塔楼坠落,斯科蒂站立在塔楼边缘往下看。这带来了两种截然相反的解读:在某些阐释者看来,这个镜头指明斯科蒂幸存了下来,但内心完全破碎了;对另一些人来说,则是一个幸福的结尾(斯科蒂如今治愈了自己的恐高症,他敢于向下探视深渊了)。此种模棱两可性完美地复制了黑格尔"否定之否定"结果的歧义性(彻底的绝望抑或和解)。站立在教堂塔楼边缘的斯科蒂,在经历了丧失之丧失后——陷入奇点的主体之形象正是如此,被剥夺了实体,悬置在希望与彻底的绝望之间。

这就是我们的假设:奇点将会带来丧失之丧失,此种"丧失"

的是,这位招待在行骗过程中也已经爱上了男主,她无法逃离,只有使游戏继续下去。这里的关键点在于,男主爱上了一个一开始就是"假"扮的女主(这是齐泽克所谓的纯粹虚构),然后女主完成任务后还要继续去扮演这个不存在的人。为了让男主再次爱上自己,女招待又变成了那个"死"去的妻子。最终,因为女招待扮演妻子时戴了她的"故事"里的项链,因此男主知晓了实情,然后又带女主去了塔楼。这里的动机很复杂:表面的说法是要重复那一场景治愈自己的恐高与忧郁,但也是以场景重现来揭穿女主和丈夫的阴谋。最后在塔楼顶上时,女主被揭穿后袒露了爱意,而男主也在恨与爱中不能抉择。不巧,塔楼阴影里出现了一个老修女,随后女主受惊坠楼,男主站在塔楼边缘惊恐而迷茫地向下寻找着什么。这成为影片最后一个镜头。——译注

使丧失绝对化,这并不是"丧失"单纯的消失——不是回到某种新的直接性。也就是说,倘若没办法简单取消主体性,反而主体性会在遭到否定的过程中以更加纯粹的形态留存下来呢?面对主体融入奇点却依旧存在这个情况,这就是我们提出的关键点:丧失的丧失并非意味着恢复丧失发生之前的充实状态,而是一种具有绝对意味的丧失,(与个人相对立的)主体的状况就是此种丧失的状况。让我们暂时回到"具有生产性的障碍或限制"这一议题:(正如我们被告知的那样)在奇点中,交往沟通将变得直接,不再需要迂回,但恰恰是这些迂回生产出了增补性的精神财富。可倘若在此种情境中,"缺乏"会以某种更强的形式回归呢——一种绝对的缺乏,缺乏迂回?换句话说,倘若直接获得所欲之事物,反而会贬低所得到的东西,使之变得一文不值。

神经连接所打开的前景并不仅仅是直接共享性体验。我们"正常的"经验植根于身体与语言。不过,倘若可以直接激活大脑里的快感神经呢?这样的话,我们不就可以体验"纯粹"高潮了?比起通过身体互动与诱惑语言所达成的高潮,它要强烈得多。这种"纯粹"高潮到底意味着什么?倘若主体根本没有获得不可能的/真实的完全满足,而是在此体验到——借用普拉东诺夫的术语,我们很想在这里称之为 toská——令人无法忍受的丧失,即中介或迂回的丧失;也就是说,倘若我们得到了所欲之物本身,却失去了使它变得可欲的中介网络,会怎么样呢?此种解读指向了作为"忧郁"的 toská。回想一下,在弗洛伊德看来,正是欲望对象与对象-原因(使之可欲)之间的裂隙定义了忧郁。处在忧郁状态中的我们虽然得到了曾经所欲之物,却不再想要它了。此种忧郁结构清晰地提示出一种分裂的主体(divided subject)。这种主体

(有意识地)欲求着某个对象,却毫不察觉正是(无意识)对象-原因使它追求这一对象。因此一旦对象-原因丧失了功能,主体就会体验到无法自洽的自身处境,也就无法真正地欲求他/她所欲之物了。这就使我们回到了那个大问题:连线大脑这个事实将如何影响弗洛伊德所谓的无意识维度。数字大他者记录了我们的行为和决定,在某种意义上,它实际上可以说"比我自己更了解我";赫拉利所征引的例子里(决定结婚与否)①,数字大他者忽略了我的内心情感与意图,因而可以比我自己更好地确认我真实的立场。请想象一下某个臣服于商品拜物教的主体:只需观察并记录我从事商品交换时的活动,大他者就会发现,我实际上信仰商品拜物教,这同我所供认的世俗理性主义构成尖锐的对比,其实对我来说,商品就如同巫术对象,诸如此类。但随着可移植脑机接口(BCI)的出现,情况几乎颠倒了过来:数字大他者记录我的内心情感与体验,它将我确认为秉持实用主义的理性主义者——但它能记录我无意识的拜物教倾向(拜物教规定了我的行为方式)吗?换句话说,在这里,弗洛伊德-拉康所理解的**分裂**主体——主体有意识的自我经验同其无意识的确信及立场之间存在分裂——究竟会遭遇什么?粗暴地说,神经连接的整个设想难道不会忽略无意识,从而把我们简化成拥有自我意识的"传统"主体吗?就让我们回到那个案例看一看吧——我对待父亲那种模棱两可的态度。我意识到自己恨他,想要摆脱他,但是这种恨遮掩了我无意识的爱与依恋。正如我们已然看到的那样,这别一个维度并非如现成品那样呈现于我内心深处,由此成为真正的实

---

① 参看 Harari, *Homo Deus. A Brief History of Tomorrow*, p.396。

在。毋宁说,它是一种并不明确的心理驱力,只是在"转移"这样的现象中坚守自身并完全形成。在此种分裂主体的案例里,我们处理的并不是两种实在,一者为意识,另一者为无意识。无意识并不是我的深层实在,而是如拉康所坚称的那样,是未得到实现的领域,一个纯粹虚拟的潜能领域。比方说,我对父亲怀有无意识的恨,这并不是说,我在内心深处"真的恨他";而只是意味着,我公开的(示爱)言谈会遭到口误或其他一些症状行为的干扰,后者指示出另一个维度,它抵制着公开言谈所传递的信息。那么,数字大他者究竟会记录下哪一种态度?这难道不是再一次表明,直接共享经验与意识思维的连线大脑对无意识一无所知?

这就将我们引向了面具所拥有的模棱两可地位。与他人进行交流总是需要某种媒介,因为这种附加层的存在,我越发会戴着"面具"同"伴儿"进行交往。比方说,我和一位有可能发展成性伴侣关系的人网聊,我当然塑造出了新形象,它与现实中的我不相符合。但这并不意味着我只是在撒谎,掩盖了我的真实情况。万一存在着我还没准备好去面对的维度呢?倘若只有在虚构的外观之下才能显露这些维度呢——只有告诉自己"我们只是玩个游戏啦,这不是真实的我",它们才能显露出来?关于"真相具有虚构作品的结构"(拉康的话),精彩的案例即这样一类小说(或者电影),人物的某场表演(作为情节一部分)映现着这一人物真实生活里的情爱纠葛。比如某部电影里上演着《奥赛罗》,扮演奥赛罗的演员确实心怀妒忌,他在最后一幕真的死死掐住扮演苔丝狄蒙娜的演员的脖子,把她给掐死了。简·奥斯汀的小说《曼斯菲尔德庄园》(这是她最小众的作品)为这种程序提供了一个早期例证。范妮·普莱斯是个出身贫苦的年轻女孩,从小就寄人篱下,姨父托马斯爵士将她抚养长大。范妮有四位表亲——汤姆、埃德蒙、玛丽亚、朱莉娅,比起对待自己的四个孩子,托马斯爵士对范妮显然很差。四个表兄妹当中也只有埃德蒙向她流露出真正的善意。随着岁月流逝,两人之间渐渐滋生出一种微妙的爱意。孩子们成人后,严厉死板的托马斯爵士有次外出一年。这期间,好赶时髦、一身俗气的克劳福德兄妹——亨利和玛丽——来到了庄园,两人的到来掀起了一系列罗曼蒂克纠葛。年轻人决定排演《山盟海誓》①这出戏,埃德蒙和范妮最初都不赞成,因为觉得托马斯爵士会反对整个演出计划。但埃德蒙最终动摇了,勉强同意出演安哈尔特这一角色,而戏中的爱人则由玛丽·克劳福德来扮演。埃德蒙这么做,是为了避免让一个大家都不认识的外人担任这一角色。这出戏成了玛丽和埃德蒙谈婚论嫁的载体,更为亨利和玛丽亚的公开调情提供了借口。……但让我们来设想一个更加粗暴的例子吧:在社会现实生活中我是个软蛋,是个懦夫,可我在线上互动中却将自己呈现为残忍的施虐者、玩弄女性的老手。说我以此种方式掩盖了实际上的软弱是不够的——倘若反而是我在与他人的现实互动中压抑了自己残忍粗暴的倾向呢?倘若这些倾向只能在数字化虚构的世界中喷涌而出呢?在这个

---

① 小说提及的《山盟海誓》(Lover's Vow)是德国剧作家科泽毕于1791年发表的诗体剧本,由因奇博尔德夫人译成英文,1798年在英国出版后深受欢迎,频繁上演。关于扮演角色的讨论主要出现在小说第十五、十六章。埃德蒙为了避免不认识的年轻人卷入这出戏剧——他担心这会造成"家庭演出"和"合乎规矩"的落空,而只得自己接受安哈尔特这一角色。埃德蒙也同情克劳福德小姐,认为她不愿让陌生人介入。见简·奥斯汀:《曼斯菲尔德庄园》,孙致礼译,南京:译林出版社,2004,第134—135页。——译注

案例中，比起我现实生活中的个人形象，屏幕上的个人形象反而更接近我存在的内核……连线大脑可以记录我的思想，但它能区分出下述两种"面具"吗——一个呈现了我真正的主体立场，另一个实际上仅仅隐藏了我真实的主体态度？

这里凸显了某种（看似明显）差异本身的模棱两可，即数字控制、记录我的言谈和行为，与连接我的大脑之间的差异——在后者那里，我的意识内在的流动会分享给他人以及/或是机器。看上去好像是连线大脑将会更加彻底地暴露我们。如果只是行为和言说被记录下来，我们依然可以继续做，继续说，祈求交上好运，因而那种内心生活躲开了数字控制的幻觉不会消散。可是，如果我们是（精神分析所说的）分裂的主体，即如果我们"存在"本身的内在核心对于意识流来说是无法接近的，如果这一遭到压抑的部分却能在我们并非有意做出的行为与说出的话当中（如口误等）表达自身，那么，颇有悖论意味的便是，比起直接洞悉我们的心灵，记录我们的行为反而能更加深入地揭示我们的存在之核——当我们（认为我们）戴着面具、仅仅扮演某个"角色"时，面具所展示的东西要比面具之下的更加真实。

在这儿，关键是要把这一点牢牢记住：对我们的行为进行数字记录与操控，或是直接进行神经连接来读取我们的思想，两者之间的裂隙不可能被抹去。这两个方面永远无法在下述意义上达成统一——通过结合内外两种数据塑造出一个整体，从而给出某种完整的主体图景，即完全处于操控之中的主体。解释外部数据，应该依据它们所表达的内容以及它们表达主体的内心生活的方式。但是凭借神经连接获得的内心生活也需要依据主体的"外部"活动来解释（是否主体真的意愿着他所想之事）。不可能解决这个无解难题，因为缺失了第三项：缺席者的虚拟存在。上述两个层面都暗示出了这第三项，但我们在外部现实与自我觉知的内心生活中都无法找到这一缺席者。正是在这里，我们回到了无意识的悖论状态，无意识是第三种领域——虚拟领域，它既不是自我觉知的内在流动（神经连接捕获了它们），也不是我们行为的实在状态（对于行为的外部数字控制捕获了它们）。

回到《创世记》，奇点的呼声是蛇发出的另一种宣告。它许诺废除堕落，实现不朽，获得至上知识，只要我们吃了奇点的果实，即融入奇点。正如《创世记》所展示的那样，我们应该知晓，选择是被迫的：我们不得不做，没有任何退路。接下来将会发生什么呢？肯定不是奇点支持者们所想所愿之事。他们跟蛇一样并没有撒谎，不过危险恰恰就埋藏在他们的实话当中。我们只能先行挑明的是，将会有某种灾难到来，但经由某种重复，新东西也会出现。

就灾难而言，我们已经谈过这一前景：在大脑里直接激活快感神经，就能体验"纯粹"高潮，这要比身体互动与诱惑语言达成的高潮强烈得多。但是，对立项会是什么呢？"纯粹"痛苦和疼痛的崭新形态？梅岑格①就"普通"人类意识问题已经提出了类似的要点："现在尚不清楚的是，迄今为止地球上的进化过程所带来的意识生命形态，是不是一种可欲的经验形式，是不是现实的善

---

① 托马斯·梅岑格（Thomas Metzinger），德国美因茨约纳斯·古滕堡大学哲学教授，专攻神经伦理学与神经哲学，长于分析哲学向的心灵哲学、认知科学的哲学研究等。他也是 MIND 组织的创建者和领导者，同时还担任法兰克福高级研究院的联合研究人员。——译注

好本身。"①这种成问题的特质涉及痛苦和疼痛：进化过程"创造出了痛苦与混乱之海，它不停地扩张，最初则未见这一切。不仅是具备个体意识的主体数量简单增加，而且主体现象状态的维度不断扩张，因此痛苦与混乱之海也在变深"②。有理由推断，以人工方式制造出新的意识形式，同时也会带来新的痛苦，更"深"的痛苦形态……正像我们已经看到的那样，正是出于所有这些理由，对于那些视神经连接为"生而为人"之威胁的人来说，唯一出路就是"沙丘"式的解决方式。在这部赫伯特创作的经典科幻小说中，人类受到高级计算机的支配，于是他们集体决定摧毁所有"能思考的机器"，把自己的头脑改造成适应极端复杂任务的状态（当然这种精神发展之所以可能，需使用"香料混合物"。后者可以提升健康，延长寿命，使人适应光速状态下的空间旅行，甚至能够做出有限度的预知行为）。然而，这一选项来得太迟。公共部门和公司企业都在暗中活动，谁又知道它们在实现诸多版本的神经连接以及直接操控头脑这一方向上已经推进到哪一步了？

奇点的力比多经济

米勒曾参照毛泽东的话来诠释当下情境，我们应该回到这一点上：没错，当代西方世界淫秽下流的大他者标志着"实在界大

---

① 托马斯·梅岑格：《谁都不成为：主体性的自我模型论》（*Being No One. The Self-Model Theory of Subjectivity*, Cambridge: MIT, 2004），第620页。

② 同上，第621页。

乱"这一事实。不过,毛泽东的下半句话是:"……形势大好。"那么,在米勒关于资本主义实在界的解读当中,他未加顾及的另一个维度在哪儿呢?何者可以向激进的转型开放?"希望"在哪儿?回到贝克特那里:若要辨识出此种"开放",我们需要将异常-幻觉经验状态定位成这样一个面向,它是某种挫败了的社会总体的两个面向之一,即其主观方面(无我之我),它的客观对应物就是全球资本主义构造。对于奇点来说也同样如此。正如米勒所示,当他写出"资本主义与科学结合在一起,使自然消失"时,意思是奇点到来这一事件(我们今天能够想象,这就是"自然"最终"消失"),将不仅仅是主观-宇宙现象,而且也是这样一种现象:它建基于科学和资本主义相结合——催生出奇点的科学技术不是中性的,毋宁说植根于资本主义关系。换句话说,奇点事件到来,我们将不得不称它为后人类资本主义情状。通常我们假定,资本主义是(更加)历史性的,而我们的人性,包括性差异,则更为基础,甚至是反历史的。然而,我们今天所见证的,毋宁说是这样一种尝试:将后人类整合进资本主义,也就是说,这就是那位身为亿万富翁的新"导师"埃隆·马斯克想要做的事情。这些人作出的预言即"我们所了解"的资本主义——"人类"资本主义——行将就木。但他们所谈论的"旅程"是指从"人类"资本主义通向后人类资本主义。

因此,奇点逼迫我们直面这样一个问题:正在浮现的"后人类"资本主义会如何运作?鉴于资本主义总是意味着对劳动者进行剥削,那新的后人类资本主义又将如何继续压榨我们呢?为了揭露这个问题,我们需要把享乐这一维度引入关于奇点的考察。从力比多立场来看,奇点不正是一个释放出极度享乐的空间吗?不正是让人拥有了销魂的出神状态?它难道不是一个我们可以充分享乐的空间吗？此种享乐不再受到有限性的束缚。那样的话,力比多剥削是从哪里钻入这一空间的呢？用最简明的话说,当大他者(即那一压榨我们的系统)占有了我们(系统的臣属者/主体)的享乐时,当我们不停地服务并投喂"系统的享乐"①(这才是弗洛伊德-拉康视角里剥削一词的终极意味)时,这种剥削就发生了。

要准确理解这一论断,关键得超越那种简单的平行关系——提供享受的劳动与生产商品的劳动之间,以及剩余-享乐的生产与剩余-价值的生产之间的平行关系:两者之间的关系并不仅仅是一种形式上的同构关系,更是同一个总体的两个环节。这意味着两者有着互相牵涉的关系——每一方以自身的方式成为另一方的环节。所以,我们就有了劳动的享乐(从艰苦劳动本身收获享受,这意味着对享乐的放弃)与享乐的劳动(享乐本身不仅仅是一种被动的经验,更是由劳动造成的后果)。

需要注意的首要之事是,想实现经济剥削(剩余价值的生产),只有维持住那些被剥削者的享乐才有可能:"主人话语从不掩藏它之所是以及它之所欲。毋宁说,被掩藏起来的是剥削和享乐之间的联系,即经由享乐的生产对支配关系进行再生产。"②简言之,主人只有赐予他的仆从些许享乐,以此来"贿赂"后者,才能施行自己的统治。享乐有着两个相互对立的主要形态:我服务我的主人;我从此种隶属关系中直接获得享受。主人掌控着我,但

---

① 萨默·托姆西奇(Samo Tomšič):《享乐的劳动》(*The Labour of Enjoyment*, Berlin: August Verlag, 2019),第247页。

② 同上,第15页。

也小心翼翼地允许我在他目力不及的地方违背他的禁令,他心知肚明,此种小小的越界会让我得到满足(苏联体制里存在的那些政治笑话,作用就在这里)。这就把我们带回了拉康关于黑格尔主奴辩证法的批判性解读。拉康指出,正是仆从而非主人享受着劳作。

> 黑格尔告诉我们,奴隶屈身从事劳动,他因为害怕死亡而放弃了享乐,但劳动恰恰是奴隶实现自由的途径。无论在政治上还是心理上,没有比这个更显豁的诱惑了。享乐很容易就会奔向奴隶,它在奴役状态中留下了作品。①

或许我们应该从此观点出发,来重读黑格尔《精神现象学》里那些闻名于世的词句——关于欲望(Begierde)、享乐(Genuss)和劳动(Arbeit):

> 欲望的目标是要完全否定对象,从而获得一种纯粹的自身感触。但正因如此,这个满足仅仅是一种转瞬即逝的东西,因为它缺乏一个**客观的**方面,也就是说,缺乏**持存**。反之,劳动是一种**被遏制的**欲望,是一种**被阻止的**飘逝,换言之,劳动**进行塑造**。(Die Arbeit hingegen ist gehemmte Begierde, aufgehaltenes Verschwinden, oder sie bildet.)恰恰对劳动者来说,对象具有独立性,正因如此,这种与对象之间的否定关联转变为对象的**形式**,转变为一个**持久不变的东西**。这个**否定的**中项,这种**塑造活**

---

① 拉康:《文集》(Écrits, New York: Norton, 2006),第686页。

动,同时也是**个别性本身**,或者说是意识的纯粹的自为存在,因为意识如今已经通过劳动摆脱自身,进入到"持久不变"这一要素之中。这样一来,劳动意识就直观到那个独立的存在其实**是它自己**。①

我们需要对"劳动是一种被遏制的欲望"这个论断作一点拉康式的转化:gehemmt(被遏制的)也有"被禁止、被妨碍、被阻隔"的意思。我们应该赋予这些措辞以弗洛伊德理论的分量,它们尤其关乎欲望的压抑倒转为迎向压抑的欲望——倘若对于享乐的阻碍/推延反而生产出了欲望的剩余物呢? 令人颇感意外的是,马克思的"劳动价值论"与弗洛伊德理论的核心要素——"无意识劳动的理论"②——有着相类似的形态:一个梦的无意识"价值"完全是"梦－劳动"的产物,而非"梦－思"的产物。梦－劳动在梦－思身上施展着改造活动。同样,商品的价值也是得自耗费在生产商品上的劳动。这里的悖论在于,梦－思遭到加密(变得令人迷惑),被转译成梦的构造,而恰恰是这一点产生了一个梦真正的无意识内容。弗洛伊德曾强调,梦的真正秘密不是它的内容("梦－思")而是它的形式:梦－劳动不仅仅是一个遮掩梦之"真

---

① www.marxists.org/reference/archive/hegel/works/ph/pinkard-translation-of-phenomenology.pdf。

[中译见黑格尔:《精神现象学》,先刚译,第125页,黑体为原文所有。——译注]

② 萨默·托姆西奇在《资本主义无意识:马克思与拉康》(*The Capitalist Unconscious: Marx and Lacan*, London: Verso Books, 2015)一书中构造了"无意识劳动"这一术语。

正信息"的过程；毋宁说梦的真正内核、其无意识愿望，只能通过这个遮掩的过程来刻写自身。因此，一旦我们将梦-内容回译为内容所表达的梦-思，就会失去梦"真正的原动力"——简言之，遮掩过程刻入了梦，它才是梦真正的秘密所在。这就是"享乐劳动论"的核心机制：通过将梦-思编码进显梦（manifest dream），压抑本身制造出了剩余-享乐。或者更直接地说，放弃快感，却变成放弃本身拥有了（剩余）快感。甚至当我们对纵欲行乐心怀憎恶时，我们便陷入了陷阱——在憎恶中寻找快感。严苛的卫道士案例不正说明了这一点吗？面对着我们腐朽堕落的快乐，他们发出了恐慌之音，不正是在这一刻可以感觉到他们产生了快感吗？这个过程分三步走：首先，有一些直接的快感形式；然后，我们被迫放弃了直接的快感；最终，恰恰是这一放弃行为、这一压抑行为，产生了放弃/压抑本身的剩余-快感。凝练出这一过程的公式即 P-L-P，也就是快感-压抑的劳作-剩余快感（这个公式呼应的当然是马克思的资本循环公式）：M-C-M（货币、商品、剩余-货币）。想象一下强迫性仪式的简单案例：一个强迫性（偏执）神经症患者有着一些难忍的欲望，他要与欲望开战，于是他确立了自我惩罚的仪式，并通过这样的仪式来尝试抑制那些难忍的欲望，可结果却是他开始享受这些仪式本身——我痛苦地鞭打自己，以此来与罪孽深重的性欲作斗争，可是随后却开始享受鞭打自己，因为它以否定的形式提醒我，遭到禁止的欲望依旧在我身上活跃不歇。

因此，问题再一次出现，剥削究竟是如何钻入这里的？依据力比多经济，需要调用驱力与欲望之间的区别来实现剥削。资本主义本身的欲望（或者毋宁说驱力）并不是资本家的欲望——后者变化多端，会呈现出各种病态倾向，可以是复仇，是积累财富，扩张厂房、扩大生产，或者别的什么；然而，资本主义的欲望是一种朝向扩大再生产的单调驱力……尽管如此，为了避开某种新的泛灵论(栖居在客观社会进程中的欲望泛灵论)，我们应该探究这一非－主体化欲望的准确状况。虽说是"非主体化"，它却依旧如同某种预先假定了主体性的东西在运作(只有经过预先假定它才能运作起来)。把焦点放在个别资本家的私人邪恶之上，这远远不够。以下就是原因：资本最好的仆从很可能会忽略私人性的邪恶旨趣而完全献身于"更高的忠诚"——为资本的平稳循环保驾护航。具有类似形态的，还有个别政府官员的私人欲望与体现在国家机器运作中的"欲望"之间的区分。就我们的政治－意识形态困境而言，反对特朗普、旨在弹劾他的运动透露了不少信息。特朗普被描绘成一个追求私利的个体，而不是国家及其机器的代表。爱德华·斯诺登(Edward Snowden)直接把握到了这一点，他评论道：

> 吹哨人的抱怨触发了对美国总统特朗普的弹劾调查，这在"战略上"是"相当明智的"，因为它聚焦于总统与体制之间的对立。……当议会本身受到同一项指控牵连的时候，他们会更倾向于以一种不情不愿的方式把某个滥用职权的家伙当作弃子。……吹哨人做的事情只是稍不寻常而已。议会这次指控的那个违法者当然就是总统，此刻，违法者成了那个历史上不受欢迎的人。①

---

① 引自 www.cbc.ca/radio/thecurrent/the-current-for-sept-26-2019-1.5297326/a-simple-clear-case-why-edward-snowden-thinks-us-congress-will-support-the-trump-ukraine-whistleblower-1.5297327。

因此，某人追逐私利或是发泄私人性的病态倾向（复仇、贪恋权力与荣耀），对此种违法的个体加以批评是可以接受的。但是想要在国家体制的活动里辨识出罪行则远为困难。这种犯罪活动的施行者都是人格上诚实可靠的人，对自己的工作一丝不苟——此处的邪恶与罪行并没有个体化，而是刻写在体制的运作本身。

弗洛里安·亨克尔·冯·多纳斯马尔克那部广受称赞的影片《窃听风暴》(Lives of Others, 2006)就落入了这个陷阱……怎么说呢？推动电影情节发展的是那个腐败的文化部部长。他想要打发掉民主德国（东德）顶尖的剧作家格奥尔格·德莱曼，这样就可以不受阻碍地追求德莱曼的伴侣、演员克里斯蒂娜·玛丽亚。这样一来，刻写在体制形态结构之中的恐怖就被转派给了某个人的怪念头，成了后者所造成的效果。影片错失的要点即：就算没有部长个人的腐败，就算全是致力于奉献的官员，体制丝毫不会减弱它的恐怖之处。在真实的东德，一个像德莱曼这样也在西方国家拥有知名度且出版作品的作家，就算没有政府高官觊觎他的老婆，也一定会受到不间断的监视（那些知名的创作者——从布莱希特到海纳·米勒①——无不有着此种待遇）。

弹劾特朗普亦是如此。特朗普当然是个讨人嫌的家伙，他缺

---

① 海纳·米勒(Heiner Miller, 1929—1995)，布莱希特之后具有世界影响的东德剧作家，其作品多有尖锐批评东德现实的内容。20世纪70年代开始任柏林剧团编剧，后又曾任柏林人民剧院艺术顾问，主要作品有《克扣工资者》《农民们》《工地》《菲洛克泰特》《宰杀》等。——译注

乏基本的道德准绳。不过，美国中央情报局持续采取的行动正在对人权进行体系性的摧毁又怎么解释呢？真正的敌人并不是那些为事业带来困扰的乖僻人物，真正的敌人是那些正在不懈追寻美国目标的真诚爱国官僚。点个名吧，这种爱国官僚的模范就是詹姆斯·科米（James Comey），那个被特朗普罢免的联邦调查局局长。虽说在事实层面，科米对于特朗普的批评很可能触及了真相[可参看他的回忆录《更高的忠诚》(*A Higher Loyalty*)]，但尽管如此，还是应该承认，他面对美国原则与价值所体现出的"更高忠诚"根本没能触及那些只能称为"犯罪倾向"的东西，这些"倾向"就刻写在美国国家体制当中，阿桑奇、斯诺登和曼宁①都曾对之加以揭露。

我们也不应该忘记，弹劾特朗普的运动在很大程度上受到某种念头的推动，即想去证明俄罗斯影响了最近的总统选举，从而使特朗普得以当选。俄国人很可能牵涉其中（美国人不也一样？美国想要影响全世界任何一场选举！差别就是，他们认为自己进行干涉是为了"保卫民主"），然而，过分关注这个方面会起到遮蔽作用。希拉里·克林顿为何败选？她为何针对伯尼·桑德斯（Bernie Sanders）与民主党内部的左翼展开残忍斗争？这背后真正的原因被遮蔽了。桑德斯发出以下警告没什么毛病："如果为

---

① 布拉德利·爱德华·曼宁（Bradley Edward Manning），美国陆军上等兵。他利用职务之便下载了25万份美国政府的机密资料转交给维基解密。2013年，曼宁被判在军事监狱服刑35年。随后他宣布自己要变为女性，并改名为切尔西·曼宁。2016年，曼宁在狱中接受了变性手术。——译注

了下一年,为了一年半以后直接进入选举核心圈,议会谈论的都是弹劾特朗普,都是特朗普、特朗普、特朗普和穆勒、穆勒、穆勒①;但我们并不谈论将最低收入提高到可以维持生活的水平,不谈论如何应对气候变化,不谈论性观念、种族主义与恐同症,而所有这些议题都与普通美国人的生活息息相关。我担心我们的做法恰恰对特朗普有利。"②弹劾特朗普可不是什么左翼方案,这是一项中间派-自由派方案,他们同时隐秘地希望削弱民主党内部的左翼转向。

这就将我们带回到马克思那里:关于马克思的《资本论》最近出现了一些很棒的解读。其中一些将研究焦点从第一卷转向了第二卷,后者处理的是资本的循环,即资本自身扩大再生产的循环。而且,这些研究者为了厘清此种循环的构造,参考了生命的范畴,正是黑格尔在"主观逻辑"第二部分里对这一范畴进行了阐发(这不是黑格尔"自然哲学"里的生命,而是纯粹逻辑结构里的生命,生命作为"第二自然"、作为概念客观的自我再生产运动——概念则依从着概念-判断-推论这一主观三元构造③)。

---

① 此处指前联邦调查局(FBI)局长穆勒(Robert S. Mueller)担任特别顾问,负责 FBI 对俄罗斯干预选举案的调查工作。——译注

② 引自 https://edition.cnn.com/2019/04/23/politics/berniesanders-impeachment-cnn-town-hall/index.html。

③ 黑格尔的《逻辑学》(又称"大逻辑")分为两大部分——第一部分为"客观逻辑",包含"存在论(或'有论')与'本质论'";第二部分为"主观逻辑",包含"概念论"。这里所谈到的"概念-判断-推论"对应于"概念论"的第一部分"主观性"。而黑格尔确实在《逻辑学》里表述过"生命",并提醒大家注意生命的逻辑观点与生命的其他科学的区别(且抛开了非哲学的科学中

为此种解读奠定基础的是这一论题:资本的自我运动、它的"生命",是黑格尔的"绝对"概念、"绝对理念"的现实基础。自我运动着的资本是黑格尔绝对主体的现实性。我觉得这种解读虽然特别清晰有力,但还是暴露出了问题,特别是就对无产阶级革命的构想而言。它认为无产阶级革命抑或对于资本主义系统的突破走出了辩证法,进入一种无中介的激进他者性当中。进言之,用稍微有点简化的拉康术语来说,这种解读颇有问题地假定了资本就是实存着的大他者,而不是仅作为主体虚拟的参考点而维持下来的大他者(主体的活动仿佛昭示它存在着)。

正如马克思所描绘的那样,在前数字资本主义的运行中,驱力与欲望之间的张力关系依旧在全面产生效用:资本的驱力与个体资本家的欲望不一样(当然后者服务于资本的自我再生产)。在力比多层面,剥削可以等同于为大他者的享乐提供服务。主体的欲望服从大他者的驱力,因此就算我承受痛苦,如果这种痛苦服务于大他者的享乐——即"扩大自我再生产"这一资本无限的驱力,我还是会接受。资本(作为"自动主体")无限的自我循环寄生在我有限的欲望之中。当然,这并不是心理学意义上的享乐,它是非人格化的,是资本客观的社会结构的一个环节,但也不

关于生命究竟怎样的讨论),即"逻辑的生命,作为纯理念,与**自然哲学**中所观察的自然生命,以及与**精神**联结时的生命,是怎样相区别的"。"生命在理念中,便没有作为现实形态那样的前提;它的前提就是**概念**。……在逻辑中,生命则是单纯的内在之有。……概念,它作为主观的概念而较早出现,是生命的灵魂本身;它是冲动,这个冲动通过客观性,即透过自己的实在而使自己有了中介。"见黑格尔:《逻辑学》,杨一之译,第456—457页。——译注

只是客观的:个体主体预先假定的大他者,是个虚拟的参考点(如同象征性大他者是虚拟的一样,它是一种非心理化的实体,只作为主体及其活动的虚拟参考点而存在)。但是,奇点里所发生的事情、直接融入大他者的集体空间所带来的状况,则是那道裂缝的崩塌——它曾将主体的欲望同大他者的驱力划分开来。当我身处奇点之中时,我的思想不再属于我,而成了奇点自身运思的产物,我直接分享了大他者的驱力。

这就是为何奇点前景打开了一种走出资本主义的方式。为什么资本主义要运用此种意识形态魅惑力?为什么资本主义要在人们面前显现为与人类本性最为相配的社会秩序?甚至许多左派私下也会承认资本主义是真实生效的唯一事物,并且把自己托付给某种更具福利与人权导向的资本主义,却认为"完全的"社会主义是行不通的乌托邦而将之抛弃。……关于资本主义的弹性,陶德·麦高恩提供了一种拉康式的解释,他大胆承认了在某些(有所保留的)意义上,资本主义实际上的确适合"人类本性"。[1] 前现代的社会秩序掩盖了人类欲望的悖论,并且假定欲望嵌入一种直接的目的论结构(我们人类致力于实现某种终极目的,不管它是"幸福",还是其他类型的物质或精神成就;我们想在这些成就中找到平静和满足)。与之形成鲜明对照的是,资本主义是第一种也是唯一一种将自身的运行并入人类欲望基本悖论的社会秩序。此种悖论关涉到我们力比多经济中"剩余"的运作:无论我们实现了什么,却总不是"那个"。我们总想要另外一些东

---

[1] 参见陶德·麦高恩:《资本主义与欲望》(*Capitalism and Desire*, New York: Columbia University Press, 2016)。

西,想要更多。我们欲望的终极目标并不是去实现某些终极目的,而是在一种永远扩张的形态中复制欲望自身无穷尽的自我再生产。正是系统的不平衡性规定了资本主义,原因在于,资本主义只有通过不间断的自我破坏与自我革命,才能繁荣昌盛。悖论正在于,因为我们欲求着跟每一种对象躲猫猫的"剩余",从而,朝向快感与满足,就会同时迫使我们为了将要到来的满足而永远牺牲唾手可得的满足。在资本主义中,享乐主义和禁欲主义合一了——或者,引用麦高恩那本书封面上的概要:

> 资本主义隐藏了牺牲,因此使我们在牺牲中找到了满足,而无须挑明牺牲与满足之间的联系。所有满足都依赖某种牺牲形式——牺牲时间、资源、统一性等,但是资本主义把牺牲装扮成了自利,这就使资本主义主体所投身的活动成了一种牺牲,却同时确信自己仅仅是在追求自我利益。

资本主义调动起来同时却加以遮掩的是这样一种情况:快感的终极源头就是牺牲本身。资本主义掩盖了这一悖论,它所采取的方式是在我们(生产者与消费者)的眼前永远摇晃着那一骗人的许诺——未来得满足。简单来说,与其承认"未来得满足"的许诺仅仅是一个幻觉性的花招——为的是正当化此刻的牺牲与放弃;不如说,资本主义调转了万物的方向,使牺牲与放弃呈现为实现"未来得满足"的手段。一旦剩余所蕴含的邪恶逻辑直接遭到调用,我们就不再可能回归前资本主义的平衡状态了。正如马克思早已锐眼辨出,解放只能借道资本主义。然而这是什么样的解放呢?你必须拒绝那个梦——某种截然不同的力比多新经济可以摆脱牺牲与剩余的悖论,这也是绝大多数社会革命者以及另一些激进乌托邦主义者暗中怀有的梦。人类欲望的悖论性结构是某种先验之物:我们无法走出去,无法(重新)建立某种新的平衡宇宙,好似在这个宇宙中,我们将不会固着于"剩余",而只是为获得满足进行劳作。

那么,我们如何在不陷入"平衡宇宙"这一前现代想象的情况下走出资本主义呢?如何既承认人类欲望的基本结构,却又不下结论说"因为资本主义调用了这一结构,它在某种意义上就无法超越,'永恒'且自然"?正如我们已然看到的那样,资本主义调用了这一结构,同时又掩盖了结构的悖论。如此一来,唯一的解决方法(不是对牺牲与放弃说"不"而)是:公开承认牺牲与放弃本身,并且让它们显露出来,去掉所有注目于未来得满足的目的论证成。这是充满困难的变动,因为它会迫使我们承认一种真正的创伤性事实。——回想一下斯大林发动的大清洗。为了未来的幸福社会,成千上万人牺牲了,却掩盖了那个事实:幸福未来的想象是一个面具,它遮掩了牺牲本身所具有的淫秽快感。这正是拉康在"研讨班十一"最后几页里所暗指的东西,他的原话是:

> 把献祭对象呈送给难以捉摸的诸神,这事儿很少有主体可以抵抗。他们只能屈从,好似都着了可怕魔咒的道儿。无知、冷漠、将目光移开,这些或许可以解释:在遮掩之物下面,秘密依旧会隐而未现。不过,无论何人,若能充满勇气地凝视这一现象,对他来说——再一次,肯定很少有人能够不屈服于牺牲本身的魅惑——牺牲

意味着,我们努力在欲望对象当中找寻证据,找寻这一大他者存在欲望的证据。我将这一大他者称为黑暗之神。①

这一"可怕魔咒"的替代者,并不是摆脱了牺牲的幸福生活,而是这样一种"牺牲"(耗费):祭品并不"呈送给黑暗诸神",也就是说,牺牲不再为神圣大他者的享乐服务。我们能做到这一点吗?或许,奇点前景带来了一种新希望。当我们融入奇点时,为大他者(资本)的享乐而劳动这一标准资本主义游戏——这个游戏笼罩在追逐自我利益的魔咒之下——将不再生效。这种游戏只能在此种条件下运行:保持住(无限的资本)驱力与(有限的主体)欲望之间的距离。然而,在奇点中距离消失了,欲望沉陷在驱力当中,异化充分展开,直接可感。这就给了我们一个机会去摆脱它。

让我们从这一要点回到《黑客帝国》②,这部影片恰好展示了充分的异化。《黑客帝国》的假设是,我们活在其中的现实即矩阵所展示的那种伪造现实运行良好,如此一来,人类就能有效地被简化为被动的活体电池,为矩阵提供能量。因此,这部电影的独特影响与其说在于它的核心主题("矩阵"制造出了一种人工虚拟现实,我们却将它体认为现实本身,那台庞大的电脑直接附着于

---

① 雅克·拉康:《精神分析的四个基本概念》(*The Four Fundamental Concepts of Psycho-Analysis*, New York: Norton, 1998),第275页。
② 我对《黑客帝国》的详细解读,可参看《矩阵,或倒错的两方面》("The Matrix, or the Two Sides of Perversion"),见 www.lacan.com/zizek-matrix.htm。

每个人的头脑),不如说在于它所提供的那种核心形象——成千上万的人躺在注满水的摇篮里,过着一种会引发幽闭恐惧症的生活,只是为了给矩阵提供能量(电能)而活着。人类完全沉浸在矩阵所操控的虚拟现实之中,因此,当(某些)人从中"醒"来的时候,这种觉醒并没有为他们打开走向外部实在广阔空间的道路,反而第一次实现了恐怖的闭合。每个人在这里实际上只是一个胎儿般的有机体,处在诞出母体之前的状态,浸泡在流质当中……这种彻底的被动性是终极性的**倒错**幻想,它蕴含这样一种观念:我们最终只是大他者(矩阵)**享乐**的**工具**,就像电池一样被它吸走生命实质。在这里存在着此种**装置**真正的力比多之谜:**为什么矩阵需要人类的能量?** 纯粹能量的解释当然毫无意义:矩阵本可以轻松找到其他更加可靠的能量资源,根本不需要安排极端复杂的虚拟现实来配合无数人类单元。唯一自洽的解释是:矩阵以人类的**享乐**为食——因此,我们在此回到了那个拉康的根本命题,即大他者本身远非一台匿名的机器,它需要**享乐**不间断地注入其中。我们应该将电影所呈现的情形颠个个儿:电影展现了我们醒来后迈入了真实情境,但实际上恰恰相反:这才是维持我们生存的根本幻想。所以,并不是我们(被剥削者)无法享受,却只是为大他者的享乐而工作——不,我们在享受,甚至是以移情的方式享受(电影的核心形象清晰地表明了这一点,处在胎儿般被动姿态的人类静悄悄地享受着一切)。大他者所占有的,正是此种享受——这种大他者可以是施加消费主义剥削的资本,也可以是剥削其主体的国家官僚机制……当我们享受着融入奇点时,奇点也以同样的方式剥削我们。

这就把我们带回到了矩阵里的剥削情状所包含的悖论。矩阵从个体身上汲取享受,这并没有解放个体。无数个体源源不断地为矩阵提供享乐,可他们所收获的只是不断强化的债务:矩阵从个体身上吸收的享乐越多,这些个体所背负的债务就越多。出于这个原因,主体的异化也可以用无限债务来表述:异化中的主体在构成上就背了债,永远无法偿清的债务像鬼一样缠着主体,还债成了无休止的任务。国家同样如此:自资本主义兴起之后,国家以负债的方式才能不断再生。我们在这儿拥有了历史辩证法的绝佳案例,只有在今日才能见证自资本主义诞生之日就已生效的东西——普遍债务。马克思曾写道:"随着国债的产生,不可饶恕的罪恶,已不再是亵渎圣灵,而是破坏国债的信用了。"①在今天,这些话难道不比以往任何时候都更具现实意义吗?回想一下希腊危机②吧:一切都关乎债务,而"解决"债务的方法就是借更多的债,不是吗?被剥削的工人变成了负债的个体,这产生了严重的政治后果:阶级意识——被剥削的工人转变为觉察到自身革命性历史角色的无产阶级——几乎销声匿迹。原因在于,工人的负债状态使他们个体化了:"新自由主义塑造了一种不对称的阶级斗争,它可对之加以掌控。只有一个阶级,它聚集在金

---

① Karl Marx, *Capital*, Volume 1, London: Penguin, 1990, p.919.
[中译见马克思:《资本论》(第一卷),第865页。——译注]
② 2009年10月初,希腊政府宣布2009年政府财政赤字和公共债务占国内生产总值的比例将分别达到12.7%和113%,远远超过了欧盟《稳定与增长公约》规定的3%和60%的上限。鉴于希腊政府财政状况显著恶化,全球三大信用评级机构惠誉、标准普尔和穆迪相继调低希腊主权信用评级,希腊政府不得不采取紧缩措施。至2012年2月,希腊仍主要依靠德法等国的救援贷款度日。——译注

融、信贷的力量以及作为资本的货币周围。工人阶级不再成为一个阶级。20世纪70年代以后,全世界工人数量急剧增加,但是他们无法再构成一个政治阶级,也将永远无法实现这一点。工人成了某种社会性和经济性的存在。"①——不再是无产阶级:而是负债的个体,只为债务负责。阿尔都塞的意识形态公式——将个体询唤为主体,在此被颠了个个儿:意识形态将主体询唤为(负债)个体。

奇点也会像矩阵一样运作吗?会成为以我们的享乐为食的实体吗?我们可以提出不少不错的论据来支撑此点。所有关于奇点的描述实际上指向了一种彻底异化的结构,指向一种神圣大他者的新形态。主体完全融入大他者,他的活动与奇点本身的活动合一(回忆一下拉康关于男性神秘主义———一种倒错结构——的定义:我对上帝的看法与上帝对自己的看法合一)。马克思曾这样写道,随着机器大生产工业的出现,生产进程的物质现实条件契合了资本主义结构:工人不再是使用工具塑造材料的工匠,而成了照看机器平稳运行的附属品。工人也以同样的方式成为资本的附属品。奇点形态不也同样是一种彻底异化的结构吗?主体在其中难道不是被彻底剥夺了所有内容甚至包括他的内心生活?我们需要进一步追踪奇点与资本之间的平行关系。吉拉尔·勒布朗曾提及,马克思(特别是在他的《政治经济学批判大纲》当中)展示出了资本"迷人的形象":"好的无限性与坏的无限性令人害怕地混合在一起,好的无限性创造出资本的前提及其增

---

① 毛里齐奥·拉扎拉托(Maurizio Lazzarato):《经由债务来治理》(*Gouverner par la dette*, Paris: Les prairies ordinaires, 2012),第10页。

长的条件,坏的无限性则从未停下克服资本危机的脚步——它在资本本性当中找到了资本的限度。"① 事实上,正是在《资本论》中,我们可以找到关于资本循环的黑格尔式描述:

> 在 G-W-G(货币－商品－货币)的流通中,商品和货币这二者仅仅是价值本身的不同存在方式:货币是它的一般存在方式,商品是它的特殊的也可以说只是化了装的存在方式。价值不断地从一种形式转化为另一种形式,在这个运动中永不消失,这样就转化为一个自动的主体②。……价值时而采取时而抛弃货币形式和商品形式,同时又在这种变换中一直保存自己和扩大自己;价值作为这一过程的扩张着的主体,首先需要一个独立的形式,把它自身的同一性确定下来。它只有在货币上才具有这种形式。因此,货币是每个价值增殖过程的起点和终点。③

请注意这里对于黑格尔的参照是多么丰富:经由资本主义,价值就不仅是抽象且"默然无声"的普遍性,不仅作为实体联结了

---

① 吉拉尔·勒布朗(Gerard Lebrun):《辩证法的反面:尼采视域中黑格尔》(*L'envers de la dialectique:Hegel à la lumière de Nietzsche*,Paris:Seuil,2004),第311页。

② 英译将 automatischem Subjekt 译为"自动的活跃人物"。——译注

③ 引自 www.marxists.org/archive/marx/works/1867-c1/ch04.htm。[中译见马克思:《资本论》(第一卷),第179—180页。——译注]

繁复的商品;它从被动的交换媒介变成了整个过程中的"活跃要素"。在实际存在中,价值并非只是被动采取两种不同的形式——货币与商品,而是显现为主体,它"自己行动,走过了整个生命进程"。主体从自身分化出来,设定了自己的他者,然后再一次克服此种差别——整个运动就是**它自身的**运动。正是在这一意义上,"它不是表示商品关系,而可以说是同它自身发生私自关系"①。价值与他者发生关联,其"真相"正是自我关联,即价值的自我运动,是资本回溯性地"扬弃"了自身的物质条件,将它们转变为服从自身"自发扩张"的环节——用纯粹的黑格尔术语来说,价值设定了自身的诸项前提。上述引文中最关键的是这一表述:"自动的活跃人物",英译并没有严格对应马克思所使用的德文词,马克思对资本特征的概括是"自动的主体"(automatischem Subjekt),这是一种矛盾修辞法——将活生生的主体性和僵死的自动性统一起来。这就是资本之所是:是主体,但却是自动的主体,而非活主体——不妨再问一次,黑格尔能想到这种"骇人的混合"吗?他是否能想到,主体进行自我中介以及回溯性地设定前提,却仿佛同时陷入实体所具有的"错误的无限"当中——主体自身成了异化的实体?

并且,再问一次,我们将要融入的奇点确实同样如此吗?奇点会不会是此种"自动主体"的新版本呢?我们需要给这一平行关系下个结论:作为自动主体的资本形象是一种意识形态幻想(虽然这是一种具有真实社会效果的幻想,一种资本运动所固有的幻想)。同样,认为奇点拥有一种神圣的巨型主体形象,我们全

---

① 马克思:《资本论》(第一卷),第181页。——译注

都汇入了它的活动,这也是意识形态幻想。奇点并非表明我们在(象征/虚拟)大他者那里发生了异化,奇点将会在实在界发生。不过,主体不仅会沉浸在奇点中,而且也会在其中经受彻底的异化(因为,正如我们上述思辨所示,主体将作为极易消逝的空无之点幸存下来)。就此而言,在这里,"分离"不正是无意识本身吗?而无意识关联着纯粹的主体($)。简言之,难道不是虚拟大他者使我们得以与数字大他者拉开极微小的距离,从而与之分离开来?象征界本身不正是分离的极微形式?

当然,问题在于,我们应付数字网络的时候,两个维度(虚拟/象征大他者与实在数字大他者)趋向于混合在一起。因此,我们倾向于将象征大他者维度投射到数字机器之上,后者其实是物理现实的一部分。象征性大他者会被我们当成"假设知道的主体"(或是"假设什么都不知道的主体",即我们成功对这一实体隐藏了切身的秘密)。你可以认为正是这一混合规定了奇点概念:一种具有物质实存的大他者,同时也是一个神圣的大他者。这一混合使我们逼近了妄想症:妄想症患者在现实中感知到了虚拟大他者(以破坏者的伪装出现),但正如拉康所言,它其实并不存在。为了对抗这种混合,必须拆开这两个维度,这就意味着我们必须如其所是地看待数字大他者(数字网络),把它看作一个庞大而愚蠢的机器,它只是在盲目运行。

概述一下,栖居于奇点的人类参与者自动(可以看成是一种自发的意识形态效果)合并了实在数字大他者(即数字机器,它维持各个连线大脑之间的联系并使我们得以融入奇点)与象征"大他者"——两者暗中合一了。实在大他者(维持我们融入奇点的数字机器)被提升为象征大他者,被感知为具有象征性权威的形象,抑或是神圣的伴侣,又或者是我所栖居的神圣空间。因此,意识形态批判的首要任务即消除奇点的崇高性,并再次引入两个维度之间的距离,将数字大他者还原为愚蠢盲目的机器,剥夺大写主人的神秘光晕。① 简言之,应该废除奇点形象的崇高地位,夺走"原物"的尊贵身份。

然而,我们究竟如何将此种迫切需要——抹去奇点的崇高性、剥夺它的准神圣地位——同托姆西奇的下述建议结合起来呢? 他提议我们去测定这样一种转变:从(维持剥削的)压抑转向一种新的力比多经济,后者不再带有压抑性的剥削——这就是从压抑转向升华。"在压抑机制里,唯一可能的改变就是改变对象,但不是'改变自在的对象'。"②我们应该充分赋予这些语句以黑格尔哲学的尊严,回想一下黑格尔的论断,即在经验(Erfahrung)中,不仅是我们对于对象的感知发生了改变,而且对象本身也变了。那么,这种变化是如何运转的呢? 主体是如何对待对象的呢? 不是压抑。压抑其实是一种压抑性的置换,是将我们的力比多投入从一个对象置换到另一个对象身上(正如我们举过的那个强迫行为案例,力比多投入发生了置换——从反常行为转向对这

---

① 弗洛伊德断言,在分析活动的最后,主体病态性的自我妨害(我们在此会得到享受)会被置换为更普通的悲惨情状(我们接受了这一情状):我们不得不直面此种不幸,将它视为一项力比多意义上不切己的事实,也就是运气使然。数字大他者如同一台盲目的机器尽显愚蠢,可附着于它的却是一种神秘的主人形象,后者拥有光晕;我们要求两者之间存在此种距离。这种要求是下述情况的另一个例子:如何去打断外部实在的结构(及其限度)与不可能的实在界(它从属于我们的心理生活)之间的短路。

② 参看萨默·托姆西奇:《享乐的劳动》,第221页。——译注

一反常行为所施加的惩罚仪式)。但主体颁布的法则并不是压抑,而是升华——同一个对象(在这个事例里就是反常的性行为)被"提升为拥有尊贵地位的原物",成了欲望之不可能的真实对象。

　　要理解升华如何克服剥削,停留于升华的标准定义远远不够。升华在那一定义中意味着将一个普通对象提升为拥有尊贵地位的原物。正如拉康曾巧妙论证过的典雅之爱——一个普通对象(女人)被提升为拥有尊贵地位的原物。这位女性成了"非人伴侣",接近她就会招来危险,总是遥不可及,令人既怕又爱。在这里,欲望的悖论发展到了极致,爱的经验转化为无尽推延的悲剧。然而,在真正的爱当中,喜剧闯了进来:被爱者依旧是原物,却同时"被夺走了崇高地位"。她所有荒唐可笑之处,她身体上不完美的地方,都被接受了下来。因此,一种真正的奇迹得以实现:我可以用手抓住原物 – **享乐**,开它的玩笑,戏弄它,不受束缚地享受它。真正的爱不会理想化——或者用拉康在研讨班里谈论"焦虑"的话说:"只有爱 – 升华才可能使**享乐**屈尊于欲望。"①

　　阿伦卡·祖潘契奇透彻地解释了这个神秘的命题。她阐明了在爱的喜剧中,升华如何以悖论的方式包含了自己的对立面即"祛除崇高"——你还是原物,但我却把你用于享乐:"爱他人却同时渴求自己去**享乐**。'渴求自己去享乐'可能是最难做到的,它运转起来也最为不易。因为享乐没办法现身为某个对象。"②此句何

---

① 雅克·拉康:《焦虑》(*L'angoisse*),此次研讨班自 1963 年 5 月 13 日开始,尚未正式出版。

② 阿伦卡·祖潘契奇:《最短的影子》(*The Shortest Shadow*, Cambridge: MIT Press, 2003),第 192 页。

意?我们不应回避一种极为具体的图解:我爱你,我表达这种爱意的方式就是和你做爱——为了自己得到快感,我无情地把你看成了一个客体。这就是不再服务于(大)他者的享乐,不再遭受他剥削的方式。我始终担心你是否也会得到享受,这不是爱。"我爱你"意味着:我想要被你当作一个对象来使用,服务于你的享乐。在这里我们应该拒斥所有那些天主教的废话,那些言谈在论及"性"的时候偏好某种传教士的立场——陷入爱河的人们可以轻声私语,言辞温柔,进行精神上的交流。甚至康德对于性行为的简化——将我的性伴侣简化成服务于我的快感的工具——也暴露出了短处:自我对象化*正是*爱的证据。若没有了爱,你被别人使用就会觉得有辱人格。这种我的享乐甚至不能用下述取向来加以限制:让我的伴侣和我同一时间达到高潮。布莱希特在写出《奥尔格的愿望清单》("Orges Wunschliste")的这些诗行时是正确的,他把自己对于不同步高潮的偏好加入了愿望清单:"女孩,要那新的/女人,要那不忠贞的/高潮,别同时到来/憎恨,要有来有往。"

但是在另一个意义上,似乎存在两种升华:"好"的(升华了对象而不是使它屈从于压抑性的劳动)与"坏"的(把对象抬升为尊贵的原物)。后者是将资本(或奇点)提升为神圣的原物、超越人的怪物,它会自动在我们身上,通过我们的活动复制出自己。这两者之间有着微妙的差别:在"坏"的升华中变得崇高的,并不是具体的力比多对象或实践,而是异化力量的全局性空间。这种力量在力比多层面和/或经济层面上控制我们的生活,剥削我们。为了厘清两种升华模式之间的区别,我们需要进一步将托姆西奇所描述的转变——从压抑变为升华——具体化,即将它视为从寄生在有限者(个体/主体)之上的无限者(实体)变作另一种无限者,一种有限者(主体)自身的变化:"如果说压抑代表无限寄生于有限,代表主体异化所呈现的剥削,那么,升华就是建基于一种颠倒的寄生状态,即有限寄生于无限。"这一寄生状态意味着一个有限而普通的对象寄生在无限的原物身上。所以,再说一次,在"坏"的升华里,独异的对象并没有被提升为尊贵的原物,而仅仅被化约为一个消失的环节,消失在原物永恒的循环运动之中,而原物则不断变换着自身的外观。与之相比,在"好"的升华里,独异的对象以其有限的形态代表着原物,即寄生在无限者身上。这就像是在爱情当中,一个有缺点的普通人变成了不可撼动的固着点,我的力比多不断注入其中。从传统来看,大家都会熟知这两种升华形态:"坏"的升华彰显的是一种传统智慧——所有现象都流逝不驻,唯有真实的原物为(不变的)深渊,万物皆消失于其中。基督教"爱"的概念极好地概括出了真的(或"好"的)升华,这种爱有力地赋予了一种独异主体以特权。爱是排他性的,它将极致的不平衡引入了整个宇宙。

不过,这种颠倒的寄生公式本身尚不充分。为生产而生产的资本主义若想运转良好,需要工人将这种生产体认为满足自身必要需求的生产,即从外部赋予生产一种目的论。因此,正是资本主义以无限者(资本)寄生于有限者(工人)的方式将工人"有限化"了。在理想社会里,不只是有限者寄生于无限者,而且产生了一种截然不同的无限者——无限者是主体自身,是不断自我提升的生产力环路。我们不要忘了,在此种观念中,主体是独异的实体,是排除了实在之杂多性的"同一"。这就是为什么"为生产而生产"而非为工人的需要来生产,不仅仅是一种资本主义异化的形式：它同样定义了共产主义。在理想社会里，生产有自己的理由，为的是实现我们的创造性潜能。换句话说，"坏"升华的问题在于那个寄生于易逝有限者的无限者。用黑格尔的话说，这就是"坏（错误）无限性"的一个例证。

当然，当我们要超越异化的时候，主体性（其独异的否定之力）得到了充分的肯定，但不是流俗的"黑格尔"意义上的肯定，即马克思所采纳的那个模型（主体重新占有了异化的实体，将之重组为自身的作品）。消除异化的过程中所发生的，恰是异化的加倍，即拉康所谓的"分离"。如果异化已经代表大他者分离于主体（主体亦以此方式去中心化，从自身分离出来，其重心脱离于自身），那么上述"分离"到底是何者分离于何者呢？正是大他者分离于自身。大他者去实体化了，变得不再自洽，缺失了根基，循环移动，贯穿对抗。我们在此再一次遭遇了黑格尔的"不一致"论题：加倍异化意味着，主体与实体之间的不一致，映现到实体本身，即实体与自身无法一致。

异化与分离这一区别，也使我们接近于获得一种新的方式来应对生态灾难的威胁。你可能经常听到这样的话，为了以合适的方式来面对生态灾难，我们必须放弃"人类中心主义"，去将我们（人类）构想为伟大存在之链中的一个隶属要素：我们只是地球上诸物种中的一个而已，但是我们（人类）无情地剥削地球资源，已经对地球母亲造成了巨大威胁，而地球母亲也在用全球变暖以及其他生态威胁惩罚我们……面对这种想法，我只能呵呵一笑：才不是地球有麻烦呢，是**我们**人类有了麻烦。地球漠然无感。比起某个物种可能遭遇到的自我毁灭，地球所经受的灾难要远为凶险，但它始终能存续下来。处于险境当中的是**我们的**环境、**我们**

的栖居地，我们能够安居的唯一场所。从想象性的地球视点来看，出于全球生态系统的考虑，我们（人类）灭亡了才好。所以说，处在"生态危机"这一险境中的，只是**我们的**生存，只是人类社会的生存。上述反人类中心主义设想其实包含着一种隐秘的人类中心主义：尽管把地球放在我们利益之上的胡诌漫天飞，我们所追求的无非是（一种合适的环境），能让我们存续下去，并且过上好日子。这也就是为什么生态学的真正赌注总带有社会－政治意味：生态学不是关乎如何照看自然，而是关乎某种社会组织方式，关乎如何以此种组织来将良好的生活条件最大化。格蕾塔·通贝里完全意识到了这一点：当她指涉科学的时候（告诫政治家听科学的话），她是在向政治家而非科学家说话。她的目标不是抛开政治，不是去政治化，而是为正在崛起的新政治添砖加瓦。这种政治或许能够拥有一种有效的普遍性：对所有人言说，同时（这一点适合所有政治），也将我们分开（即同那些否认生态灾难将带来威胁的人作斗争）。生态斗争是最激进的政治。① 普遍政治的另一版本是联系着阿桑奇－斯诺登－曼宁之名的政治，是"为人民做间谍"的政治——把大有问题的国家秘密公之于众。对揭秘者自己的主权国家来说，这是"叛国"行为，但这也正是它被定义成"普遍"的原因，即"违背"了对于自己国家的忠诚。

　　格蕾塔在最近几个月里有了变化：她本是一个天真无邪的少女，揭穿了"皇帝"什么都没穿；如今成了面带微笑却充满进攻性的毒舌恶魔。但她传达的信息没变，与过去一样单纯，且在不断

---

① 此处看法依据阿伦卡·祖潘契奇的《格蕾塔》[*Delo* (in Slovene) , Ljubljana, September 28, 2019]，第 7 页。

重复。我们应该在这里回想起克尔凯郭尔那一令人赞叹的短制——《论天才与使徒的区别》("On the Difference between Genius and Apostle")。作者将天才定义为这样一种个体,他能够表达/表述"自己身上越出自身的东西"——他的精神实体。与天才形成对比的是使徒,他"自身"根本不重要:使徒拥有一种纯粹的形式功能,他把一生献给了一种见证——对于非人真理的见证,这种真理超越了他。他是一个被(神恩)选中的信使:在他身上看不出任何可以承担这一角色的特征。拉康曾提到过一个类似的形象,代表国家的外交官。他有何癖好与特质都无所谓,无论他做什么,都会被解读成他的国家传递给他所派往国家的消息。如果他在某场大型外交会议上咳嗽了,这会被解释为一种信号,表明他以温和的方式质疑了会议所争辩的措施,诸如此类。而拉康那个带有悖论意味的结论即,弗洛伊德的"无意识主体"(或拉康所说的"能指主体")具有克尔凯郭尔笔下使徒的结构:他是"非人"真理的见证者。我们在歇斯底里者那里见到的,不正是"真理之躯"吗?在歇斯底里者的身体症状中——这一症状源自歇斯底里式的"转化",有机躯体直接遭到了真理的入侵,它被真理绑架了,被转化为真理的承载者,转化为一个(无意识)真理可以刻写自身的空间/表面。歇斯底里是拉康所谓"是我真理在说话"的极致案例。简言之,这里的结构正是克尔凯郭尔笔下使徒的结构:身体被取消/悬置了,它直接的现实特征变得漠不相关;身体转而成为真理的媒介。格蕾塔就是这样一个真理的使徒,而非创造性的天才。她并没有带来什么天才般的新洞见,只不过重复着同一个简单的消息,一次又一次。她这样谈论政客:"我们上街并不是为了他们(政客)和我们自拍,也不是为了告诉自己他们真的真的佩服我们这样做。我们这样做是为了敲醒那些大人。"①——一个真正的使徒就是这么说话的,一次次把自己从整个图景中抹掉,她完全意识到,把焦点放在她身上,就算值得庆贺,也会对她所要传达的消息构成干扰。

看来,这样一种使徒立场正是最清晰无误的异化例证:使徒是这样一种主体,他在激进的**出空**行为中,把所有自我表现的内容排空,为的是承担起大他者信息的被动传输者功能。然而,我们必须穿越这一零度,辨识出大他者自身的不自洽性和自我妨碍。也就是说,去展现那个借我来说话的真理,本身也是非-全,被一种内在的不可能性贯穿。格蕾塔呼吁我们听从科学并把它真当一回事,这并不意味着,科学会为我们将要做的事情提供一种政治答案。科学使我们能辨识出那个"死结"的轮廓,而我们就身处其中(我们的经济发展究竟给生态带来了何种灾难,等等);但是,并不存在"科学的政治"——每当我们听到这个口号,便会对最糟糕的操控和支配局面产生怀疑,这种反应是正当的。政治是主体性的,这是从"主体性"一词最激进的意义上来说的;而正如拉康所说,科学排除了主体维度。我们应该听从的科学并不是一种施加救赎的中立工具,毋宁说它是我们应该加以克服的东西,我们应该学习如何超越科学的视域来思考。格蕾塔不是一个极权主义者,她并没有作为科学大他者的工具在活动;毋宁说,她的提议是以科学数据为基础,迫使我们去构筑一种新的解放方案并依此来行动。

这也意味着,我们需要一种超越马克思的异化版本的异化概

---

① 引自 www. thelocal. it/20190419/were-not-here-for-selfies-greta-thunberg-takes-on-the-italian-government。

念。那就让我们对能指中的异化,同马克思所谓的资本主义异化(从属于商品拜物教、占用剩余价值)之间的平行关系下个结论:这种平行关系具有误导性。用最简单的话来说,主体在能指中异化,其实这种异化反而构成了主体;而资本主义异化彰显的则是一种有限度的历史生产方式(虽然在马克思看来,资本主义不仅仅是诸生产方式中的一种,毋宁说,它是一种例外,是整个人类历史的症候点,在这个意义上它具有普遍性)。只要我们一直与主体性打交道,能指中的异化以及无意识就永远无法被废止。然而资本主义可以被废止。一方面是"它(本我)在哪里,我(自我)就应当在那里生成"①(主体占有了它的无意识实体),另一方面是无产阶级反抗资本的斗争;在两者之间建立平行关系会错失要点,原因即在此。共产主义不是一个克服资本主义的无尽过程,它不像精神分析那样永远无法废止无意识。共产主义社会当然不会是人类完全实现自身的完美状态,它也会生产出自身的对抗性,但是这些对抗关系与资本主义社会里的对抗关系有着质的不同。另外,这些对抗也并不意味着共产主义是一项永远无法实现的方案,一个我们永无可能抵达的目标。共产主义将由这些新的对抗来定义,正如资本主义由其特殊的对抗关系来定义。②

---

① 此句即对"wo es war soll ich werden"的翻译,原文出自弗洛伊德《精神分析引论新编》(1932),亦可译为:"它在哪里,我便将在哪里。"一般来看,弗洛伊德的意思即:本我(它)在哪里,驾驭它的自我便出现在哪里。因此恩斯特·琼斯对之的英译为"Where the id was, there the ego shall be"。——译注

② 弗雷德里克·杰姆逊关于此种"对抗"给出了某种暗示,他指出妒忌将会在理想社会里作为核心议题重新出场。

马克思那种"黑格尔"图式——集体主体夺回异化的历史实体——忽略了象征大他者维度……马克思关于自身透明社会的设想,是一种没有大他者的设想。马克思将无产阶级规定为**无实体的主体性**(substanzlose Subjektivitaet),但是在他的图式里,无实体的主体性(化约为纯粹劳动能力的工人,资本夺走了他所有的实体性内容)被简化为极致异化的一个环节,这种异化宣告了革命性的倒转,集体主体通过革命行动,将重新占有异化的实体。而在黑格尔和拉康那里,事情恰恰相反,无实体的主体就是主体本身,是其构成性的否定性,"克服"异化于实体的唯一方式就是从异化走向分离。也就是说,主体将自身感知为一种效果——源于实体本身的裂口与不自洽性的效果。主体意味着实体总是已经异化于自身。

你可以很容易理解,为什么苏联的技术-灵知派曾经梦想着某种类似奇点的东西——奇点或许可以说是理想社会以一种滑稽讽刺的方式实现了自身。所有人类沉浸在某个伟大的心灵之中,不再有个体性,万事万物皆可分享,皆为透明。……这马上让人联想起20世纪50年代早期的科幻小说中关于苏联的想象——一种编了码的描绘,表现为关乎"盗尸者"的被迫害妄想。入侵地球的外星人接管了我们的身体,它们被描绘成如同蚂蚁一般的无个性存在,完全受到一个核心头脑控制。因此,奇点代表着主体在实体当中发生了彻底异化,实体丧失了神秘的超越性特征,成了一个通透的领域、一个确定不再隐藏自身的神。从而可以说,奇点许诺了某种在经典马克思主义宇宙中不可想象的东西:一个透明的、完全内在的社会空间,它不再受到异化的大他者纠缠。简言之,在奇点中,(主体在实体中)极度异化与异化的自我消除合而为一。

奇点前景开放出一种独特的变迁,这种变迁再次确认了意指过程中的异化,而这种异化可以脱离于资本主义异化。悖论在于,一旦我们着手应付奇点前景,解放的任务就不再是废止异化——在奇点中,这种解放已经以倒错的方式实现了。恰恰相反,我们的任务是**在大他者当中重建异化,将异化视为主体性的构成要素**。解放不再是介入"它(本我)在哪里,我(自我)就应当在那里生成",不再是投身于废止/占有无意识,而是去打开真正的无意识空间,那一受到奇点威胁的空间。

在更为普遍的层面,我们应该将以下一点牢记在心:连线大脑前景完美契合不断强化的言行失检潮流。澳大利亚艳星泰伊・斯塔尔(Tyi Starr)曾宣布,她会售卖自己生孩子的影像,声称自己不会觉得这一行为有什么"错",因此无须为此进行任何辩解。① 如果连线大脑会在个体基础上发展(我来决定谁和我连接),任何一个人都能轻易预言接下来的一步:分享我生孩子的体验……某些"激进"的女性主义者以及她们的支持者可能会赞扬这种做法,觉得这是向阴道"去神秘化"迈进了一步,让我们意识到,阴道绝不仅仅是性欲的究极对象,它尚有其他功能。然而,我们也可以争辩说,斯塔尔的姿态恰恰做了相反的事,即这种做法把生育行为本身性化了。斯塔尔说她所计划做的事情没什么"错",确实如此。但我们只需在此多啰唆一句:比起描绘生孩子,那种关于性行为的标准化赤裸描绘(我们对此全都习以为常),要

---

① 参看 www. dailymail. co. uk/news/article-7418059/Australian-porn-star-Tyi-Starr-sell-video-showing-GIVING-BIRTH. html。

无耻且冒犯得多。

　　无论我们抱有何种立场,需要牢牢记住的主要是:那一彻底失检的趋势愈演愈烈。斯塔尔的行为便是受到这种趋势的支持,我们要关注这一趋势的爆炸性潜能——正如斯洛特戴克对此所作出的评价:"更多的交际首先意味着更多的冲突。"①这就是为什么斯洛特戴克提出以下论断是正确的——必须给"理解每一个他者"的态度补充另一种态度:"有办法摆脱每一个他者",即维持一种合适的距离,执行某种新的"审慎典则"。欧洲文明发现,自己之所以更能宽容不同的生活方式,恰恰是由于那些常常遭到欧洲文明批评者谴责的弱点和失败,即社会生活的异化。异化的意义之一便是把距离纳入日常生活的社会构造:即使我和别人挨着,我正常的状态却是忽略他。我不允许自己和别人走得太近。我活动在这样一种社会空间里,与他人的互动遵从某些外部"机械"规则,不会跟别人分享内心世界。或许需要习得的教训便是,有的时候,"一剂"异化对于维持不同生活方式间的和平共存是必要的。有时候**异化**并不是问题,而是解决方法,特别是处在奇点之中的我们遭遇全盘言行失检的时候。

　　此外,还有一种更深层的悖论在此运作:因为在奇点中,异化达到了极致,反而与自身消亡合一了。**唯一将异化带回来的方法就是借助分离**,而分离的运作在逻辑上既跟从异化又抵抗异化。也就是说,带回异化需要经过这样一个过程:把主体异化于大他者,调换为大他者自身的异化。

---

① 彼得·斯洛特戴克:《等候伊斯兰教》("Warten auf den Islam"),《焦点》(*Focus*),2006 年第 10 期,第 84 页。

历史的终结

奇点到来这一事件会不会造成历史的终结呢？如果会，又是什么意义上的历史终结呢？着手处理这个问题之前，我们首先要做的是区分历史性本身与历史主义。我们刚刚概括了两种超越异化模式之间的差异——"分离"与单纯的人道主义"去异化"，后者想要回到某种复原后的统一体。此种辨析在此颇有助益，因为它能帮助我们辨识出草率历史化的危险。历史性本身有别于单纯的历史主义，拉康的"性化公式"恰抓住了其中的要点。历史主义显然具有男性特质：所有社会现实最终都是偶然的，是在特定历史境况中被构造出来的，不存在超历史的本质，意识形态的基本形式就是某些特定历史内容的永恒化……然而，此种历史主义方式使自己的立场免除了历史相对主义的侵扰，这种立场静悄悄地普遍化自己，也就是说，历史主义把同一种历史概念应用于所有历史时期。

反本质主义认为所有社会身份形式都是偶然的构造物。但我们就此主题提一个简单的问题，就能辨识出（历史主义）"例外"：比如说，性别理论的支持者声称，每一种性别身份都是偶然的历史构造物，但这种论断可以同时适用于我们的晚期资本主义社会和史前部落或渔猎社会吗？如果答案是"可以"，那么我们就不得不揣测自己是生活在一个拥有特权的时期，此时每一种身份的历史偶然性都昭然若揭；也就是说，会发现我们是在赋予自己的时代以特权。与历史主义形成对照的是，真正的历史性拥有这样一种基本特质：它是拉康性化公式意义上的"女性"。历史性废止了上述"例外",它相对化了自身的位置,从而历史化了自己那种历史性概念。正是在这个意义上可以说黑格尔是一个激进的历史主义者:对他来说,每一历史时期发生更迭,普遍的历史概念也将发生变化。这样一种把握方式就不会允许任何历史性拥有例外地位,也是出于这个理由,它是"非－全"。不存在单一的普遍历史概念,因为这一概念本身就卷入了历史变迁过程。

此种区分如何应用于历史化"生而为人"这个基本概念呢?图比南巴在铺陈精神分析临床实践的激进历史化意味时,巧妙地参照了康德关于否定判断(否定某一谓项,比如"他没有死")与无限判断(断言了某一非－谓项,如"他是不死的")之间的区分。依循此种线索,图比南巴提出了这样一种区分,即区分了对于肯定性全称命题的否定与对于否定性全称命题的肯定:

> 若仅仅考察弗洛伊德研究工作的结构,似乎可以简单地将此种研究看作对于肯定性全称命题的否定——它是这样一种运动,将临床实践和元心理学理论联结了起来,这样做没惹出什么麻烦;因而也就显现为一种相当静态的过程,只是关注精神分析师以及他所占据的颠覆性位置。不过,这种图景所缺失的,是一种本质性的动力机制。先前得到支持的普遍论断蕴含矛盾,而矛盾经由此种动力机制,丰富了我们的理解,即领悟如何去倾听新的病人的言说:那些在可能的空间中被认为不变的东西发生了转化,因而这是一种对于否定性全称命题的肯定——它会在主体对于性的解决当中不停变化,其

程度远超我们之前的想象。①

我们应该完全支持这种思路,但需要给出一种不同的解读。对图比南巴来说,对否定性全称命题进行肯定,单纯意味着我们应该将历史主义的相对化贯彻到底,拓宽变化空间。但是在我的解读里,这种相对化早已在"对肯定性全称命题进行否定"中得到确立了,它依旧掉入了黑格尔所谓"坏的无限性"陷阱:在过度的动态化中呈现出"静止"状态。这一(相对化)进程在"后现代"历史主义相对论里到达巅峰。每一种肯定的普遍性都遭到"解构"。普遍性是如何饱含偏见的,如何暗中赋予某种内容(某种偶然的历史变量)以特权并将之永恒化的,全都得到了详尽的论证。然而,我们需要一直牢记,历史化也可以是一种意识形态:不仅因为历史化将历史化程序(显然这程序植根于我们自己的时代)应用到所有时期,更重要的是,它会将某一领域的根本特征化约为一种历史变量。

沿着这一线索,弗雷德里克·杰姆逊拒绝了(一度流行的)"另类现代性"概念。这种概念主张,西方自由主义-资本主义现代性仅仅是达到现代化的路径之一,找到其他道路是可能的,它们能够避开我们的现代性的僵局与对抗。一旦我们意识到"现代性"终究不过是资本主义的代号,便能很容易地察觉,对于现代性进行历史主义式的相对化,得到了资本主义意识形态迷梦的支持。这种梦想回避了构成性的对抗关系——法西斯主义不正是另类现代性的典范案例吗?性的僵局以同样的方式被还原为一

---

① 加布里埃尔·图比南巴:《精神分析的欲望》。

种特定的历史构造(比如,西方家父长制),这样就为某种乌托邦空间开了口子:充实而完整的性,不存在僵局,不存在倒错。但正如弗洛伊德所说,僵局与倒错就栖居在性概念本身。走出这一意识形态僵局的方式,就是将对于否定性全称命题的肯定,补充进对于肯定性全称命题的否定,也就是将那种构造出整个领域的不可能性增补进去。没错,所有肯定性全称命题都是相对的、不稳定的;它们可以被转化,但这不只是因为实在本身拥有动态的可变形式。肯定性的表述其实是一些试探,是为了对付同一种根本性的对抗而展开的诸多尝试。触发变化的是那一终极性的挫败,每次尝试去解决此种对抗关系,最终却只能遭遇失败。拉康提出的否定性全称命题之一便是"不存在性关系",它的意思是,指出传统性别二元关系本身是不稳定的,是具有历史特性的,这并不足够——我们还应该再加上一句:每一种性别关系的确定形式,不管多么开放,多么灵活,都无法克服人类性态构造当中的不可能性。

因此,关键是要记住,意识形态限制是如何在两个相反的方向上同时运作的。意识形态不仅仅是特殊历史情境的永恒化,它也是一种简化,是将整个领域的根本构造简化为这一构造特殊而偶然的属性。意识形态不仅将资本主义抬升为最合适、最理性的经济秩序,也摒弃了危机与对抗(但恰是两者赋予了资本主义特征),将它们视为偏差,归因于特殊、偶然的境况。与之相伴的观念便是,另一种资本主义是可能的,它可以避免危机与对抗。想要理解连线大脑将会如何影响我们,弄清楚上述区分具有重大意义:它不仅会迫使我们去历史化自身的主体性形式,而且也会逼迫我们去抵制那种诱惑,即简单想象出一种不同的意识形式,这新意识却从属于另类现代性之梦——仿佛凭着连线大脑,我们将获得如现在一般的觉知,只不过是摆脱了有限性的束缚。也就是说,仿佛后人类只不过是一种强化的人,提升到更高等级的人。

现在,我们便会发现,为何奇点前景是"历史终结"在当下最主要的候选者了:待到奇点发生,历史将不再存在——至少留下的不是我们所知晓与体验过的历史。这就把我们再一次带回黑格尔的领地,因为黑格尔**正是**一位对历史终结有所把握的哲学家——然而,在奇点那里的"历史终结"只能是某种完全不同于黑格尔"历史终结"概念的东西。如此一来,我们还能从黑格尔那里学到点什么呢?或许,我们应该从一个悖论出发,这个悖论就潜藏在黑格尔历史终结概念的核心处。

对黑格尔来说,对自己的位置进行历史化始终是个问题——仿佛他缺少合适的术语来表述这种历史化。当他坚称绝对知识的闭合性时,往往会附加上奇怪的时间限制:"暂时"或其他类似的表述。那么,绝对知识究竟是如何被历史化的呢?黑格尔能够思考他自身位置的历史局限吗?当然,在某种意义上,答案是"不能":将某人的位置历史化,意味着我们可以凭借某种方式踩在自己的肩膀上,从外面来审视自己,这样就可以看到自己的相对性,如此一来,绝对知识就会成为彻底自我历史化的必然结果。然而,可以用极其天真的话来问一下,黑格尔的逻辑学真的提供了决定性的(在这个意义上是反历史的)母体以涵括所有可能的理性模式吗?难道量子力学不需要一系列在黑格尔那里找不到的范畴吗?我们今天应该怎么做呢?继续倚赖黑格尔的逻辑结构或是对之进行重写,还是引入新范畴?我关于这一议题的立场遭到麦高恩批判,他给了我一顿猛戳,认为黑格尔关于历史终结的

主张:

> 强于某种供认——历史的终结会不断强加在作为历史主体的我们身上。相反,黑格尔相信,我们永远无法越出这一承认——所有人皆自由,此种承认出现在现代欧洲(但也出现在北美、海地)。"历史的终结"并不意味着重要的历史事件将不再出现,或是不再能发现表述自由意志的新手段——比如某些新的共产主义形式。不过,对黑格尔来说,历史是一个为生存提供新洞见的场域,它以承认普遍自由为结局。随着现代性的展开与法国大革命的到来,这一承认便出现了。①

不过,这种对于现代性内部普遍自由的认定,真的是一次"后续事件永远无法赶上"②的断裂吗?我们可以争辩说,普遍自由只不过是三元组合——基督教、现代政治自由与共产主义所设想的社会自由——里的中项。我们从内在的精神解放出发(在上帝那里人人平等),然后通往政治自由(政治公共空间里的自由),随后开启了社会解放的前景。尽管马克思对于自由的处置暴露出了不少问题,但他还是提出了一个相当有价值的观点,即市场经济以某种独特的方式将政治自由、个人自由与社会自由结合在了一起:个人自由(自由地在市场上售卖自己)恰恰成了自身不自由的基本形式。这并不意味着,政治自由只是一种资产阶级幻象,它

---

① 陶德·麦高恩:《黑格尔之后的解放》,第138页。
② 同上。

掩盖了剥削与奴役——问题要远比这个严峻。

在法国大革命带来的诸多后果中，新的操控与支配形式恰恰在黑格尔政治思想的既定坐标里找不到自己的位置：只在意自身利益的残暴僭主在黑格尔那里有位置，但内嵌于国家机器并且由忠诚的公仆施行的罪恶却没有位置；经过民选上台的民粹主义领导人在黑格尔那里也没有位置——这种具有卡利斯玛特质的领导者会公开宣扬淫秽下流并以此来收割选票。

然而，在市场经济里，我实际上依旧处于依附地位，尽管这种依附显得很"文明"，确立为一种"自由"的市场交换形式——我和其他人之间的自由交换——而非直接奴役乃至政治压迫的形式。嘲笑安·兰德①当然是容易的，但是她那首"金钱赞美诗"（来自《阿特拉斯耸耸肩》）里还是包含着一丝真理："除非等到你发现金钱是所有'善'的根基，否则你就会求着毁灭自己。当金钱不再是人们互相打交道的手段时，人就会成为另一些人的工具。一边是鲜血、鞭笞、枪炮，另一边是美元。请作出你的选择——没有第三条道路。"②马克思难道没有在他那知名的公式里表达类似的意思吗——在那个商品宇宙中，"人们自己的一定的社会关系……采取了物与物的关系的虚幻形式"③？在市场经济中，人与

---

① 安·兰德（Ayn Rand，1905—1982），俄裔美国人，原名阿丽萨·济诺维耶芙娜·罗森鲍姆，具有公共知识分子色彩的小说家。她尤其强调个人主义的概念、理性的利己主义以及彻底自由放任的市场经济，著有《阿特拉斯耸耸肩》（*Atlas Shrugged*, London: Penguin Books, 2007）等数本畅销小说。——译注

② 安·兰德：《阿特拉斯耸耸肩》，第871页。

③ 马克思：《资本论》（第一卷），第90页。——译注

人之间的关系能够显现为相互承认的自由关系和平等关系,因而无法再直接颁布并确立支配关系,统治也不再直接可见。20世纪现实存在的社会主义证明了,克服市场-异化确实废除了"异化的"自由,亦即废除了单纯的自由,从而把我们带回直接的"非-异化"支配关系当中。如何去想象一种没有管治机构的共有空间呢?这种规制者始终控制着合作的媒介,从而执行着直接的统治。因此,"共产主义"社会显然会卷入新的"矛盾"。我们能够推测出此种矛盾的模样吗?弗雷德里克·杰姆逊艺高胆大地认为,"妒忌"就是这种矛盾的主要候选者。①

我们应该将马克思的那条公理——一种社会形态最终由它的根本"矛盾"(以及如何对付这种"矛盾")来定义——应用到后资本主义社会,也应用到连线大脑扮演关键角色的社会前景当中。不必尝试去想象出某种另类的替代项(一个剥夺了人类个体性的社会,一个可以快乐地共享经验的社会),我们应该把焦点放在将要出现的新"矛盾"上。如果我们进入奇点,意义世界、象征维度还会存在吗?会不会就这样消失了,如同从未存在过一般?我的答案是:既不是前者也不是后者。意义世界等会消失,但它们在消失以后将被继续感知为一种缺席。简言之,消失本身将会以奇点之中的缺席者来发挥作用。反讽之处在于,主体将作为缺席者幸存下来,具体呈现为这样一个(分化)维度,正如我们所设

---

① 我没有找到齐泽克此一判断的直接出处,但杰姆逊最近出版的《寓言与意识形态》的附录C——《文化与群体力比多》对"妒忌"问题多有涉及,或可参考。见Fredric Jameson, *Allegory and Ideology*, London: Verso, 2019。——译注

想的那样，一个可以逃脱奇点的维度。

这就是我们处理那一关键替代项时应该采取的方式：即便主体的无意识原则上可以躲开奇点的掌握，可倘若并不真正存在一个可以躲避奇点的维度而只不过存在某些更加单纯与激进的东西呢？也就是说，主体想要进入奇点需要付出一些代价，即单纯地**丧失无意识维度**。简言之，倘若融入奇点将排除无意识维度，不给它留下一丁点儿空间，该怎么办呢？倘若这种融入意味着主体性的范围将局限在奇点所记录下来的领域呢？然而，事情不会变成这样，因为象征性丧失（"堕落"）的消失，将继续在奇点空间中发出回响。

进一步说，随着我们进入奇点，黑格尔关于承认的辩证法难道不会消失吗？当每个人私密的自我体验可以直接分享给另一个人时，两个相遇的主体再进行相互"试探"就没有了意义……尽管如此，我们还是可以冒险提出这样一个假设：鉴于无意识主体需要与奇点共享空间保持一定距离才能存续，新的承认空间便得以打开。主体的状况在这一空间中变得性命攸关：在新的"生死斗争"中，我必须证明，自己不可以被还原成自己在奇点中所拥有的那个位置。

我们的内心生活、思维线索与外部实在之间存在距离，这正是我们感知自由的基础。我们在思考时是自由的，恰恰是因为思维与实在拉开了距离。如此，我们就可以与实在玩游戏，进行思想实验，投身于梦幻世界而不造成直接的现实后果，也没有人可以在这个领域里操控我们。一旦我们的内心生活与实在直接连接在了一起，思想就可以在现实中直接造成后果（或者，我们的思想直接受到机器的控制，机器则是实在的一个组成部分）。在这个意义上，思想就不再属于"我们"了，我们实际上进入了后人类状态。幸存下来的主体因而就不会是内在经验财富的持有者——所有感觉、激情、恐惧、梦想与希望将淹没在奇点的集体空间中。幸存下来的主体将会是一种纯粹的 $ ，一种消失点，分离于经验内容的否定性。简言之，主体将产生前所未有的分裂，不仅是自己与他人之间的分裂，而且是自身分裂，是主体的内容（分离于自身）与 $ 这一点状物（被打上杠的主体零度）发生分裂。

此种**我思**的点状性只有后来经由康德的重新表述才变得清晰。康德笔下的自我意识起着一种纯粹的逻辑功能，它指明我的任何意识内容已然在最低限度上受到了中介/映现：当我欲求 X 时，我从来无法说"我就是这样，不得不欲求 X，它是我本性的一部分"，因为，我总是想着要去欲求 X，即我反身性地接受了我对于 X 的欲求——所有推动我去行动的理由要发挥它们的动因力量，得我将它们"设定"或接受为理由才行……我们可能会认为，这种不明晰的反身性局限在意识活动上，因此，恰恰是我们的无意识行为所缺少的东西。当我无意识地展开活动时，我仿佛是遵循着一种盲目的强制力在行动，仿佛我屈从于一种准自然的因果律。然而，正如我们已然了解的缺席者的功能所示，对拉康来说，不明晰的反身性不仅在无意识中是可加辨别的，而且在最根本的意义上，它**就是**无意识。让我们回想一下歇斯底里主体的典型态度，他抱怨自己如何受到他人剥削、操控，他说别人要害他，自己被化约为一个交换对象。拉康的答案是，这种遭到环境迫害的被动者的主体位置，从来不是单纯从外部强加给主体的，不如说至少最低限度地得到了主体自己的支持。当然，主体意识不到自己实际上积极参与了对于自己的迫害——主体认为自己仅仅是受环境迫害的被动者,但上述情况才是主体意识经验当中的"无意识"真相。

你如今便可看到,拉康那个看上去十分荒谬的论题奠基在何种确定的精神分析语境当中——那一论题即笛卡尔"我思"(或康德的自我意识)正是无意识的主体。对拉康来说,"无意识主体"、可归因于弗洛伊德无意识的主体,恰是指一种自我关联的空无点,而非某种胀满着力比多力量与幻想的主体。自我意识(这个术语恰从德国观念论那里获得意义)与无意识主体之间产生了悖论式的同一关系。我们能在"根本恶"这一难题中清楚地看到此种悖论式同一。从康德到谢林,都讨论过"根本恶":他们面对的是这样一个谜,我们说一个恶人要为他的恶行负责(虽说我们显然清楚,为恶的倾向是恶人"本性"的一部分,即他不得不"依从自己的本性",出于绝对的必然性来完成自己的行为),这究竟是怎么一回事?康德和谢林假设了一种原初选择行动,它是非现象的、先验的以及反时间的。我们每个人凭借这种行动,就能领先于时间性的身体实存,选择自己永恒的特性。在我们时间性的现象生存中,这种选择行动会被体验为强加的必然性,这就意味着,主体在他现象性的自我觉知中,无法意识到那一奠基了自身特性(他的伦理"本性")的自由选择。这就是说,这一行为在根本上是无意识的(谢林明显得出了这一结论)。我们在此又一次遭遇了作为纯粹反身性空无的主体,它是我们(自由决断)可归因的X。在现象性的自我觉知当中,我们会将此种纯粹反身性或反思性的空无,体验为自身所继承或遭到强加的本性的一部分。因此,再一次重复,我们得出的结论便是,在根本上,自我意识本身就是无意识。

当代反哲学潮流的标准主题就是反笛卡尔主义,即认为笛卡尔的"我思"是一种抽象的理性实体,它被人为地从现实个体的具体生活世界中扯出来。在这一语境里,弗洛伊德的无意识成了反笛卡尔潮流的一部分,成了从费尔巴哈到马克思那条线索上的又一个例证,即我们人类并不是与世隔绝的思维存在,而是如海德格尔所说,总是已经被抛到这个世界上,与现实展开交锋。拉康的主题——我思即弗洛伊德的无意识——在此获得了重大意义:对拉康来说,恰恰相反,无意识并不是某种厚实而不透明的生活世界背景的一部分。面对抽象(去语境化)理性结构与具体厚实的生活世界,无意识站在前者那边:无意识是一个陌生的躯体对我们生活世界的入侵,它就像是一台侵略机器,会使我们生活世界的平稳运作脱出常轨,使之服从于无意识的诡异法则。你就想一想无意识驱力对我们天生的本能性态做了什么吧:它会使之完全发生倒错,使性本能的繁衍功能服从于一种几乎可说是自杀的机制——一种强迫重复机制,享乐在其中被设定为以自身为目标。所以,可以这样来作结论,让我们先回忆一下麦高恩是如何概述黑格尔辩证法的基本政治教训的:

> 政治论争的要点,就是在抵抗性矛盾不断增强的方向上运动,而哲学在这一运动中起着关键作用。这正是黑格尔关于进步的定义:从更容易解决的社会矛盾,走向更加棘手的矛盾。①

---

① 陶德·麦高恩:《黑格尔之后的解放》,第212页。

简言之,在黑格尔所理解的和解里,相互冲突的对立力量并没有重新统一于更高的非对抗的整体;毋宁说,在根本上,黑格尔式的和解是与"矛盾"本身和解。在辩证循环运动的收束时刻,推动这一运动的矛盾并没有被取消;它反而以最纯粹、最彻底的形态重新涌现。或者,用黑格尔从来没有使用过的标准术语来说,在最后的"合题"中,反题发挥到了极致,完全内化为实体的构成要素。(将此一要义应用于共产主义概念时,我们亦无须畏缩:如果迄今为止的人类历史都是阶级斗争的历史,那么,在共产主义社会里,"斗争"将会以更为彻底的形态爆发出来。)奇点前景不正成了这一进程的终极案例吗?将要到来的,并不是一个无"我"的集体思维空间,毋宁说是一种关于根本裂隙或分裂的体验:主体将和集体思维保持着最低限度的距离。这种距离将成为某种痛苦的根源,如今我们还无法揣测出此种痛苦的模样,然而距离也会成为新希望的资源。

"进入奇点,主体会幸存下来吗?"对于这个问题的回答,恰恰倚赖我们的主体概念。如果我们将主体的核心要素确认为"内心生活",即我们通常认为的个性的内在财富,包括内心隐秘的梦想、焦虑和希望,那么,这样的主体自然会在奇点中消失,所有主体内容都会"被集体化"。然而,如果我们将主体确认为一种空无,且这种空无被拉康所谓幻想性的"我之原料"填满——当然原料和空无始终无法完全相符;如此的话,就只有在历经奇点的旅程中,主体才会显现出简化成最低限度的样子,即作为笛卡尔"我思"这一空无。因此,丧失本身的丧失,最纯粹的丧失的显现,就像是马列维奇的名画《白底上的黑方块》(K. S. Malevitch,"Black

Square on a White Surface")的思想版本:一种零度,一种对于象征空间基本坐标的标记。在此关键是指出,对马列维奇来说,这种零度形式并不是某种自我毁灭的深渊,而是这样一个零点:我们需要穿越它,从而获得新的开端。它是死亡驱力的一个环节,为新的开端开放出了空间。这就是为什么马列维奇后来那些更加具象的绘画(比如非常著名的自画像)并非表明他背叛了年轻时代的激进姿态。毋宁说,这是对于他激进时期所打开的空间的进一步探索。(在自画像里,马列维奇用一个细节指明他依旧忠贞于自己的年轻时代:他的手在画一个方块。这就告诉观者,曾经的方块依旧在那里。)对于进入奇点的我们来说,情况也是如此:奇点带来了丧失的丧失,此种丧失将成为我们根本无法想象之事物的开端。

如此一来,什么将幸存于奇点当中?究竟什么可以避开共享的集体经验空间?可以说是两种相互依赖的(非)实体:空洞的主体,被剥夺了内心生活财富的主体,以及这一主体的相关项——虚拟的无意识。(补充一句,如果我们跟从贝克特的思辨,就会看到这样的区分:空洞的主体,以及从主体内心生活中分离出来的思想内容——后者是无"我"的集体思维,主体无法将它体认为"自己"的东西。这种区分会刻写在上述集体思维之中,从而造成另一种区分:幻觉性的迷幻状态与冷冰冰的客观知识。)虚拟的无意识始终存在,这就意味着,空洞的主体不会是一个静默的独异点,与奇点的集体性实体隔着距离。奇点的集体空间会被体验为一种挫败了的、无法自洽的东西,并且伴随着另一种声音——反事实的无意识声音,在裂口中回响。①

换言之，进入奇点后能幸存下来的，并不是生而为人的内核，而恰恰是人性当中的非人部分，是笛卡尔式主体与无意识。笛卡尔是第一个反人文主义思想家：他笔下的"我思"应该严格区分于我们所谓的"人的个性"，即内心生活所有的宝藏。人文主义的高潮期是人文复兴时期，它赞美人类，视之为所有造物中最高等者，即一种富有表现力的造物，能够创造性地呈现自己的深度，展示自己内在的潜能。笛卡尔式主体则是另一种样子：非人的空无，一个空洞的点，却同时是自我关联的否定性。实际受到连线大脑威胁的，其实是我们普通的自我经验：自由的人类个体，直接触知自己的内心生活。不过，在日常生活中，此种威胁，此种对于我们所以为的个性要素的剥夺，恰恰显露出非人主体性的轮廓。

所以，我们应该翻转那个不断重复提出的问题，这种翻转就好似笑话最后的妙语。我们一开始问的是：连线大脑的出现，会威胁到我们生而为人的内核吗？现在我们应该把它置换为相反的问题：连线大脑会催生出新的主体性形式吗？它会使主体性的核心维度变得易于察觉吗？直到现在，这一维度依旧被遮蔽在我们的自我经验当中。我们给出的是十分谨慎的肯定性回答：变得

---

① 然而，就无意识可以避开奇点空间来说，问题出现了：这种无意识只是某一独异主体的无意识，而这一主体本身也可以避开奇点；还是说，我们可以去讨论一种"集体"无意识，不是荣格意义上的集体无意识，而是指一种虚拟的构造，它栖居于存在与不存在之间的空间中？虽然这种无意识在实在当中找不到位置，却始终存在着且在实在中留下了踪迹。这个问题的答案依赖于另一个问题的答案：迈入奇点后，何种（象征－虚拟）"大他者"形式可以留存下来？

可见的会是那道裂隙,它把主体性的空无,同所谓的个性"内在世界"分割了开来。我们无法在日常经验中看到这道裂隙,我们总是在那种经验中认同于"内心生活"。

笛卡尔式主体与无意识之间存在关联,这一关联有着两种更深层的含义:首先,甚至这一"纯粹的"主体(进入奇点后它幸存了下来)也并非没有对象;毋宁说,它在构成上就关联着一种"不可能的"对象,即拉康所谓的对象小 a。其次,这种"纯粹的"主体在牵涉性别差异的时候也并不表现为中性状态,毋宁说在构成上就是有性别的,性关系的不可能性之"真"贯穿了它:只有在主体受到此种"不可能性"限制(被截断,遭到禁止)的意义上,主体才成为主体。主体不是中性的,面对性差异所强加的选择时,它总是"有偏好的"。没错,主体不是对象,主体需要避免等同于某个对象,只有如此,主体才存在。然而,正如"咖啡不加牛奶"与不加任何东西的"黑咖啡"之间存在区别,主体可以是没有特定阳具对象的主体(遭到阉割的男人),也可以是根本没有阳具这类东西的主体(女人)。或者换一种说法,男人为某种东西作出牺牲(更高的理由:国家、自由、荣誉),然而,只有女人能够**不为任何**结果而牺牲,甚至无缘无故地作出牺牲。

这一悖论解释了为何女性"本可以完全拥有对象(爱慕已久的伴侣)",却在那一刻突然退出,放弃一切。这种姿态在一系列小说——从拉法耶特夫人①的《克莱芙王妃》(*Princesse de Cleves*)到

---

① 拉法耶特夫人(Marie Madeleine de La Fayette,1634—1693),法国女作家,贵族出身。她在巴黎组织沙龙,拉罗什福科等会定期参加。她的代表作《克莱芙王妃》被认为是法国第一部心理小说。——译注

歌德的《亲合力》（Elective Affinities）——里都有展现。（也可以举出与之正相反/构成互补的例子，面对不幸的婚姻或者早已无爱的伴侣，甚至在拥有了可以摆脱一切的机会时，女性也决不退出，表现出令人费解的坚持。亨利·詹姆斯的《一位贵妇的画像》①里的女性即是如此。）虽然此种放弃注入了大量意识形态，但这一姿态本身并非意识形态。对于这一"被拒绝的姿态"的解读，正切中标准的精神分析读法。我们处理歇斯底里者面对爱的对象（爱人）的逻辑，依据的就是此种解读。只有爱的对象遭到禁止，只有丈夫做出阻碍之举，"爱人"才会变得可欲。一旦障碍消失，女性就会丧失对这一爱的对象的兴趣。只有在对象是反常的/遭到禁止的时候，只有当它维持着潜在状态，即表现为"可能会"发生这一幻想时，歇斯底里者才能够享受对象。在这种歇斯底里经济之外，此种"退出"（或坚持）也可以通过其他多种方式来解释。比如，解释成所谓"女性受虐狂"的表达（可以将它进一步解读为永恒不变的女性本质的表达，或者是对于家父长制压力的内化），它使女人无法完全"珍惜此刻"；也可解释成一种原初的女性主义姿态，即摆脱了阳具经济的束缚——女性和男性建立联系才能获得快乐，正是阳具经济将这一点设定为女性的终极目标；等等。然而，所有这些解释都错失了那个要点，它就存在于"退出"姿态那种无双无对的基本属性之中。退出姿态正是主体自身的构成要素。如果我们追随那些伟大的德国观念论者，将主体等同于自由和

---

① 《一位贵妇的画像》又称《一位女士的画像》（The Portrait of a Lady），是亨利·詹姆斯的早期代表作，发表于1881年。这部小说将青年女性的心理刻画得细致入微，被视为美国现代小说的发端之一。——译注

自主,那么这种退出姿态——不是一种在某类大他者那里表达出来的牺牲,它是一种牺牲自己的姿态,是在那道将我们与对象分割开来的裂隙中找寻享乐的姿态——不正是自主的终极形式吗?

回到我们那个"咖啡不加牛奶"的例子:如果说男人是咖啡加牛奶/阴茎,女人却不是男人不加牛奶/阴茎;不过,她们也不是完满自足的女人。这正是拉康所谓"女人不存在"(la femme n'existe pas)的意旨所在:虽然女人并不是通过不成为男人来得到规定,但也不存在实体性的女性身份。在讨论女人性态的研讨班上,拉康断言,男人可以凭借区分的方式,即"不是"女人来得到规定。然而,颠倒过来却不行:女人没法定义成不是男人。这并不是说,女人拥有一种实体性的身份,与男人无关。使女人在与男人产生联系之前便获得特征的,其实是"不"本身,一种自我关联的否定性。不是女人的男人则意味着,恰恰在他的存在中否认了"不"本身——正是"不"定义了女性主体性,而不是这一说法否定了某些实体性的女性本质。同样地,"咖啡不加牛奶"这一状态暗示,并不存在单纯肯定性的"黑咖啡",无所缺失,充分自足。不加任何东西也没有任何缺失的"黑咖啡"本身被否定性标记,只是这种否定尚不是一种特定的否定①。

---

① 关于"特定的否定",见黑格尔《精神现象学》先刚译本第 52 页:"这种眼中只有纯粹虚无的怀疑主义满足于一种抽象的虚无或虚空,它不能从这个抽象状态出发前进,而总是期待着有什么新的东西出现,以便随时把它们抛进同一个空洞的深渊。反之,由于真正的结果被领会为一个**特定**的否定,于是直接出现了一个新的形式,并通过否定而造成一个过渡,而在这种情况下,整个进程就通过完整的一序列形态自己把自己表现出来。"——译注

我们需要牢记的是,在男人、女人和人这个三元组合中,女人和人都是"男人"加上了前缀而成:"女人"(woman)是"妻子"(女性)加"男人",这意味着某种"妻-男",而"人"(human)则是指"归属于男人"。① 因此,我们应该拒绝那种普通观念,即人类分为男人与女人两大类。更基本的逻辑毋宁说是,"男人"这一类划分出"人"和"女人",因为"hu"(归属于)和"wo"(妻子)是"男人"的两类特殊化状况。有一些男人是完完全全的人,他们"归属于男人",但有一些男人明显无法完全"归为男人",而前缀"wo"便指示出此种缺乏。那么,女性主义者应该如何来回应此种扭曲呢?或许得这样,不要把女性特质本质化,不要视之为总称,从而把"男人"简化为有缺陷的类,而是应该把缺陷本身提升为生而为人的基本构成性特征,并且将男性位置把握为一种遮蔽,即对此种缺陷的遮蔽。

连线大脑正是对此种构成性缺陷造成了威胁。一旦连接了我的大脑,我就无须使用外在的躯体运动(打字、说话)来同机器展开互动了。这一事实彻底改变了界面的地位。界面曾被定义为"一种共享的边界","同一个电脑系统里,两个或两个以上相互分开的组成部分穿越这一边界,交换信息。这种交换可以发生在软件、电脑硬件、外围装置、人类以及上述要素的组合之间"②。随着诸如早已提及的 AlterEgo 这类工程的出现,我们得以与机器交流的界面便不再是我们身外的屏幕了:**我的心灵就是界面,介于我和机器之间直接发挥作用**。因此,在原则上,我无处可躲,同机

---

① 参看 www.etymonline.com。

② 参看 https://en.wikipedia.org/wiki/Interface_(computing)。

器之间的距离完全丧失:我彻彻底底暴露在机器面前。①

为了说清楚这一点,让我们迂回一下,把"寻欢洞"(所谓寻欢洞一般出现在公共厕所或成人游戏厅的墙或隔板上,人们可以通过这个孔洞隔墙实施性行为)观念提升为一种概念。虽然寻欢洞往往与同性恋文化、肛交和口交联系在一起,但异性性取向者或双性恋者也会使用它。……寻欢洞的功能是双重的:它一方面维

---

① 要弄明白神经连接究竟计划做些什么,可参考《埃隆·马斯克揭开了神经连接针对读取大脑"线索"以及在其中置入机器人的计划》,见 www.theverge.com/2019/7/16/20697123/elon-muskneuralink-brain-reading-thread-robot。此外,可以看一下众多报道中的一篇——《直接脑对脑的人类界面》,这是文章概要:"我们首次描述了存在于人身上的直接脑-脑界面,并从六个不同的主体那里得到了实验结果。我们采用的非植入式界面首次展示于 2013 年 8 月,它结合了脑电描记法/脑电图(electroencephalography,缩写为 EEG)——用于记录脑部信号,与经颅磁刺激(transcranial magnetic stimulation,缩写为 TMS)——用于向大脑传输信息。我们运用一种视觉运动来展示我们的方法:两个人必须通过直接的脑-脑交流进行相互合作来玩一项电脑游戏,从而来完成欲求中的目标。脑-脑界面会跟踪'脑电图'(EEG)信号所呈现的运动图形(来自其中一个主体——'发送者'),并通过网络将这一信息传送到第二个主体('接收者')的运动皮层区。这就使发送者可以凭借'经颅磁刺激'(TMS)导致接收者作出一项欲求中的回应活动(按触摸板)。我们依据下述术语来对脑-脑界面的表现进行量化:信息传输量以及某种精确性。精确性可以在下述三项中获得:(1)解码发送者的信号,(2)接收者基于刺激而产生的回应运动,(3)完成协作性的视觉运动的整个任务。我们的实验结果为直接信息传输的基础形式提供了证据,这种传输在两个人的大脑之间展开,但采用的是非植入的方式。"(https://interestingengineering.com/brainnet-is-the-worlds-first-non-invasive-brain-to-brain-interface)

持了性爱活动双方的匿名性；另一方面，它将我的性爱对象去人格化了，把他/她简化为一个不完整的对象……某些酷儿理论家点出了这种去人格化的解放面向；然而，我们应该在此坚持个人和主体之间的区分：匿名的性事有着去人格化的功能（夺走了"伙伴"的人格或个性），但它**并没有**剥夺他/她的主体性——匿名的性活动恰恰将他人还原为一种丧失了个性的纯粹主体。当我通过寻欢洞进行性行为时，会获得一种距离，即与洞的另一边正在上演的事情拉开距离。我没有完全沉浸其中，我会还原为一个空洞的观察者，观察着那里正在上演的性事。这种距离使我从我的人格中解放出来，将我还原为主体。对一个拉康派来说，很容易就能看到，将身体简化为一个局部的器官供他人透过寻欢洞来享乐，与去人格化之间有联系。一个人总是关联于他/她的整个身体，人格就是灵魂，是身体的内在财富，而主体则关联于某个局部的对象——或者说，拉康用幻想公式 $ -a 正是为了说明这个。因此，那道因为寻欢洞而开裂的墙，正是把个人和主体分隔开来的墙。比如说，我就是那个把那玩意儿塞进洞里，让别人来玩它们的人——在墙的（我）这边，我是一个有着完整身体的人，但在墙的另一边，我却是一个附加在局部器官之上的主体，而那个匿名的"伙伴"正在使劲把玩我的那玩意儿。悖论在于，当另一边的我只是在玩游戏的时候，"真正的我"却不在洞的这边——恰恰相反，我的主体性的幻想内核朝向那边，在另一边。如此一来，某种意义上，我在另一边上演的性爱互动里（我在那里简化成一个局部对象）反而更"真"，要比墙这边作为个人的"我"更真。正是在这个意义上，我们也可以认为，这个洞就是一种界面，两个维度在此交接：现实在这边，而幻想性的真实在那边。寻欢洞的核心特征就是,那堵墙发挥着边疆功能,它分隔出两个不同的空间——我的个人现实和另一边的实在界,我在那边施展我的幻想。寻欢洞在这里无非是提供了一个关于"区分"的特殊案例,此种"区分"运作于每一种实在形式——实在永远无法"整全",某种"墙"一类的形式总是把真实从实在中排除出去,从而限制了实在。就我们的论题而言——连线大脑条件下我的心灵直接成了界面,问题自然变成了:如果那道将我的实在与幻想性的真实分隔开来的墙消失了,究竟会发生什么?答案只有一个:一种精神病性的短路,实在和幻想直接合一——又一个灾难袭来的恶托邦想象。

然而,正如我们已经看到的那样,这不会是故事的全部。回到马斯克的那个想法:如果不加入新人工智能的超级心灵,我们人类很快就会变得像动物园里的大猩猩一样。可是,倘若以某种方式保持一种"在外"状态反而会有自己的优势呢?这么说的意思并不是我们会享受身处动物园之中,享受那种愚蠢而无知的新生存方式,慈悲的人工智能将照看我们;而是在远为激进的意义上设想这种"优势":假设奇点到来这一事件,并不会带来一个掌控全局的全知而单一的空间,反而带来一种无法自洽的混合,那么,(部分地)排除于这一空间,不正可以赋予我们最低限度的自由吗?一种与多面奇点之诸面向展开嬉戏的自由。有一个关于奥斯维辛集中营的笑话在犹太人中间流传甚广,说的是一群犹太人在集中营里被毒杀焚毁,死后坐在天堂的长凳上谈论所经受的折磨,调笑自己的痛苦。其中一个说:"大卫,还记得去毒气室的路上,你是怎么滑倒的吗?还记得毒气吞没你之前你就已经死了吗?"上帝这时正在天堂里溜达,就踱到他们旁边,听他们讲话,然后抱怨没听懂他们的笑话。其中一个犹太人走上前来,拍着上帝的肩膀,安慰他说:"别难过了。你没在那里,当然听不懂笑话!"这个回答的美妙之处,就在于它指涉了那句无人不晓的话——上帝死在了奥斯维辛,那里没有上帝:"上帝不在奥斯维辛",并不意味着上帝无法理解那里曾经发生的恐怖事情(上帝当然可以轻易地理解这个,他干的就是这个),而是说他无法理解奥斯维辛经验竟然可以产生出幽默。上帝没有(也无法)理解的,正是人类精神的淫秽主权,这种精神恰恰用笑声回应了那个他(上帝)缺席的空间。把此处的上帝换成奇点,或许这就是我们在奇点中的立场。

主要术语译名对照表

absolute recoil　绝对的反推动
absential　缺席者
antagonism　对抗
apocalypse　天启
autonomous, autonomy　自主,自主性
the bar of impossibility　不可能性之杠
big Other　大他者
Buddhist enlightenment　佛教开悟
Cartesian subject　笛卡尔式主体
chimera　嵌合体
Christian atheism　基督教无神论
death drive　死亡驱力
Ding an sich/thing in itself　物自体
divided subject　分裂的主体
digital(machine, state, apocalypse)　数字机器、数字国家、数字天启
dystopia　恶托邦
externalism　外部主义
Fall　堕落

generic approach　属类方式
inconsistent, inconsistency　不自洽,不自洽性
infinite judgment　无限判断
intellectual intuition　理智直观
jouissance(enjoyment)　享乐
knosis　出空
mind　心灵
libidinal economy　力比多经济
neuralink　神经连接
objet petit a　对象小 a
occasionalism　机缘论
ontology　本体论,存在论(尤其涉及巴迪乌处)
onto-theology　本体—神论
paradoxico-critical approach　悖论-批判方式
post-human, post-humanity, posthumanism　后人类,后人类主义
Predestination　预定论
reality　实在,现实
reflexivity　反思性,反身性
the real　实在界,真实
self-identity　自我同一性
self-positing　自我设定
Singularity　奇点
singularity　独异性
sinthome　圣状
sujet supposé savoir/subject supposed to know　假设知道的主体

substance　实体

surplus-enjoyment　剩余享乐

traumatic fixations　创伤性固着

the Symbolic　象征界

Thing　原物

time of the project　投射的时间

totality　总体性

truth　真理，真相

wired brain　连线大脑

译后记

《连线大脑里的黑格尔》原书出版于 2020 年，正值黑格尔诞辰 250 周年。不出所料，齐泽克采用了一种"相当"黑格尔的方式来纪念黑格尔。这是一次对于黑格尔思想的极致考验：如何完成一种看似不可能的"出发"与"回返"（黑格尔－连线大脑－黑格尔），将黑格尔根本无法想象之物把握在黑格尔式的思维之中。当然，这也是邀请所有深爱黑格尔思想的人进行一次精神试炼。

本书提出的问题其实很朴素：倘若"连线大脑"落实下来，我们究竟如何继续"做人"。何谓"连线大脑"？简单说，就是将人类的精神进程与数字机器直接连接起来，也可称为"神经连接"。这不仅导致了"我"私密的情绪体验与思想观念可以同步传输给另一个人，而且使人类个体得以实现意念控物，譬如想着要开空调，电脑就能解码我的念头启动空调。此种"连接"所可能带来的变化亦被指认为"奇点"：一个全盘共享的精神领域将会诞生，而人似乎将会迈入一种新的神性领域。人的身心关系、自我意识和个体性地位等，都将遭受一次彻底的洗牌。

可是书开首那句"也许有一天，我们将迎来黑格尔的世纪"，究竟何意？且不论今天我们怎么来理解黑格尔，将"连线大脑"与"黑格尔"并置在一起，难道不已经是一种"时代错乱"了吗？没错,"密涅发的猫头鹰在黄昏起飞","黑格尔的方式"不是给出"应该"去实现的"理想",他思想的威力源于落实下来的东西本身所蕴含的观念性力量。然而,黑格尔究竟怎么来面对他根本无法想象的未来之物呢?尤其是在所谓"理论的终结"(大数据仿佛使理论思维没必要再存在下去)或"无产阶级化的第三阶段"(19世纪我们失去了动手制作的知识,20世纪失去了生活知识,21世纪将失去理论知识)面前,黑格尔式的思辨不是早已成了无关痛痒的多余之物了吗?就算搁置此种反驳,黑格尔的方式也将遭遇一种严格的哲学反驳:黑格尔还是哲学的同时代人吗?

齐泽克实际上用了整本书来反驳第一种质疑:生而为人不得不命定拥有一种思维形式,且反思性终究具有无意识的特征。主观上放弃理论思维与哲学思考,其实并没有使理论终结。对于第二种哲学上的质疑,他一开始就亮明了态度:黑格尔当然是哲学的同时代人。在同传统形而上学宇宙的决裂过程中,黑格尔正是以一种"时代错乱"的方式越过了"后黑格尔主义",转而位列于"康托尔""哥德尔"这些名字所代表的思维新空间的核心处。借用利文斯顿"逻辑的政治"一说,齐泽克铺展出了西方激进思想的存在论特征及其差异,它表现为巴迪乌"对决"一长串名字——从维特根斯坦到德里达、阿甘本。正是在"总体性"和"自洽性"这两个基本尺度之下,齐泽克在利文斯顿批评巴迪乌的基础上又迈进了一步:利文斯顿指认巴迪乌的"属类方向"(放弃总体性选择自洽性,即事件性例外不是存在的一部分)忽略了存在本身总是烙印着一种基本的不可能性,或许抓住了要害;但是,利文斯顿所中意的"悖论–批判方向"(存在秩序本身不自洽)却陷入了一场永无尽头、自我延宕的斗争。正是在这样一种结构里,齐泽克重新厘清了黑格尔的基本姿态：他笔下的总体性是悖论式的、不自洽的，但并不是"批判性的"。黑格尔的基本立场是和解。但和解不是一个长期的目标——有如"悖论－批判方向"那样诉诸"将要到来"，它就是一种事实。只不过，在新的思维宇宙中，分裂总是先行到来，它先于发生分裂者，自我同一性恰恰是自我分裂的一种形式。因此，"和解"并不意味着相互冲突的对立力量重新统一于更高的非对抗的整体；毋宁说，黑格尔式的和解就是与"矛盾"本身和解。在辩证运动的收束时刻，推动这一运动的矛盾并没有被取消，它反而以最纯粹的形态重新涌现。如此一来，齐泽克就进一步激进化了"和解是与矛盾相和解"这一表述：和解不是去克服障碍，而是正视并肯定障碍的作用。在此，真理无非是对一连串的错误作出体系性阐明，通往真理的道路正是真理自身的一个环节。从而可以说，黑格尔的和解必然包含着一种"迂回"，它不同于"批判性"的"延宕"，因为迂回本身就是真理的表达；和解总是已经实现，尚未到来只是我们的错觉。这一真理充满着对抗关系。

和解与迂回，正是齐泽克所诠释的"比黑格尔更黑格尔"的方式。这里蕴含着极致的思辨张力与危险的平衡，它无法化约为任何一种容易的立场姿态——不管是批判还是认同，分裂还是统一，谬误还是正确。

事实上，"连线大脑里的黑格尔"意味着一种对于黑格尔思想的大胆运用，这里涉及黑格尔绝不会陌生的"圆圈"：之所以使用黑格尔的方式，正因为它才是真正有效的方式；但这种"有效性"无法先行判定，只能在思辨过程中、在主客体的统一过程中得以确认。齐泽克无非是想说明，"黑格尔"的确就在"连线大脑"里。

然而,尚有一个问题引人好奇:用武装到牙齿的理论来讨论"连线大脑"这样一个尚未落实的准科幻对象,有那么紧迫吗?

归根到底,齐泽克认为不能低估"连线大脑"及其效果——集体共享经验——所带来的影响。面对新颖之物时,我们往往会持有一种极端含混乃至自我欺骗的态度。夸张的媒体宣传同时蕴含着一种"不当回事",一种侥幸心理。但正如齐泽克反复援引过的那个格鲁乔的笑话一样,"他们声称要呈现某些真正新颖的东西,他们的做法好像是在呈现真正新颖的东西,但别让他们把你骗了(你别认为他们是在做戏)!他们的确指向了真正新颖的东西!它正在出现!"这里的"迂回"耐人寻味。如果不把思维提升到一种警觉状态,自我麻痹就会自动生效。在齐泽克看来,"连线大脑"前景带来了一种固着于某个未来的"投射时间",但不同于共产主义这一肯定性的点,也不同于生态灾难这一否定性的点,连线大脑及其后人类设想是一个多重状态叠合的点,一个暧昧而未加规定之点,思辨必须加以介入。我们的"未来"总是受到"过去"——支配性的观念——的规定,因此在某种程度上,理论工作应该是去松动"过去"从而开放出"未来"。连线大脑的激进意义并不为某些鼓吹"后人类"者所理解。在后者那里,还原论、技术决定论和粗鄙唯物论混合着天真而陈旧的自由个体观念,完全错失了齐泽克所关心的要点:连线大脑将从根本上动摇生而为人的经验,因为后者根本上内嵌于象征界,关乎我们的"性",关乎有限性。而关于象征维度与人之有限性(及无限性)的问题,黑格尔和拉康无疑是最佳答题人。

在黑格尔的"棱镜"中,本书的焦点有三:(1)连线大脑结构的理论含义——譬如何关联或改写着固有的哲学、神学与精神分析言说；(2)连线大脑如何改造自我经验——自由观念、自我意识等会遭遇何种挑战；(3)连线大脑在社会政治方面的制度性含义——数字警察国家、监视资本主义乃至流产的苏联技术狂想都将重新接受审视,一种走出资本主义力比多经济的前景也将得到探讨。齐泽克不断在三个焦点之间穿插,头绪繁多,思路跳动,充斥着他所谓的"并置"(将看似毫无联系的片段放在一块)与"迂回"。这种跳跃性一方面关乎齐泽克一贯的文风与思想作风,但另一方面也是因为他"回溯性"地重构出了整本书——不少章节都曾作为论文、评论发表过,齐泽克"事后"赋予了它们一种整体结构与逻辑线索。但或许这也没有什么可以诟病的——如果一个人的思考具有整体性,他就总是能够赋予自身写作以整体性。

  不管如何,这条线索是这样的:"数字化的警察国家"可以说是当代大数据化的必然后果。但如果数字机器不仅能够捕捉行为痕迹,而且能够连接心灵,社会关系又将发生何种变化呢？在当代众多后人类主义者那里,"连线大脑"往往被把握为一种改变人类脆弱的有限性的手段,因此有了强烈的"灵知主义"气息——对于神人对立以及人之堕落的治愈。于是20世纪20年代苏联技术灵知派的类似狂想及其内在危机便具有了启示意义。如何彻底超越后人类奇点所蕴含的流俗神学？正是黑格尔的辩证法激活了"堕落"的哲学意义,受限的知识与自由之间的关系以及"丧失之丧失"的意义于此彰显,从而人类存在自身的构成性缺失亦得到揭示。这样就为回答下述问题作好了准备:倘若"连线大脑"所引出的后人类奇点将是一个无法回避的未来点,究竟何者可以与之保持最低限度的距离？人类的哪一种构造可以规避奇点的全面掌握？齐泽克的答案是:无意识,同时也就是反思性。"连线大脑"将会导致"自我"分裂,这与贝克特笔下"无法称呼的人"有了某种可比性,文学幻想在此提供了丰富的思辨能量。最后那篇论"数字天启"的长文则是对之前诸环节的重复,但有了一种理论重音:"连线大脑"真正的断裂性意义得以彰显,而"真理"会在这种裂隙中呈现。

当然,齐泽克还需要澄清一些东西。奇点论者诸如库兹韦尔已将黑格尔纳入麾下,但仅仅将他的思辨成果视为迈向后人类奇点的一种准备或者说一种早熟而不彻底的形式。就此而言,"连线大脑"是否"扬弃"了黑格尔呢?对于黑格尔来说,精神与实在的完全统一实现在哲学思辨之中。人类的自我意识在宇宙中厥功至伟。实在由此意识到了自己,上帝也完全实现了自身。而对于奇点论者来说,生而有限的人类无法实现精神与实在的完全统一,相互分隔的个体意识成了需要克服的障碍。因此,只有放弃分立的个体性,同渗透进实在的精神结为一体;只有整个宇宙经由人类获得自我觉知,而人类自身被后人类所超越,也就是真正迈入奇点时,实在与精神之间的完全和解方才可以实现。从齐泽克所强调的"和解"来看,当然是不能认同这种后人类主义。但问题的关键并不在于坚持一种同样天真的人类中心主义,而是揭破奇点论的理论限度。奇点论似乎沉浸在"人类之耻"当中,迫切希望超越人类,但问题在于,这种"超越"却回避了生而为人的基本构造,更不用说完全忽略了马克思所谓的"史前史"——资本主义依旧运行良好。不是人类不可以被超越,而是不能以此种方式来超越。黑格尔依旧在连线大脑里!

的确,从全书的叙事动力来看,一种预先防御的姿态昭然若揭,似乎齐泽克的赌注是:如何在事情落实之前拼命寻求一种躲避奇点掌控的办法。但其实,这种"焦虑"同时蕴含一种澄清:我们难道真正理解生而为人的意义吗?因此,连线大脑所提供的极端情境恰恰开放出了理论追问的契机,问题最终还是落到了个体的自我意识以及自我同一性之上。齐泽克的思维操作是一种"加倍",用黑格尔的话说就是"一分为二"。比较复杂的头脑肯定会想得到,融入奇点的我们可能还是能够保留"个性",却采取了犬儒的姿态。此刻的大他者成了奇点,而主体可以玩弄它,享受一种犬儒式的自由。

但是这种"后现代"版本的拉康洞见还不是真正的回答。齐泽克在此走在了一条十分危险的理论钢丝之上,微妙的区分与危险的平衡得到了极致表达。一方面他承认晚期拉康肯定象征与想象维度、肯定虚构与谎言,以其为不可避免。这与黑格尔的关切形成深刻的共鸣:为什么经由幻象来迂回是必要的?但另一方面,齐泽克并不将之解释成一种犬儒游戏:仅仅不当真地玩游戏,并不是出路。这里涉及究竟如何来理解"真实"或"实在界"——奇点也不能外于此种思考。迄今为止出路有三:(1)以真实或实在界为目标,抛弃幻觉(一种天真的启蒙思路);(2)应该利用幻觉来维持我们的欲望,避免抑郁崩溃(一种后现代实用主义);(3)所有存在皆为幻觉,终极幻觉正是"存在真实",我们应该玩弄这一幻觉(升级版的后现代犬儒主义)。但是齐泽克顽强地提出了第四种:实在界并不外在于想象/象征的虚构物,它就是这一构造内在的不可能性本身(关乎他所理解的"唯物论"以及"基督教无神论")。此处的关键姿态是摆脱犬儒主义对于幻觉的求助。黑格尔《精神现象学》里提到的"实体与自己不一致",同拉康的"分离"概念达成了一致:不管是人类,还是上帝以及此处的奇点,都无法享有犬儒操纵者的位置。"分离"意味着,整个宇宙都是彻底无法自洽的。后人类奇点论者总是将奇点投射成一个独异的主动者,神一般地掌控整个游戏。但从黑格尔－拉康视角来看,奇点也是一个无法自洽的空间,贯穿着矛盾,充斥着故障和差错。齐泽克在此提了一个简单的问题:倘若施虐狂通过"连线大脑"获得了所施虐对象的体验将会怎样?在这个意义上,连线大脑恰恰会将冲突与对抗记录无所保留地记录下来。

当然,连线大脑前景首先"摧毁"的是人的意识与自我意识,一切心灵状态仿佛皆可读取。如此一来,齐泽克那个早已透露的答案——躲开奇点笼罩的只能是笛卡尔式主体的自主性——岂不早已被釜底抽薪?实际上这里包含着全书的一个核心推论:躲避奇点的是无意识,而主体性即无意识。齐泽克严格区分了"主体性"和一般所谓的"个性"与"人格"。恰恰是德国观念论哲学赋予了此种主体性以根本特征:主体性存在于一种自我关联的行动,主体必须回溯地设定自身存在的动因。这就是黑格尔所谓的"绝对的反推动"。关于此点的形象化就是敏豪生扯着自己头发往上提。之所以此种主体性能够关联到"无意识",是因为无意识是自我意识的固有结构,规避了主体意识掌握的,并不是某些具体被压抑的意欲,恰恰是这一自我意识的基本层面。反思是无意识,是指"我"意识不到这种"反身性"和自我设定。

正如观念论哲学所言,主体不可化约为因果网络中的一环,更极端地说,主体就是完整因果性构造中的一道切口。因此齐泽克的推论得出了结论:"所有经验上的细微之处都会被数字机器完美捕获,但是,它不可能记录下来的,正是不可能本身——它并不拥有自在的存在,只在既非存在也非不存在的阴影领域里持存,它就是虚拟的参考点。"这样就在思辨的意义上宣判了连线大脑全面掌握人类的挫败。然而,连线大脑确实会为主体带来前所未有的情境。齐泽克完全站在后人类主义治愈人类"堕落"之创伤的对立面,他的研判是:人类融入奇点,终将带来一种"丧失的丧失"(失去起源本身,有如从来不存在可以复归的乐园),一种绝对的丧失。《迷魂记》里的男主人公斯科蒂的遭遇形象地说明了这一丧失。他失去了所爱之人"玛德琳",但当他把朱迪重塑为玛德琳时,却发现他曾经认识的玛德琳本就来自朱迪的伪装。悖论在于,朱迪是个冒牌货(他知道朱迪不是真的玛德琳,因为朱迪在他眼前变成玛德琳是他的创造),但又不是冒牌货——她就是玛德琳,玛德琳本就是一个伪造出来的女人。在这个意义上可以说欲望对象(对象小 a)瓦解了,真正的失落也丧失了。这就是"否定之否定"。因此,奇点中的人类更可能成为拉康意义上的分裂主体。捕捉行为痕迹的数字机器,与直接呈现意识、感觉与情绪的连线大脑,无法拼合成一个完整的"主体",他/她只能是分裂的。但这种矛盾恰恰可以让我们见证存在与社会秩序自身的真实逻辑,乃至开始寻求一种新的出路。

在政治层面,连线大脑现象以令人意想不到的方式激活了超越资本主义的思考。我们知道,资本主义是第一种也是唯一一种将自身的运行并入人类欲望悖论的社会秩序。此种悖论关涉力比多经济中"剩余"的运作。在这种难题结构中,齐泽克的这一追问听来尤其振聋发聩:"如何既承认人类欲望的基本结构,却又不下结论说:因为资本主义调用了这一结构,它在某种意义上就无法超越,'永恒'且自然?"

这一次,齐泽克再次成了严格的黑格尔主义者——保持着一种绝望又乐观的辩证姿态,他将奇点状态看作一种走出资本主义力比多经济的契机。这里的假设如下:当我们融入奇点时,为大他者(资本)的享乐而劳动这一标准资本主义游戏——这个游戏笼罩在追逐自我利益的魔咒之下——将不再生效。因为维持它的一项根本条件消失了:(无限的资本)驱力与(有限的主体)欲望之间的距离在奇点中消失了。欲望沉陷在驱力当中,异化充分展开,直接可感。这就给了我们一种走出资本主义的可能性。

这里的要害是如何重新理解"异化"。正如齐泽克早已指出的那样,融入奇点的主体最终会被一种分裂标记,主体在其中将经受彻底的异化。马克思主义关于"异化"及其克服受限于一种错误的平行性,齐泽克则打断了此种平行关系:资本主义可以被废止,但能指中的异化以及无意识却无法被废止。因此,消除异化的另一面恰恰可能是异化的加倍。而奇点的彻底异化,恰恰使固有剥削性异化的力比多经济的失效成为可能。正是在这个意义上,齐泽克那句神秘措辞变得可以理解了:"如果奇点如同我们的命运,我们应该英雄般地接受它,但不要对之投入我们的欲望。"如果还需要补充一句,那么可以说:"奇点带来了丧失的丧失,此种丧失将成为我们根本无法想象之事物的开端。"

在此我要特别感谢陈越老师一如既往的信任与支持。正是陈老师为我选择了这本书,让我有幸以独立翻译整本书的方式来参与"精神译丛"工程。我曾经的硕士生、如今正在中国人民大学读博的叶朝志同学通读了译稿,细致地核对了部分引文,帮助我修正了许多错误;来自哈萨克斯坦的上海大学博士生 Dina 为我翻译 toská 一词提供了帮助;我曾指导过的本科生、如今亦在人大读博的吴雅茹也发来了相关研读意见;我的其他学生如陶永杰、丁玲亦给过我相关帮助;在此一并谢过。翻译在当下学术体制中的"工分"值确实令人尴尬,但这绝不能成为不认真对待翻译的理由。去做翻译不需要任何实用的理由。也只有这样,才能在一种"减法"里感受到纯粹的思想碰撞与构造语词的快乐。本书的翻译尽可能去体会齐泽克的语调,因此在表述上稍微动了一些脑筋。另外,为了帮助读者理解书中一些理论过于稠密的段落以及相关概念,我添加了一些译注。无论如何,翻译中存在的任何错误,都由译者一人承担。若读者能从本书的字里行间体会到一位热爱黑格尔思想的译者的用心,那我就已经得到了最好的奖赏。

朱 羽

2023 年 6 月于上海

著作权合同登记号:陕版出图字 25-2020-186

图书在版编目(CIP)数据

连线大脑里的黑格尔/(斯洛文)斯拉沃热·齐泽克著;朱羽译. —西安:西北大学出版社,2023.10(2025.5 重印)
(精神译丛/徐晔,陈越主编)
书名原文:Hegel in a Wired Brain
ISBN 978-7-5604-5231-9

I. ①连⋯ II. ①斯⋯ ②朱⋯ III. ①黑格尔(Hegel, Georg Wilhelm Friedrich 1770—1831)—哲学思想—研究 IV. ①B516.35

中国国家版本馆 CIP 数据核字(2023)第 195732 号

连线大脑里的黑格尔

[斯洛文尼亚]斯拉沃热·齐泽克 著
朱羽 译

出版发行:	西北大学出版社
地　　址:	西安市太白北路 229 号
邮　　编:	710069
电　　话:	029-88302590
经　　销:	全国新华书店
印　　装:	陕西博文印务有限责任公司
开　　本:	889 毫米×1194 毫米　1/32
印　　张:	10.375
字　　数:	240 千
版　　次:	2023 年 10 月第 1 版　2025 年 5 月第 2 次印刷
书　　号:	ISBN 978-7-5604-5231-9
定　　价:	92.00 元

本版图书如有印装质量问题,请拨打电话 029-88302966 予以调换。

Hegel in a Wired Brain

By Slavoj Žižek

Copyright © Slavoj Žižek, 2020

This translation is published by arrangement with Bloomsbury Publishing Plc.

Chinese simplified translation copyright © 2023 by Northwest University Press Co., Ltd.

ALL RIGHTS RESERVED

精神译丛（加*者为已出品种）

第一辑

- *从莱布尼茨出发的逻辑学的形而上学始基 海德格尔
- *德国观念论与当前哲学的困境 海德格尔
- *正常与病态 康吉莱姆
- *孟德斯鸠：政治与历史 阿尔都塞
- *论再生产 阿尔都塞
- *斯宾诺莎与政治 巴利巴尔
- *词语的肉身：书写的政治 朗西埃
- *歧义：政治与哲学 朗西埃
- *例外状态（重译本） 阿甘本
- *来临中的共同体 阿甘本

第二辑

- *海德格尔——贫困时代的思想家 洛维特
- *政治与历史：从马基雅维利到马克思 阿尔都塞
- *怎么办？ 阿尔都塞
- *赠予死亡 德里达
- *恶的透明性：关于诸多极端现象的随笔 鲍德里亚
- *权利的时代 博比奥
- *民主的未来 博比奥
- 帝国与民族：1985—2005年重要作品 查特吉
- *政治社会的世系：后殖民民主研究 查特吉
- *民族与美学 柄谷行人

第三辑

*哲学史：从托马斯·阿奎那到康德　　　　　　　　海德格尔
　布莱希特论集　　　　　　　　　　　　　　　　本雅明
*论拉辛　　　　　　　　　　　　　　　　　　　巴尔特
　马基雅维利的孤独　　　　　　　　　　　　　　阿尔都塞
　写给非哲学家的哲学入门　　　　　　　　　　　阿尔都塞
*康德的批判哲学　　　　　　　　　　　　　　　德勒兹
*无知的教师：智力解放五讲　　　　　　　　　　朗西埃
*野蛮的反常：巴鲁赫·斯宾诺莎那里的权力与力量　奈格里
*狄俄尼索斯的劳动：对国家—形式的批判　　　　哈特　奈格里
　免疫体：对生命的保护与否定　　　　　　　　　埃斯波西托

第四辑

*古代哲学的基本概念　　　　　　　　　　　　　海德格尔
　黑格尔《精神现象学》的发生与结构（上卷）　　伊波利特
　卢梭讲稿　　　　　　　　　　　　　　　　　　阿尔都塞
*野兽与主权者（第一卷）　　　　　　　　　　　德里达
*野兽与主权者（第二卷）　　　　　　　　　　　德里达
*黑格尔或斯宾诺莎　　　　　　　　　　　　　　马舍雷
　第三人称：生命政治与非人哲学　　　　　　　　埃斯波西托
　二：政治神学机制与思想的位置　　　　　　　　埃斯波西托
*领导权与社会主义战略：走向激进的民主政治　　拉克劳　穆夫
　德勒兹：哲学学徒期　　　　　　　　　　　　　哈特

第五辑

*基督教的绝对性与宗教史	特洛尔奇
黑格尔《精神现象学》的发生与结构（下卷）	伊波利特
哲学与政治文集（第一卷）	阿尔都塞
*疯癫，语言，文学	福柯
*与斯宾诺莎同行：斯宾诺莎主义学说及其历史研究	马舍雷
事物的自然：斯宾诺莎《伦理学》第一部分导读	马舍雷
*感性生活：斯宾诺莎《伦理学》第三部分导读	马舍雷
拉帕里斯的真理：语言学、符号学与哲学	佩舍
速度与政治：论竞速学	维利里奥
潜能政治学：意大利当代思想	维尔诺 哈特（编）

第六辑

生命科学史中的意识形态与合理性	康吉莱姆
哲学与政治文集（第二卷）	阿尔都塞
心灵的现实性：斯宾诺莎《伦理学》第二部分导读	马舍雷
人的状况：斯宾诺莎《伦理学》第四部分导读	马舍雷
帕斯卡尔和波−罗亚尔	马兰
非哲学原理	拉吕埃勒
*连线大脑里的黑格尔	齐泽克
性与失败的绝对	齐泽克
*探究（一）	柄谷行人
*探究（二）	柄谷行人

第七辑

*论批判理论：霍克海默文集（一）　　　　　　　　　　　霍克海默
*美学与政治　　　　　　　　　　　　　　　　　　　　　阿多诺 本雅明等
历史论集　　　　　　　　　　　　　　　　　　　　　　阿尔都塞
斯宾诺莎哲学中的个体与共同体　　　　　　　　　　　　马特龙
解放之途：斯宾诺莎《伦理学》第五部分导读　　　　　　马舍雷
黑格尔与卡尔·施米特：在思辨与实证之间的政治　　　　科维纲
十九世纪爱尔兰的学者和反叛者　　　　　　　　　　　　伊格尔顿
炼狱中的哈姆雷特　　　　　　　　　　　　　　　　　　格林布拉特
*活力物质："物"的政治生态学　　　　　　　　　　　　本内特
葛兰西时刻：哲学、领导权与马克思主义　　　　　　　　托马斯

第八辑

哲学与时代：霍克海默文集（二）　　　　　　　　　　　霍克海默
哲学和科学家的自发哲学（1967）　　　　　　　　　　阿尔都塞
模型的概念　　　　　　　　　　　　　　　　　　　　　巴迪乌
文学生产理论　　　　　　　　　　　　　　　　　　　　马舍雷
马克思1845：《关于费尔巴哈的提纲》解读　　　　　　马舍雷
艺术的历程·遥远的自由：论契诃夫　　　　　　　　　　朗西埃
狱中札记（笔记本版，第一卷）　　　　　　　　　　　　葛兰西
第一哲学，最后的哲学：形而上学与科学之间的西方知识　阿甘本
谢林之后的诸自然哲学　　　　　　　　　　　　　　　　格兰特
摹仿，表现，构成：阿多诺《美学理论》研讨班　　　　　詹姆逊